贺　　词

中国翻译认知研究会
康志峰会长：

《翻译研究与教学》在您和理事会的领导下不断发展，该刊编辑部和秘书处的全体同仁共同努力，复旦大学出版社慧眼识珠，保证期刊每年连续、高质量出版，得到了广大读者、作者的喜爱。该刊现已成为中国学术界探索翻译理论和教学实践活动的重要平台，恰逢"奋斗百年路，启航新征程"的辉煌时节，特致以亲切祝贺！

祝《翻译研究与教学》遵循"把握当代，面向未来"的思路，在翻译学与认知科学、脑科学、心理学、人工智能等学科交叉研究领域，不断留下中国风格、中国气魄的足迹。

愿《翻译研究与教学》再接再厉，各美其美、美人之美，为"人类命运共同体"的光明前景做出切实的贡献！

顺致崇高敬意！

李亚舒
2021 年 10 月 8 日

中国翻译认知研究会

康志峰会长：

　　《翻译研究与教学》在您和编辑部全体同志努力下，已成为我国翻译界进行理论研究和教学实践的重要平台。愿贵刊继续努力，发扬百家争鸣、推陈出新、融合与创新并重的精神，为推进"一带一路"倡议和建立"人类命运共同体"做出更大贡献。

2020 年 5 月 8 日

专 家 论 要

"认知口译学"是以口译信息加工为核心,对于口译行为动态性的认知心理研究。它作为口译研究处于国际前沿的新兴领域,不仅将口译研究的高度提升至教育层面,而且本身还可以作为一门学科进行发展。

——康志峰　于复旦大学

翻译认知研究既探究人类的认知机制,又专注语义结构与形式结构之间的通达路径,可谓是翻译研究的新领域。

——钟书能　于华南理工大学

《翻译研究与教学》为翻译研究者与翻译实践者搭建了一个交流的平台,对于翻译事业的发展功不可没。衷心祝愿《翻译研究与教学》越办越好!

——刘振前　于山东大学

人类从未停止认识自身的脚步。对人类认知和认知发展的研究是多学科关注的中心话题,它不仅满足人类认识自身的需要,还极大影响人类自身的发展。翻译是我们跨越语言和文化的界限、认识他人、认识自身的高级认知活动,是为目标语文化甚至母语文化带来新可能的一场革命。

——邹德艳　于大连外国语大学

翻译是源语信息输入和目的语信息输出的交互加工过程,也是作者、译者和读者之间语际信息的互动认知过程。它既是源语和目的语使用者进行成功沟通的桥梁,也是其实现视野拓展和合作共赢的重要媒介。《翻译研究与教学》群英荟萃,师生辛勤劳作,口笔译理论和实践研究开花结果,语言文化交流梦想成真。

——倪锦诚　于上海理工大学

认知是翻译的前期耕耘和积累,是翻译的基础,是理性的;翻译是认知的瞬间释放和表达,是认知的高阶,是感性的。二者相辅相成,是跨学科知识交叉、融合的反映和呈现。译者通过"认知—翻译—再认知—再翻译"的途径,实现外语语言或文字"信、达、雅"的翻译。

——臧志勇　于宁夏大学

翻译是联通世界的桥梁,翻译认知是认知世界的基础。我们跨过翻译之桥,沿着"不忘本来,吸收外来,面向未来"这一文化自信的基本路径,认知世界,感受文化差异,促进文化交流,实现文明互鉴。

——刘祥清　于湖南第一师范学院

口译是一项特殊的语言交际活动。其特殊性体现在口译过程是多任务同时操作的认知加工过程,涉及思维过程和心理过程的综合效应。

——徐　翰　于南昌航空大学

无论是语言解构,抑或翻译转换,其内在运作蕴含感知、契合、协商、突显、顿悟的意义运作机理,从无序汇集为有序。磨砺于此,成长于斯,实乃大幸!

——谌莉文　于浙江工商大学

"见若是今闻是古,今闻昨见已模糊。"模糊翻译是一种基于模糊逻辑推理,用于处理机器翻译中语义歧义的方法。它可以提高不同语言之间机器翻译的准确性。模糊翻译机制研究为计算机突破语用歧义瓶颈、提高智能检索等模糊匹配技术提供学理支撑,有助于提升计算机处理语用层面复杂歧义的效能。该跨学科研究成果的转化将产生可喜的经济效益。

——康响英　于湖南第一师范学院

目 录

对比翻译
动宾搭配的汉英对比与翻译 ………………………………………………………… 王志军（1）
新闻翻译的机构审查属性——基于《参考消息》和《金融时报》中文网的对比分析 …… 许　可　张　威（8）

认知翻译
外宣文本中的中国特色政治隐喻认知翻译研究——以"打虎""拍蝇""猎狐"为例 ………… 彭爱民（15）
认知语境下的中文纪录片字幕英译与制作的效度研究——以《港珠澳大桥》记录电影为例 …… 陈　晰（23）

词语译研
公共标识语英译的问题与对策 ……………………………………………………… 王少娣（29）
"stigma"翻译研究：新冠肺炎疫情暴发背后的隐形杀手 ………………… 周红霞　梁步敏（36）
基于语言学与翻译学的西南少数民族文化"对歌"的日语表记嬗变研究 ………… 刘　岩　李晶晶（41）

纵横论译
对外报道中的本地化翻译——基于新冠疫情的对外报道 ……………………… 熊　欣　叶泳余（49）
论《翻译、共同体、乌托邦》对韦努蒂翻译思想的继承发展与时代意义 ………… 刘松麒（56）
雅各布森语言功能观指导下的翻译之言语重构本质研究 ……………………… 纪春萍（62）
儿童文学翻译中的文体风格再现——以《汤姆·索耶历险记》译本为例 ………… 董芳源（69）

翻译教学
AI时代口译教学改革的进路：从单模态到多模态再到跨模态 ……………… 王洪林（76）
中国典籍英译思考路径模式下翻译课程中翻译方式的实证研究 …………… 彭晓娟（82）

译介研究
"麦家现象"对中国文学译介海外传播模式构建的启示与思考 …………… 焦　丹　贺玲玲（89）
文化外译·文明互鉴——援外培训项目翻译传播的路径 ………………………… 崔　翠（94）

述评

外语学术研究的新使命与新视野——"国际国内期刊发表和硕博论文写作"高端论坛暨研修述评
　　　　　　　　　　　　　　　　　　　　　　　　　　　　　　李夏青　康志峰（99）
英文版《〈玛纳斯〉论》述评 ………………………………………………… 王　瑜（102）
翻译与社交媒体研究新探索——《翻译与社交媒体：理论、教学与实践》述评 ……… 谭　华（105）

典籍英译

《红楼梦》诗体英译叙事建构比较研究 ……………………………………… 孙玉凤（111）

赛讯

第二届CATIC杯全国翻译大赛通知 ………………………………………… CATIC（117）
首届暑期CATIC杯全国翻译传译口语写作大赛冠亚季军名单 …………… CATIC（120）

稿约

………………………………………………………………………………… CATIC（121）

Contents

Contrastive Translation

A Contrastive Study of C-E VN Collocation and Its Implications on Translation .... WANG Zhijun (1)
Institutional Censorship in News Translation — A Comparative Analysis of *Reference News* and
　Financial Times Chinese .... XU Ke & ZHANG Wei (8)

Cognitive Translation

Cognitive Translation of Political Metaphor with Chinese Characteristics in External Publicity Texts —
　Taking "Taking Out Tigers," "Cracking Down on Flies" and "Hunting Down Foxes Relentlessly"
　as Examples .... PENG Aimin (15)
A Study on the Validity of Chinese Documentary Films' English Subtitles in Cognitive Context:
　Taking *HZMB* as a Case .... CHEN Xi (23)

Translation and Research of Words and Expressions

An Examination of English Translation of Public Signs in the City of S: Problems and Strategies
　... WANG Shaodi (29)
The Translation Study on Stigma: The Invisible Killer Behind the Covid-19 Pandemic
　... ZHOU Hongxia & LIANG Bumin (36)
The Evolution of the Japanese Notation of the Cultural "Antiphonal Singing" of Ethnic Groups in Southwest
　China: From the Perspective of Linguistics and Translation Studies .... LIU Yan & LI Jingjing (41)

On Translation

Localization of International News Report of China — Take Reports on Covid-19 as an Example
　... XIONG Xin & YE Yongyu (49)
On the Inheritance and Development of Venuti's Translation Thoughts in "Translation, Community and
　Utopia" .... LIU Songqi (56)
On the Nature of Speech Reconstruction in Translation Under the Guidance of Jacobson's Functional
　View of Language .... JI Chunping (62)
Reproduction of Linguistic Styles in the Translation of Children's Literature: A Case Study of the
　Translation of *The Adventures of Tom Sawyer* .... Dong Fangyuan (69)

Translation Teaching

Forwarding Studies on Reforming Interpreting Teaching in AI Era: From Mono-modality Toward
　Multi-modality to Trans-modality .... WANG Honglin (76)
An Empirical Study on Translation Ways in Translation Courses by Thinking Path Schema of
　English Translation for Chinese Classics .... PENG Xiaojuan (82)

Translation and Introduction Studies

The Enlightenment and Thinking of "Maijia Phenomenon" on the Building of Overseas Communication Mode of Chinese Literature Translation and Introduction Studies
.... JIAO Dan & HE Lingling (89)
Mutual Learning Among Civilizations Through Translation — The Path of Communication Through Translation in China-Aid Training Projects .... CUI Cui (94)

Review

New Session and New Vision of Academic Research on Foreign Languages: Review on the High-Level Forum and Training of "International and Domestic Paper Publication and Dissertation Writing for Postgraduates" .... LI Xiaqing & KANG Zhifeng (99)
A Review of *A Study of the Kirgiz Epic "Manas"* .... WANG Yu (102)
New Exploration of Studies on Translation and Social Networks — A Review of *Translation and Social Media: In Theory, in Training and in Professional Practice* .... TAN Hua (105)

English Translation of Chinese Classics

A Comparative Study on Framing Narrative in English Translation of Poems in *Hongloumeng*
.... SUN Yufeng (111)

Contest Information

Notice of the 2nd CATIC National Contest of Translation .... CATIC (117)
Winner List of the 1st CATIC National Contest of Translation, Interpreting and Oral Speech in Summer
.... CATIC (120)

Call for Papers

.... CATIC (121)

动宾搭配的汉英对比与翻译

王志军[1]

(上海海关学院 外语系,上海 201204)

摘 要:动宾搭配千变万化,给不同语言的动宾搭配对比研究带来相当大的困难。本研究从语料库出发,对含常用汉语动词的动宾短语及其相对应的英文进行对比考察,并从认知语言学的角度进行分析,得出以下结论:当动词搭配不同的宾语时,动词的意义会有一定程度的变化。对于这种变化,不同语言在词汇化时并不同步,一种语言可能依赖于同一个动词来表达这些存在着某种关联但又具有不同含义的事件,另一种语言则可能选择完全不同的动词来表达这些语义的区别,这是汉英两种语言在表达同一事件时所选择的动词截然不同的根本原因。本研究对动宾搭配的汉英翻译具有非常重要的指导意义。

关键词:语料库;词汇化;动宾搭配;汉英对比;翻译

Title: A Contrastive Study of C-E VN Collocation and Its Implications on Translation

Abstract: The complexity of VN collocation poses a great difficulty to the contrastive study of VN collocation between different languages. By taking the advantage of corpus, this study conducts a cognitive contrastive study of VN collocation between Chinese and English, and finds out that a verb's ability of collocation can be expanded with the extending of the verb meaning in any language while these changes do not always happen correspondingly between two languages, which brings out the different choice of verbs in the lexicalization of the same event between Chinese and English. This study plays an important role in guiding the translation of C-E VN collocation.

Key words: corpus; lexicalization; VN collocation; Chinese-English contrastive study; translation

1. 引言

在语言的学习中,我们发现动词后的宾语千变万化,一些动词后既可接同一性质的宾语,也可接不同性质的宾语,动词的意义也随宾语的变化而发生改变(王志军,2020)。譬如,动作动词除了接受事宾语以外,在一定条件下,还可以接使事、结果、材料、工具、地点、方式、动机等成分作宾语,动词的意义发生相应的改变(陈昌来,2002;任鹰,2000;张云秋,2004)。例如,在"打开大门(open the gate)"中,"打开"是具体的行为动作,"大门"是受事宾语,而在"打开眼界(broaden one's vision/*open one's vision[①])"中,"打开"已不是具体的行为动作,表示"使……开阔",而"眼界"是抽象事物,不是受事客体。此外,即使动词后面接的是同一性质的宾语,由于宾语的个体差异,同一动词所表达的不同事件之间仍存在着巨大差异。例如,在"打开大门(open the gate)""打开收音机(turn on the radio)""打开灭火器(set off a fire extinguisher)"三个短语中,动作动词都是"打开",宾语都是受事宾语,然而表达的事件截然不同。这些短语中动词意义的差异因与汉语相对应的英语动词不同而一目了然。动宾搭配的复杂性以及汉英两种语言表达同一事件时对动词的不同选择给我们

---

1 作者简介:王志军,博士,上海海关学院外语系教授;研究方向:认知语言学与英汉对比。
基金项目:本文得到国家社科基金科研项目"基于汉英平行语料库的汉英动宾搭配对比研究(13BYY0014)"的资助。

的语言研究提出了挑战,汉英动宾搭配的对比是否有规律可循?应从何处入手来对比汉英动宾搭配?以往的研究多从一种语言考察动词对宾语的语义限定(Fillmore & Atkins, 1992;李葆嘉,2007;李斌,2011;Stubbs, 1995),而很少对汉英两种语言的动宾搭配进行系统对比研究。本文拟从语料库出发,对含常用汉语动词的动宾短语及对应英文进行对比考察,并从认知语言学的角度进行分析,拟从中找出汉英动宾搭配的差异以及差异产生的深层机理,从而对动宾搭配的汉英翻译提供指导。

2. 基于语料库的汉英动宾搭配认知对比研究

语料库对语言对比研究起到非常重要的作用,它能够提供海量的第一手双语平行语料。研究者可以整理和观察这些语料,并从中发现一些规律(格朗热,2007)。对双语平行语料库中两种语言对应词汇或短语进行对比分析和语义分析,对我们发现两种语言的异同和语言的规律非常有帮助(卢卫中,2015;卫乃兴,2011)。目前,我们可以找到的语料库有《汉英双语语料库》《爱词霸句库》《有道翻译》《百度翻译》以及各种双语词典等。我们在研究中发现,《爱词霸句库》输入汉语动词后涵盖的汉英平行语句比较全面,几乎囊括所有权威词典以及译作的例句。虽然很多例句原本是英语例句及其汉语译文,但从汉英方向加以对比更能发现两者的异同之处。以"恢复"一词为例,我们在《爱词霸句库》中输入"恢复"进行搜索,共出现610对含"恢复"动宾短语的汉英平行例句(标记为互联网出处的除外)。对这些句子的语义进行考察后,我们可把动词的意义分为至少三项。

(1)表示"某人重新获得某物",相应的英文为"recover"或"regain"等。

例1:有一小会儿他看上去有些迟疑不定,之后又恢复了镇定。

译文:For a minute he looked uncertain, and then recovered/regained his composure.

(2)表示"通过外力致使某种状态重新出现或使某事物回到以前的样子",相应的英文为"restore""bring back"等。

例2:去年11月,军队被派往这些岛屿以恢复秩序。

译文:Troops were sent to the islands to restore order last November.

(3)表示"某人或某事重新回到某种状态",相应的英文为"return to""be back to"等。

例3:生活还没有恢复正常,不过快就快了。

译文:Life has not yet returned to normal but we are getting there.

根据《现代汉语词典》,"恢复"作及物动词时主要有下面两个意思:(1)使变成原来的样子;(2)重新得到所有权或原职位。但通过汉英对比发现,"恢复"作及物动词时至少有三个含义。通过相对应的英文也可以看出,三个句子中的动词截然不同,不能互相替代。

那么这三个句子中的动宾短语在概念和搭配上有何本质的区别?汉英动宾搭配又有何不同?我们得借助这些句子所表达的概念结构来进行探讨。程琪龙(2011)介绍了人类语言表达的三种基本概念结构:空间概念结构、致使概念结构、动作概念结构。借用认知语义学的理论,我们可以把上述三个句子的概念结构表述为:

(1)客体(镇定) + 变回到 + 终属(他)

(2)致使者(派兵) + 致使 + [客体(秩序) + 变回到 + 终状(以前的样子)]

(3)客体(生活) + 变回到 + 终状(正常)

从概念结构上看,三者之间有着巨大的差异。(1)表述的是一个空间概念结构(该结构指客体和标志实体之间的空间关系,有不变和变化两种),表达的是一种领属关系,表示客体"镇定"回到主语"他",主语"他"从而重新拥有"镇定"的状态。从句法语义成分来说,宾语"镇定"在性质上为涉事,主语为系事,动词为二价性状动词,表示主语性状的变化(陈昌来,2002)。(2)表述的是一个致使概念结构(该结构指一种广义的因果关系),宾语表达的客体"秩序"在外力(致使者)的作用下发生了状态变化,即重新出现。它与(1)所表达的概念有着本质的区别,它含有致使的语义成分。从句法语义成分来看,主语为致事,宾语为使事,动词为二价致使动词(陈昌来,2002)。从词汇表述来看,英语选择了不同的动词来区分两个概念,(1)用regain,而(2)用restore,两者的语义和用法是截然不同的;汉语用"恢复"一个词来表示,从而使"恢复"有了不同的语义和搭配能力。与(2)不同,(3)表述的是一个空间概念结构,表示主语性状的变化不含任何致使含义。(3)与(1)相比,虽然都是表示主语状态的变化,但两者的变化截然不同:(1)表达的是一种领属关系的变化;(3)单纯地表达客体状态的变化。在(3)中英语遵循于原始的语义关系,用"be back to"来表示,而汉语的"恢复"又有了新的含义和搭配。

由此可以看出,分析概念结构可以使我们观察到含同一动词的不同动宾短语之间句法语义的本质区别。同时,这一区分可以帮助我们找到汉英动宾搭配的差异以及差异产生的原因。

笔者提取了常用的一千余个汉语及物动词的汉英平行例句,对其中汉英动宾对应短语进行对比、整理,并从认知语言学的角度对汉英动宾短语在搭配上的差异以及差异产生的原因进行探讨,发现存在后文所述的区别。

3. 汉英动宾搭配词汇化的差异

词汇化是指为事件寻找语言表达式的过程(Talmy,2000)。笔者经过考察分析后发现,汉英两种语言在为同一事件寻找表达式时作出的选择是不一样的。当动词后所接的宾语发生性质变化时,汉英两种语言在词汇化的过程中对动词的选择往往不一样;即使动词后所接的宾语性质不变,但个体发生变化时,汉英两种语言也常会有不同的选择。其中原理将在后文详细讨论。

3.1 "动词+不同性质宾语"汉英词汇化差异

在语言的研究中,我们往往根据一定的句法语义特征把动词分为不同类别。比如,陈昌来(2002)把可带宾语的动词分为五类,分别是动作动词、致使动词、性状动词、心理动词、关系动词。每一类动词都有其独特的句法语义特征,其主语和宾语都体现出不同的句法语义特点。然而,在语言的使用中,随着所涉及事件参与因素的变化,动词的意义和句法性质会出现不同程度的变化。笔者研究发现,这种变化正是汉英动宾搭配词汇化差异产生的真正原因。

3.1.1 "动作动词+不同性质宾语"汉英词汇化差异

虽然动作动词后面最典型的成分是受事宾语,即动作直接接触和作用的对象,但也可以接其他成分作宾语,动词的意义会随之发生一定程度的变化。根据汉语语言学的研究(任鹰,2000;张云秋,2004),动作动词后还可接结果成分、材料成分、工具成分、动机成分作宾语。那么,在这些事件中,动词的意义有何变化?汉英动宾搭配又会有何不同?下面逐一加以分析和讨论。

3.1.1.1 "动作动词+使事宾语"汉英词汇化差异

根据人类经验,动作动词主要代表人发出的某个行为动作,其后宾语一般是动作直接作用的对象,该宾语称为受事,而动作的发出者称为施事。然而,在语言的使用过程中,动词的宾语可以是受事以外的对象,这时动宾义关系会发生变化。比如,动作动词作用的对象一般是具体的客观事物,但有时也会是抽象的事物,这时,动词已经不表示具体动作,而表示一种纯致使关系,其中主语是致事,宾语是使事。我们在汉英对比中发现,两种语言对这种概念的变化会有不同的表达选择。

例 4:操纵机器
译文:operate the machine
例 5:操纵话语权
译文:dominate the conversation

例 4 为动作致使概念结构,表示人在操作机器,致使机器开动。而例 5 的动词已经没有动作的意思,宾语是一个抽象的事物,表示的是一个纯致使结构,意为"某人对话语权的控制"。"操纵"在例 5 中表示"控制"的意思,而英语的"operate(操作)"并没有引申出"控制"之意,所以用"dominate(控制、主宰)"来表达。

在语言经济原则的影响下,同一动词会用来表达与其原概念有某种相似或相关的事件,动词的意义以及所涉及事物的性质都有一定的变化。在汉英对比中笔者发现,某一汉语动词的意义和其搭配的对象发生了相应变化,而与该动词原义相对应的英文动词不一定发生同样的变化。因此,两种语言可能使用不同的动词来表达相应的意义。这种情况在我们的研究中非常普遍,如收拾工具(put away the tools)/收拾混乱局面(straighten out this confusion),打开大门(open the gate)/打开视野(broaden one's horizon)等。

3.1.1.2 "动作动词+结果宾语"汉英词汇化差异

汉英中都有一些动作动词,不但可以接受事成分作宾语,也可以接结果成分作宾语。但笔者研究发现,两者并不同步,即在汉语中既可以接受事又可以接结果作宾语的动词,英语中并没有完全对应的动词。

例 6:包书
译文:wrap up a book with a piece of paper
例 7:包饺子
译文:make dumplings

在"包书"中,"包"是一个动作,表示用纸或布等软的材料把一样东西包裹起来。但"包饺子"中的饺子不是包的对象,而是结果。并非用东西把饺子包起来,而是人们在制作饺子的过程中,用饺子皮包住饺子馅做成饺子。在整个事件的词汇化过程中,"包"的动作得到凸显,用以代表整个制作过程,在汉语中逐渐固化下来,从而使"包"有了"制作"的含义。

但英语对同一事件的词汇化过程显然没有采取同样的策略,而是用"制作(make)"来表示整个事件。相似的例子很多,如泡豆子(soak the beans in the water)/泡一壶茶(make a pot of tea)、烧柴(burn the wood)/烧炭(make charcoal)等。

其实,英语中的"制作"也可采用动作动词来表示,但和汉语采用的动词并不对应。

例8:搓药丸

译文:roll a pill

例8中的宾语为结果宾语,汉英都选用了制作过程中的一个动作来表达整个事件,但两者在词汇化过程中凸显的动作并不相同,汉语用"搓(rub)"来表达整个制作过程,而英语用"roll(滚动)"来表达。这说明两种语言对同一事件进行词汇化时,人们选择凸显的对象是不一样的,这需要我们在研究和学习中加以区分。汉英对比中相似的例子很多,如打一把刀(forge a knife)、开发票(write an invoice)、安刮脸刀(assemble his safety razor)等。

3.1.1.3 "动作动词+涉事宾语"汉英词汇化差异

在一定情况下,动作动词还可接涉事成分宾语,此时主语为系事,动词表示主语性状的变化,其不再是动作动词而是性状动词。宾语为涉事,表示主语性状涉及的某个对象。汉英在此时往往选用不同的动词来表达同一事件。

例9:这些甜点开始凝固时就可以加入辅料。

译文:You can add ingredients to these desserts as they begin to set.

例10:战争快要结束的时候,他加入了英国皇家空军。

译文:He entered RAF service in the closing stages of the war.

例9表达的是一个致使概念结构。动词为动作动词,动词后的"辅料"是加入的对象,即把辅料放入或添加到甜点之中,其中"辅料"的位置发生了变化。

例10表达的是一个空间概念结构。宾语并不是动词加入的对象,即并不指把"英国皇家空军"加入某一事物之中。动词表示的是"某人加入某一团体、组织或活动,并成为其中一员"。句中主语的性状发生了变化,即"他"成为英国皇家空军的一员。动词为性状动词而非动作动词。宾语"英国皇家空军"为涉事宾语,表示主语"他"归属的对象。而从英文来看,与动作"加入"相对应的"add"一词并没有相应的性状动词的用法;"加入"作为性状动词的用法"enter""join"等表示。汉英对比中相似的例子有:做减法(do a quick subtraction)/他的头骨做过大面积的矫形手术(He has received extensive corrective surgery to his skull)等。

此外,汉英对材料成分作宾语的事件采用不同的词汇化策略,如墙上都刷了白灰(whitewash the wall)、浇水(water)等。对"工具成分"作宾语事件采取不同的词汇化手段,如听耳机(use earphone)、看手机(use/play mobile phone)等。对"方式成分"作宾语事件采取不同的词汇化手段,如存活期(deposit money in the current account)、走猫步(take a catwalk)等。对"地点成分"作宾语事件采取不同的词汇化手段,如装箱子(fill or pack the suitcase)、读补习班(go to cram school)等。对"动机成分"作宾语事件采取不同的词汇化手段,如考研究生(take graduate examination)、养病(take care of oneself)等。

3.1.2 "致使动词+不同性质宾语"汉英词汇化差异

致使动词不表示人的行为动作,往往用来表示某一事物致使另一事物发生某种变化,或导致某一事物或现象的产生。我们在研究中发现,致使动词会用来表示另外一种语义关系,其句法语义性质会发生根本的变化。

例11:挫败感、愤怒和绝望引起了一系列自发性的罢工。

译文:Frustration, anger and desperation have led to a series of wildcat strikes.

例12:库尔德人的苦难引起了全球关注。

译文:The plight of the Kurds gained global visibility.

例11表示的是一种致使语义关系。主语的属性为致事,而宾语的属性为成事,即致事所导致的一种结果。例12不是致使语义关系,而是一种性状关系,表示主语"库尔德人的苦难"的某种状态,即"得到了全球的关注"。"引起"在例12中并不表示"导致某一事物或现象产生",正如我们一般不说"库尔德人的苦难导致了全球关注"。宾语在这里不是成事,而是涉事,即主语所涉及的事物。在两个事件的词汇化过程中,汉语"引起"的意义进行了引申,由原来表致使关系的"导致"义引申为表性状关系的"得到"义(汉语词典没有描述该含义);而英语相对应的动词如"lead to""cause"等没有发生同步的意义变化,由完全不同的动词"gain"来表达截然不同的语义关系。相类似的例子有:减轻病痛(reduce one's pain)/减轻几磅(lose a few pounds);恢复秩序(restore order)/恢复镇定(regain one's composure)等。

此外,在研究中,笔者还发现汉语中有的动词既可作心理动词又可作动作动词,而英语则用不同的动词进行区分。如记单词(remember words)/记笔记(make a note);我没大注意她在说什么(I paid scant attention to what she was saying)/注意身体(take care of our bodies)等。

3.2 "动词+同一性质不同宾语个体"汉英词汇化差异

随着动词后宾语性质的变化，动词的句法语义性质都会发生根本变化，表达的是完全不同概念的事件。在词汇化的过程中，汉英两种语言对这种变化往往有不同的表达，这一点在上面已经阐述。然而，笔者研究发现，动词后接同一类宾语时，汉英在动词的选择上也存在很大的差异，其中缘由值得进一步探讨。

3.2.1 "动作动词+不同受事宾语个体"汉英词汇化差异

动作动词后面的典型宾语一般为受事宾语。笔者研究发现，在不同的事件中，即使汉语中动作动词的宾语都是受事宾语，相对应的英语却仍选用完全不同动词来表达。

例 13：他试图把这条狗的嘴掰开。

译文：He tried to prise the dog's mouth open.

例 14：她掰开玫瑰花，将花瓣撒在坟墓上。

译文：She tore the rose apart and scattered the petals over the grave.

例13表示嘴巴通过"掰"这一动作由关闭变为张开。例14表示花通过"掰"这一动作由花朵变为花瓣。两句中的受事客体虽然经历了同样的动作，但产生了截然不同的变化。汉语使用同样的动词，产生不同的意义；而英语则选择不同的动词来区分。

例 15：从废墟中扒出了几个幸存者。

译文：A few survivors were pulled from the wreckage.

例 16：那只猫又把我种的那些幼苗扒出来了！

译文：That cat has scratched up all my young plants again!

例 17：你该把炉灰扒出来。

译文：You should scrape the ashes out from the furnace.

在上面的三个例句中，汉语都是用的一个"扒"字，表示把某样东西从一个地方弄出来。但英语用的是完全不同的动词，究其原因，例15是指人用手把幸存者拉出来，例16是动物用爪子把东西抓出来，例17是人用尖的工具把灰刨出来，英语对三种工具发出的不同动作加以区分，用不同的动词来表达。

例 18：拔羽毛

译文：remove the feather

例 19：拔麦子

译文：harvest wheat

例18和例19的英文都没有使用"拔（pull）"这个动词。从词汇化的角度来看，其主要用意是凸显"拔某东西"的目的，例18的目的是"去除"，而例19的目的是"收割"，英语采取表示目的的动词来表达这个事件。

例 20：摆脱了贫困

译文：get out of poverty

例 21：摆脱了大部分公务

译文：get away from most of his official duties

"摆脱"是指人脱离某一种状态或某一样东西的束缚。显然，英文的表达更忠实于原语义结构，用"动词+介词"表示某一事物离开另一事物。但英文对动词后宾语的个体差异有不同的认识，在介词的使用上有所区别。例20中的宾语一般表示贫穷这一种状态。在该类事件中，摆脱主体处于某一状态中，该主体欲摆脱的状态被看作一个容器，将主体包裹其中；摆脱主体要摆脱该物体，必须从中脱离出来，表该移动路径的介词在英语中一般为"out of"。又如，"摆脱那桩婚姻"可译为"get out of the marriage"。而在例21中，摆脱主体和欲摆脱的物体被视为存在一种依附关系，摆脱主体通过离开摆脱物而达到摆脱的目的。表该移动路径的介词词组在英语中一般为"from"。又如，"摆脱以往形象"可译为"get away from its past"。从以上分析可以看出，由于受事宾语个体的变化，事件涉及的因素如宾语的状态、使用的工具、事件的目的、物体运动的路径等都会有所不同。英汉两种语言在词汇化过程中对这些不同会有不同的凸显，从而在动宾搭配上选用不同的动词来表达同一事件。

3.2.2 "动作动词+不同结果宾语个体"汉英词汇化差异

在研究中，我们还发现当动作动词后面接不同的结果宾语个体时，汉英两种语言会选择完全不同的动词来表达。

例 22：用线搓一根绳子

译文：twist a rope out of threads

例8和例22中都用动作动词来表示某一物体的制作。汉语用"搓"这一动词来表示制作"药丸"和"绳子"，因为其中都含有用力摩擦的动作。而英语在对两种物体制作的词汇化过程中所凸显的动作是不一样的，在前者中，英语凸显"滚动"这一运动轨迹，而在后者中，英语凸显"扭动、缠绕"这一运动轨迹。类似的例子有：打酱油（buy soy sauce）、打鱼（catch fish）、打柴（gather firefood）等。虽然在表获取类结果宾语句中，汉语都用"打"来表示"获取"这一过程，但英语区分了不同的获取方式，采用不同的动词来表达。

3.2.3 "致使动词+不同使事宾语个体"汉英词汇化差异

例 23：刺激皮肤

译文：irritate the skin

例 24：刺激经济

译文：stimulate the economy

汉语的"刺激"表示一事物对另一事物的影响。从该词的汉英动宾搭配可以看出，如果刺激对象不同，那么事物受到刺激后产生的反应或最终状态是不一样的，有积极的，也有消极的。汉语的"刺激"根据不同的搭配会产生不同的含义，而英语则根据不同的致使状态采用不同的动词来表达整个过程。

例 23 中的"刺激"表示使（皮肤或身体部位）酸或疼。后面宾语常为"皮肤或身体部位"等名词，相应英文动词常为"irritate"等。例 24 中的"刺激"表示促进事物发展、生长或更为活跃，相应英语为"stimulate"等。类似的例子有：美化环境（beautify our environment）、美化战争恐怖（glorify the horrors of war）等。其中，"美化"在后者已产生意义的引申，表示"将丑的说成美的"，而"beautify"没有相似的用法。

致使动词不表示具体的行为动作，往往表示一事物对另一事物产生的影响，随着致使对象个体的变化，整个致使事件都会发生一定程度的变化。从例 23 和例 24 可以看出，英汉两种语言在词汇化时会对整个事件中的因素有不同的侧重，从而选用不同的表达式。

4. 对汉英翻译的启示

从某一种语言或从某一个动词来看，动词对后面宾语的选择有一定的限定作用。但是，从跨越不同语言的视角来看，当动词搭配不同的宾语时，动词的意义或动词所表示的整个事件都有一定程度的变化。这种变化或大或小。变化较大时，整个句子的概念结构以及动词的句法语义都发生了变化；变化较小时，动词的句法语义性质虽然没变，但动词所涉及的事物和其意义发生了变化。对于这种变化，不同语言在词汇化时并不同步，一种语言可能依赖于同一个动词来表示这些存在着某种关联但又具有不同含义的事件，另一种语言则可能选择完全不同的动词来体现语义区别。这就是汉英两种语言在表达同一事件时选择的动词截然不同的根本原因，这一研究对汉英翻译实践具有非常重要的指导意义。作为汉语为母语的人，我们对汉语动词搭配所引起的语义变化并不敏感；即使我们知道一个动词有多个意义，对这些不同意义的搭配要求可能也并没有非常明确的认识。因此，在汉英翻译过程中，我们往往会受到母语（汉语）的影响，意识不到汉英对动宾搭配词汇化的不同选择，导致在翻译的过程中常常会生成一些错误的表达式，如"打开电视"直接译成"*open TV"。所以我们在翻译过程中，不能简单地把汉语的某一个动词和英语的某一个动词对等起来，而是需要根据具体动宾搭配的语义关系、汉英动词的不同语义内涵和搭配习惯，选择合适的动词来表达某一具体事件。

5. 结语

在研究中，笔者在分析事件概念结构的基础上，通过观察语料库、整理汉英不同的动宾搭配，考察了两者词汇化过程中对动词的不同选择。这一研究成果对汉英动宾搭配的研究、汉英对比研究以及外语教学与翻译都具有非常直接的指导作用。

注释

① 以星号（*）标示的句子或短语为不恰当的表达。

参考文献

[1] Fillmore, C. J. & Atkins, B. Toward a Frame-Based Lexicon: The Semantics of Risk and Its Neighbors [A]. In A. Lehrer & E. F. Kittay (Eds.) *Frames, Fields, and Contrasts* [C]. Hillsdale: Lawrence, 1992: 75-102.

[2] Stubbs, M. Collocations and Semantic Profiles: On the Cause of the Trouble with Quantitative Methods [J]. *Functions of Language*, 1995(1): 23-55.

[3] Talmy, L. *Towards a Cognitive Semantics (Vol. 1): Concept Structuring System* [M]. Cambridge: The MIT Press, 2000.

[4] Xiao, R., He, L. & Yue, M. In Pursuit of the Third Code: Using the ZJU Corpus of Translational Chinese in Translation Studies [A]. In R. Xiao (Ed) *Using Corpora in Contrastive and Translation Studies* [C]. Newcastle: Cambridge Scholars Publishing, 2010: 182-214.

[5] 爱词霸句库 [DB/OL]. http://dj.aiciba.com/.

[6] 北京外国语大学英语系《汉英词典》组.汉英词典(修订版)[Z].北京:外语教学与研究出版社,1995.
[7] 陈昌来.现代汉语动词的句法语义属性研究[M].上海:学林出版社,2002.
[8] 程琪龙.概念语义研究的新视角[M].上海:上海外语教育出版社,2011.
[9] 格朗热.基于语料库的语言对比和翻译研究[M].北京:外语教学与研究出版社,2007.
[10] 李葆嘉.语义语法学导论——基于汉语个性和语言共性的建构[M].北京:中华书局,2007.
[11] 李斌.动宾搭配的语义分析和计算[M].北京:世界图书出版公司,2011.
[12] 李德裕.现代汉语词语搭配[M].北京:商务印书馆,1998.
[13] 陆谷孙.英汉大词典[Z].上海:上海译文出版社,2007.
[14] 卢卫中.基于认知的英汉词义对比研究——关于对比认知词义学的构想[J].外国语,2015(3):33-40.
[15] 任鹰.现代汉语非受事宾语句研究[M].北京:中国社会科学出版社,2000.
[16] 束定芳.认知语义学[M].上海:上海外语教育出版社,2008.
[17] 唐义均.白皮书英译文本中动宾搭配调查与汉英翻译策略——一项基于汉英对比语料库的研究[J].上海翻译,2012(3):26-29.
[18] 王志军.汉英动宾搭配词汇化过程中对边缘成分的不同敏感度研究[J].外国语,2014(5):11-17.
[19] 王志军.汉英动宾搭配的共性与个性——一项基于语料库的研究[M].上海:上海交通大学出版社,2020.
[20] 卫乃兴.基于语料库的对比短语学研究[J].外国语(上海外国语大学学报),2011(4):32-42.
[21] 文旭.以认知为基础的英汉对比研究——关于对比认知语言学的一些构想[J].中国外语,2009(3):25-30.
[22] 张云秋.现代汉语受事宾语句研究[M].上海:学林出版社,2004.
[23] 中国社会科学院语言研究所词典编辑室.现代汉语词典(第7版)[Z].北京:商务印书馆,2016.

新闻翻译的机构审查属性
——基于《参考消息》和《金融时报》中文网的对比分析

许 可 张 威[1]

(北京外国语大学 英语学院,北京 100089)

摘 要:本研究采取比较法和例证法,发现《参考消息》与英国《金融时报》中文网对同一篇登在《金融时报》英文网站上的新闻翻译有所不同,主要体现在《参考消息》将针对我国的负面信息使用删减、隐化等方法进行调整,维护国家形象。而《金融时报》中文官网会较为忠实地翻译原文,即便报道内容为负面消息,也不作修改。研究表明,首先,翻译是一种改写与折射,其中蕴含权力的运作,译者并非完全中立或忠实于原文,需要参考赞助方的偏好。其次,国家目前对新闻的审查呈现更为开放的姿态。

关键词:新闻翻译;立场;赞助人;审查

Title: Institutional Censorship in News Translation — A Comparative Analysis of *Reference News* and *Financial Times Chinese*

Abstract: This comparative study discovers that there are differences in the translations of a same piece of news article by *Reference News* and *Financial Times Chinese*, with the article originally published in *Financial Times*. In order to protect the national image, *RN* would use translation strategies such as deletion and positive shift when encountering negative contents, while *Financial Times Chinese* would translate faithfully. This shows that, first, translation is a kind of rewriting or refraction, which is subject to power relations. Translators are not in a neutral position or absolutely faithful to the information of the original. They need to follow the stance and preference of their institution. Second, China gradually loosened its censorship on the stances of news and became more open and inclusive.

Key words: news translation; ideology; sponsors; censorship

1. 引言

媒体会影响公众的意见(Iyegar & Simon, 1993; Scheufele & Tewksbury, 2007)。新闻翻译也属于媒体制作新闻的一种途径。新闻翻译中的不对等现象值得研究。如今,翻译越来越多地被看作是"发生在交流和社会文化背景下的交易"(Hermans, 1996: 26),会存在许多不对等的情况,尤其是新闻翻译。许多新闻汉译文本中存在大量删减、增加或改写等现象。因而关于忠实对等的传统理论不足以解释日渐复杂的翻译现象。

在新闻翻译的背景下,媒体对译者施加影响的方式之一是要求其译文符合媒体的基本主张和观点。媒体基本都有自己的主要观点、态度、使命,有较为稳定的政治立场。比如在英国,《金融时报》

---

[1] 作者简介:许可,北京外国语大学英语学院博士生,北京邮电大学讲师;研究方向:翻译学。
张威,博士,北京外国语大学英语学院教授、博士生导师;研究方向:翻译学、功能语言学。
基金项目:本研究得到北京市社会科学基金2019年度项目"多语双向跨模态翻译语料库的研制与应用(19YYB011)"和北京外国语大学2018年度本科教学改革项目"本科翻译专业视译多模态语料库的研制与应用(XJJG201803)"的资助。

(*Financial Times*)偏向自由派,《每日电讯报》(*Daily Telegraph*)偏向保守派(Van Dijk,2006)。有统一主张的媒体会影响该媒体内部记者、译者、编辑等工作人员的选题、报道、写作、翻译等活动。

《参考消息》(*Reference News*)作为新华社旗下报纸,是政府资助运营的党政媒体,旨在维护我国政治立场。《金融时报》中文网(*Financial Times Chinese*)是一家英国报社所出报纸的中文版,大部分文章译自其英文网站,并有少量该报社记者直接撰写的中文新闻稿或中文专栏文章。其刊登的大部分内容代表了该报社的观点。

《金融时报》是《参考消息》的选材渠道之一。西方主流媒体少有在我国成立中文分部或独立运营自己的中文网站,《金融时报》是少量拥有中文网的报纸之一。《参考消息》和《金融时报》中文网有时会选取同一篇《金融时报》英文网的文章作翻译,因而会出现两个译本。本文整理了两份报纸对同一篇新闻的翻译文本并进行对比研究。

2. 文献回顾

多个国家和地区都对新闻翻译的媒体立场进行把关。比如韩国(Song,2017)、伊朗(Shojaei & Laheghi,2012)、希腊(Loupaki,2010)、英美(对阿拉伯语话语的翻译把关)(Al-Mohannadi,2008)等。中文背景下的新闻翻译研究多以《参考消息》为材料,从不同视角分析该报对国际新闻的改写情况,如立场转换(徐英,2014)、把关(郭薇,2018)、政治性评价(王国凤,2017)等。大部分研究都对其改写和立场把关持赞扬态度,但也有分析其失误,即把关不够严格的情况(郭薇,2018)。无论基于哪个国家或是从哪种角度分析新闻翻译,学者得出的普遍结论均为新闻翻译中之所以有大量改写现象,是因为其背后指导思想是维护政府的政治立场,维护本国的主流立场。

新闻翻译的确需要把关政治立场。在新闻学中,媒体把关是一大重要议题,"几乎所有的新闻都涉及把关"(Shoemaker & Vos,2009:75)。新闻翻译作为制造和传播新闻的一种途径,也涉及把关(Song,2017:660)。编译后的文本要"符合主流社会的立场要求"(徐英,2014:98),"更符合本国的政治立场、社会制度、历史文化、语言习惯等"(郭薇,2018:149-154)。因此,译者需要有把关的意识。"译者身处文化输入和输出的风口浪尖,输入时须对信息进行甄别,放行有益信息、拦截有害信息,守好祖国的文化边关"(谢旭升,2018:3)。

多数研究都是基于一家国内媒体对国外媒体翻译的单一译本研究,少有多译本比较研究。不同媒体对同一篇新闻文章的翻译可以反映媒体态度和立场对译者的操纵,更能体现在翻译活动中,媒体作为赞助人对翻译的影响。仅针对一家媒体、一个译本的新闻翻译研究是单薄的。这一方面的研究缺失不利于读者在阅读新闻译文时以客观的角度解读新闻事件。

谭载喜(2017)对我国文学翻译审查制度的历时研究表明,从新中国成立到改革开放,审查制度逐步放松,再到如今,逐渐走向进一步的包容和开放。这表明我国对立场多样性的包容程度有所提高。作用于新闻翻译的外部因素有很多,本研究主要讨论两个层面,一是国家的审查制度或在审查制度下的主流立场,二是作为赞助人的媒体机构。

3. 理论框架与指导思想

本研究的理论框架为立场、权力、操纵组成的社会宏观背景对翻译的制约作用,指导思想为翻译中的偏移。

3.1 翻译中的立场与权力

立场与翻译之间的关系吸引了许多学者的注意(Palumbo,2016:67)。翻译学将立场视为一个中性词。维索尔伦(Verschueren,1999:5)将其定义为"任何基于社会现实的信念或想法的集合,人们感觉它们是根本、常识性且可以观察到的,并且发挥着规范的作用"。因此,立场是一种中性的、普遍存在于一个群体中的信念和想法,可以是正面的,也可以是负面的,不限于政治领域。"这样我们对它的探讨就可以涵盖行为准则和思维方式。"(Pérez,2003:5)

在翻译中,权力可以被定义为以各种方式对文本翻译"链"施加控制之人所拥有的立场(Palumbo,2016:103)。翻译涉及权力的运作。从哪些文本可以被翻译,哪些文本不能被翻译(Fawcett,1995:177),到译者在翻译过程中做出的决策与选择,以及影响这些决策与选择的所有内外因素,都体现了权力运作。内部因素包括译者自己的价值观、世界观、信仰,或者为了符合某种立场的自我审查和把关(Tan,2017:47)。最主要的外部因素来自赞助人。勒菲弗尔(Lefevere,1992,2017:35)指出,赞助人可以通过经济和立场对其资助的译者施加影响。

媒体对立场的塑造和影响十分重要。这是因为"对于大部分人来说,阅读日报是他们最为主要的出版物阅读活动。这也是他们仅次于电视的了解世界的窗口"(Rowler，1991：121)。媒体具有较强传播能力。根据报纸的发行量，报纸上刊登的信息可以让百万甚至千万人同时阅读。当然，在互联网以及移动互联技术如此发达的今天，纸媒有所衰落，许多人都转为阅读网络上的新闻报道。但这不影响媒体发挥立场保护和塑造的作用，因为无论新闻通过哪种方式抵达读者，撰写和翻译新闻的都是同一批人。此外，也有许多人阅读自媒体，但自媒体不在本文的讨论范围内。

《参考消息》是新华社旗下报纸，属于我国政府的喉舌，代表着社会主义立场。《金融时报》是一家英国左翼报社(Van Dijk，2006：135)，代表资本主义左翼立场。两家报社的立场有着根本性的区别，因此，对于同一件事情两方可能存在分歧，这也是可以预知的。

3.2 改写与操纵

勒菲弗尔(Lefevere，1992，2017：21)提出翻译是一种改写，其中蕴含着操纵。原文文本经过翻译传入另一个语言社会体系时，可能会出现立场的转换。同时，译者需要考虑赞助人的因素，"这里赞助人被理解为类似可以促进或阻碍一个文学作品的阅读、写作和改写的权力实体(群体、机构)"(Lefevere，1992，2017：35)。这一理论在提出时主要针对文学。文学是一个体系，为其带来影响的有内部因素和外部因素。内部运作的是诸如评论人员、审校人员、教师、译员等专业人士(ibid.：34)。在外部施加控制的是赞助人。他们也要依靠这些文学体系内部的专业人士来将文学体系的立场与他们的立场保持一致(ibid.：35)。而且"文化从来都不是'免费的'。在决定哪些文化元素值得被翻译，以及这些文化翻译如何被资助的决策背后总是有经济和立场的利益"(Tymoczko，2009：183)。

3.3 翻译中的偏移

根据翻译指导思想，新闻翻译会出现偏移的现象。偏移指的是"对原文的语言背离，即在翻译中出现的句法形式或原文语义的改变"(Palumbo，2016：122)。本研究仅讨论语义偏移，不讨论句法结构偏移，因为"相比句法结构来说，意义更加倾向于获得立场标记。因为立场是信仰体系，而信仰通常被表述为话语的意义"(Van Dijk，2006：126)。新闻翻译的偏移可分为两种情况：正向偏移和负向偏移。另一种情况是中立：不改变原文思想，忠实呈现信息。正向偏移指的是通过翻译的改写将内容朝向赞扬、褒奖的方向偏移。在原文偏向负面意思时，通过翻译的改写弱化负面意思也视为正向偏移。中立指忠实地传达原文的态度、指称或隐喻。负向偏移指通过翻译的改写将内容朝向批评、贬低的方向偏移，原文如果本身是负面意思，将原文负面程度加深也包含在负面偏移中。

4. 研究方法

本研究使用质性与量化结合的方法。质性方法为对比法，选择2018年9月《参考消息》和《金融时报》中文网重合翻译的文章，进行穷尽式搜索和收集，整理出17篇文章。然后，对数据进行文本细读、对比与分析，采用质性研究确定其中突出机构主体性的部分，并统计其中删减、增加、显化、隐化等策略进行量化统计。该月份并无特殊或重大事件发生，因此，不受重大事件本身特殊性的影响，可以反映平时新闻翻译的基本规律。

5. 结果与讨论

从17篇文章的内容分析来看，大部分文章(15篇)的主题为《金融时报》关于中国的报道。

话语分析理论认为，"含有立场的话语通常的组织方式是积极地自我(夸赞)以及消极地呈现他者(贬损)。这种策略可能在各个层面都能实施，通常是强调我们好的方面，不强调做得不够好的方面。对于他者来说，强调他们不好的方面，对其好的方面采取弱化、隐藏或遗忘的处理方式"(Van Dijk，2006：126)。

《金融时报》英文网在报道关于中国的消息时，中国对于他们来说属于"他者"。依照上述理论，中国的优秀实践在报道时可能会被削弱，而亟待提高的方面会被加强。中国对于《参考消息》来说是"我们"，因此在选译此类文章时，《参考消息》需要完成一个从"他者"到"我们"的转换。继而要把《金融时报》对中国报道所添加的削弱和强调成分纠正过来。而《金融时报》中文网的译者认为自己受到赞助人的雇佣，并且以该报社的口径发声，对中国报道时无须完成从"他者"到"我们"的转换。

5.1 偏移

以对我国的报道为立脚点，《参考消息》和《金融时报》中文网理论上都可以采用正向偏移、负向偏移和中立三种翻译方式。以下表格中《参考消息》简称RN，《金融时报》中文网简称FT。

■ 对比翻译　新闻翻译的机构审查属性——基于《参考消息》和《金融时报》中文网的对比分析

表1　偏移的理论可能性

RN 正向偏移	RN 中立	RN 负向偏移
FT 正向偏移	FT 中立	FT 负向偏移

对语料的分析和对比发现表1中六种理论情况排列组合后实际呈现九个组合，见表2。

表2　偏移的理论组合及实际组合情况

RN 正向偏移 vs. FT 正向偏移	RN 正向偏移 vs. FT 中立	RN 正向偏移 vs. FT 负向偏移
RN 中立 vs. FT 正向偏移	RN 中立 vs. FT 中立	RN 中立 vs. FT 负向偏移
*RN 负向偏移 vs. FT 正向偏移	*RN 负向偏移 vs. FT 中立	*RN 负向偏移 vs. FT 负向偏移

分析语料后可知，不存在 RN 负向偏移的情况。对于 RN 中立和 FT 中立的情况，本文只讨论不含有立场转换的大幅度改写，其他忠实传递原文信息且不包含任何立场转换的，不在本研究讨论的范围内。因此，语料实际呈现表2中未标星的六种组合情况。

5.2　翻译策略

两家媒体使用的翻译策略包括删除、增补、词义积极、词义消极、词义弱化以及综合。删除指原文有的部分在译文中没有体现。增补指原文没有的信息或命题在译本中有所增加。词义积极指原文所选择词汇可能是中性或消极词，译文将其调整为积极词。词义消极指原文可能是中性或积极词，译文将其调整为消极词。词义弱化指将原文所选词汇所表达的情感程度进行弱化，削弱其表达力度。综合指对原文进行大幅度改写，多发生在题目的翻译上。此处综合并不包含立场的转变。包含立场转换的被标记为积极综合。两家媒体在所选文章中对具体句子翻译策略组合的对比统计如表3所示。

表3　翻译策略组合对比

	RN 翻译策略	FT 翻译策略	组合数量统计
1	删除	直译	14
2	增补	直译	5
3	词义积极	直译	3
4	词义弱化	直译	2
5	删除	词义弱化	2
6	直译	词义消极	2
7	删除	综合	1
8	积极综合	综合	1
9	综合	综合	1
10	词义积极	词义消极	1
11	直译	积极增补	1
12	综合	直译	1
13	删除	消极增补	1

《金融时报》英文网站有时刊登深度阅读文章，篇幅较长。《参考消息》在选择这类文章时通常会选译前半部分，将后半部分基本删除，仅选译最后一段。这类因篇幅原因而非立场原因被大量删除的段落不在本研究讨论和统计的范围内。

5.3　指导思想与翻译策略的结合对比

表4　指导思想与翻译策略的结合对比

指导思想组合	指导思想组合出现频次	翻译策略组合	翻译策略组合出现频次
RN 正向偏移 vs. FT 正向偏移	2	删除 vs. 词义弱化	2
RN 正向偏移 vs. FT 中立	25	删除 vs. 直译	14
		增补 vs. 直译	5
		词义积极 vs. 直译	2
		词义弱化 vs. 直译	3
		删除 vs. 综合	1
		积极综合 vs. 综合	1
RN 正向偏移 vs. FT 负向偏移	2	删除 vs. 消极增补	1
		词义积极 vs. 词义消极	1
RN 中立 vs. FT 正向偏移	1	直译 vs. 积极增补	1
RN 中立 vs. FT 中立	2	综合 vs. 综合	1
		综合 vs. 直译	1
RN 中立 vs. FT 负向偏移	1	直译 vs. 词义消极	1

从表4可知，大部分情况下，《参考消息》选择正向偏移，而《金融时报》中文网选择中立。但也有少

数情况下,后者选择正向偏移或是负向偏移。以下例证将会分析这几种情况。

5.4 具体例证分析

下文中所有例子译文1代表《参考消息》译文,译文2代表《金融时报》中文网译文。首行括号中为各个新闻在其相应媒体上刊登日期,第二行是其标题。其中,《金融时报》英文网和中文网译文均从网上获取,《参考消息》的译文从纸质版报纸获取。

5.4.1 RN 正向偏移 vs. FT 正向偏移

例1:删除 vs. 词义弱化

原文 (2018-09-03)	译文1 (2018-09-06)	译文2 (2018-09-06)
China's big beast in room won't knock over global economy	中国债务不会影响全球金融稳定	中国的金融风险不会殃及全球
But on financial stability, there is reason not to live in abject fear of the Chinese dog wagging its tail.	N/A	但在金融稳定方面,我们有理由不必对中国这只巨兽摇尾巴感到惊恐。

例1中这一段出现在原文最后,原文是《金融时报》英文网站上的一篇深度阅读文章。如前文所述,《参考消息》在选译篇幅较长的文章时通常会选最后一段,但这次操作方式不同,将最后一段与后半部分一同删除。《金融时报》中文网对其进行了保留,但其中有两点出现偏移。一是并未将"Chinese dog"直译为"中国狗",而是延续了上文"big beast(巨兽)"的翻译。文章第一段援引英国历史学家汤因比之言:"美国就像一只友善的大狗待在一间小屋子里,一摇尾巴就会撞翻椅子"。于是,文中将中国同样类比为这只摇尾巴的狗。狗在中文中通常被用作负面评价明喻,但在英文中并没有此负面联想意义。可以说《金融时报》中文网虽没有直译,但忠实于原文,因为原文这样使用并没有贬损中国的意思。二是并未译出"abject"这个词。《柯林斯 COBUILD 高级英语词典》(Collins Cobuild Advanced Learner's English Dictionary,以下简称为《柯林斯》)对"abject"的解释为:"You use abject to emphasize that a situation or quality is extremely bad."(Sinclair, 2003:2)因此,该词加强了其修饰的 fear,可以理解为"非常恐惧"。但 abject 与单纯形容程度的 extreme 在情感上有一定区别,因为 abject 还有另一层意思。线上牛津英文词典(Oxford English Dictionary)中其第二项释义为:"without pride or respect for yourself"。因此,使用该词修饰的恐惧便不是单纯的恐惧,还有"卑躬屈膝、下贱的恐惧"这一层意思。原文中,作者想表达虽然现在中国的经济体量如此之大,金融市场稍一波动就波及全球,但也请其他国家看到上述分析后重拾起尊严和信心,无须过度担心。而在《金融时报》中文网的翻译中完全读不出这一意象,因此,也算是使用词义弱化达成正向偏移目的之案例。

5.4.2 RN 正向偏移 vs. FT 中立

从表4可见,RN 正向偏移 vs. FT 中立的情况最为常见。

例2:词义弱化+删除 vs. 直译

原文 (2018-09-02)	译文1 (2018-09-02)	译文2 (2018-09-02)
Greater Bay Area: Xi Jinping's other grand plan	大湾区将加速中国经济转型	粤港澳大湾区的梦想与现实
But Prof. Tse warns that "**the devil is always in the detail**," as he explains his **struggles** with **bureaucratic** bank staff and civil servants in the mainland.	但是,也有专家以自己与内地银行官员和公务员打交道的亲身经历为例,发出"细节决定成败"的警告。	但谢秉书警告称,"**魔鬼总是隐藏在细节中**",他解释了自己与官僚作风严重的内地银行职员和公务员之间的各种斗法。

这一例中《金融时报》中文网忠实地翻译且呈现出原文的所有信息。而《参考消息》删除了"bureaucratic",将"the devil is always in the detail"这个负面的隐喻译成中立的"细节决定成败"。从而把"魔鬼"这个意向删除掉,弱化不当指称。而且《参考消息》还把"struggle"译为中性的"打交道",相对于原文以及《金融时报》中文网提供的"斗法"来说,都是将词义进行了弱化。此例中,《参考消息》删除和弱化了不当指称,良好地维护了银行官员和公务员的形象。

5.4.3 RN 正向偏移 vs. FT 负向偏移

例3:删除 vs. 消极增补

原文 (2018-09-09)	译文1 (2018-09-11)	译文2 (2018-09-10)
Malaysia cancels three China-backed pipeline projects	马来西亚取消中资管道项目	马来西亚取消3个"一带一路"项目

例3为标题翻译。《参考消息》删除了数字"three",虽然在文章主体中并没有隐藏3个管道项目的内容,但在标题上隐藏这个数字可以起到降低严重程度的效果。而《金融时报》中文网的译文为"中

资"增添了更多的信息——一带一路。添加"一带一路"使得题目看起来更具负面效应,强调不仅仅是简单的中国资助的管道项目,还是"一带一路"这个政府大力倡导的战略之下的项目。

5.4.4 RN 中立 vs. FT 负向偏移

例4:直译 vs. 词义消极

原文 (2018-09-11)	译文1 (2018-09-12)	译文2 (2018-09-17)
Alibaba steps up push into chipmaking and quantum computers	阿里进军量子计算机和芯片制造	阿里巴巴进军AI芯片和量子计算机
A further wake-up call in China came from the temporary US moratorium on chip sales to telecoms group ZTE, a punishment for **shunning** earlier penalties for breaching sanctions on Iran.	美国暂停向中兴通讯股份有限公司出售芯片的举动进一步对中国敲响了警钟。美国这么做是为了惩罚中兴,因为中兴曾设法**回避**早些时候因违反针对伊朗的制裁规定而受到的惩罚。	中国的另一个警钟来自美国一度禁止向中国电信设备制造商中兴通讯(ZTE)销售芯片,以惩罚该公司对之前的处罚(源自其违反对伊朗制裁)采取**忽悠**对策。

例4中焦点在于对"shun"的翻译。《柯林斯》对此词的解释为:"If you shun someone or something, you deliberately avoid them or keep away from them."(Sinclair, 2003:1342)根据英文解释,该词是中性的"回避"的意思(如《参考消息》所译),但《金融时报》中文网将其译为"忽悠"这一有明显负面意义的词汇,指中兴不履行违反对伊朗制裁的惩罚是欺骗行为。这其实是在原文的基础上进一步抹黑国企中兴的形象,不提美国对于伊朗的制裁是否具备正当性,而直接引出对中兴的惩罚。

6. 结论

本研究发现新闻翻译具有较强的媒体属性,并且我国对媒体立场的包容性有所增强,审查力度减弱。译者遵循媒体,即赞助人的立场。《参考消息》作为新华社旗下的报纸,发挥了把关作用,维护了国家和政府形象。在此思想的指导下,选择删除、增补、词义调整等翻译策略实现翻译目标。改革开放四十年来,我国从经济到社会进一步走向开放,立场也逐渐呈现多元化。《金融时报》中文网作为英国《金融时报》独自运用、以中文呈现的媒体分支,其刊登译文大部分情况下忠实地传达了原文信息,不带有立场转换。本研究也同时发现有时《金融时报》中文网的译文有少数正向偏移或负向偏移情况,即有降低原文负面程度的情况,或在原文呈中立态度时将其改变为负面态度的情况。

认识到媒体翻译的文章同样会遵循媒体的态度立场这一事实对读者和译者都有重要意义。读者在阅读新闻时可更具批判精神,通过交叉取证来了解事实的真相。译者在服务媒体机构时也要先明确媒体的立场,再使用相应的策略对译文进行改写与操纵。但无论如何,维护国家形象、把好政治关、尊重客观事实都是每位译者必要的自我修养。并且在立场多元化的今天,我们更应坚持马克思主义、社会主义的立场。无论作为译者还是读者,都应有此素养。翻译的指导思想"也不能单纯地被标记为来自上司的政策或指令。最终,翻译包含道德的选择,以及译员自己的责任"(Tymoczko, 2009)。

本研究的局限性在于仅对比了两家媒体一个月的语料,样本较小。仍有其他西方媒体在国内运营自己的中文网站,例如英文报纸《经济学人》(The Economist)在国内运营《经济学人·商论》双语 APP,这些媒体的语料都可以在未来用于翻译的机构性研究。

参考文献

[1] Al-Mohannadi, S. Translation and Ideology[J]. *Social Semiotics*, 2008(4): 529-542.

[2] Chen, Y. M. Quotation as a Key to the Investigation of Ideological Manipulation in News Trans-editing in the Taiwanese Press[J]. *Traduction, Terminologie, Rédaction*, 2009(2): 203-238.

[3] Fawcett, P. Translation and Power Play[J]. *The Translator*, 1999(2): 177-192.

[4] Fowler, R. *Language in the News: Discourse and Ideology in the Press*[M]. London/New York: Routledge, 1991.

[5] Hermans, T. Norms and the Determination of Translation: A Theoretical Framework[A]. In R. Alvarez & M. C. Vidal (Eds.) *Translation, Power, Subversion*[C]. Clevedon/England: Multilingual Matters, 1996: 25-51.

[6] Iyengar, S. & Simon, A. News Coverage of the Gulf Crisis and Public Opinion: A Study of Agenda-Setting, Priming, and Framing[J]. *Communication Research*, 1993(3): 365-383.

[7] Lefevere, A. *Translation, Rewriting, and the*

Manipulation of Literary Fame [M]. London/New York: Routledge, 1992/2017.

[8] Lefevere, A. Mother Courage Cucumbers: Text, System and Refraction in a Theory of Literature [A]. In L. Venuti (Ed.) *The Translation Studies Reader* [C]. London/New York: Routledge, 2000: 233-249.

[9] Loupaki, E. Investigating Translator's Strategies in Rendering Ideological Conflict: The Case of News Translation [A]. In C. Schaffner & S. Bassnett (Eds.) *Political Discourse, Media & Translation* [C]. Newcastle: Cambridge Scholars Publishing, 2010: 55-75.

[10] Oxford English Dictionary [DB/OL]. https://en.oxforddictionaries.com/definition/abject.

[11] Palumbo, G. *Key Terms in Translation Studies* [M]. Beijing: Foreign Language Teaching and Research Press, 2020.

[12] Pérez, M. C. Introduction [A]. In M. C. Pérez (Ed.) *Apropos of Ideology: Translation Studies of Ideology — Ideologies in Translation Studies* [C]. Manchester: St. Jerome Publishing, 2003: 3.

[13] Scheufele, D. A. & Tewksbury, D. Framing, Agenda Setting, and Priming: The Evolution of Three Media Effects Models [J]. *Journal of Communication*, 2007(4): 9-20.

[14] Shoemaker, P. J. & Vos, T. P. Media Gatekeeping [A]. In D. W. Stacks & M. B. Salwen (Eds.) *An Integrated Approach to Communication Theory and Research* [C]. New York: Routledge, 2009: 75-89.

[15] Shojaei, A. & Laheghi, F. A Critical Discourse Analysis of Political Ideology and Control Factors in News Translation [J]. *Theory and Practice in Language Studies*, 2012(2): 2535-2540.

[16] Sinclair, J. *Collins Cobuild Advanced Learner's English Dictionary* [Z]. New York: Heinle & Heinle Pub, 2009.

[17] Tan, Z. X. Censorship in Translation: The Dynamics of Non-, Partial and Full Translations in the Chinese Context [J]. *Meta*, 2017(1): 45-68.

[18] Tymoczko, M. Translation, Ethics and Ideology in a Violent Globalizing World [A]. In E. Bielsa & C. W. Hughes (Eds.) *Globalization, Political Violence and Translation* [C]. New York: Palgrave Macmillan, 2009: 171-194.

[19] Van Dijk, T. A. Ideology and Discourse Analysis [J]. *Journal of Political Ideologies*, 2006(2): 115-140.

[20] Verschueren, J. Preface [A]. In J. Verschueren (Ed.) *Language and Ideology: Selected Papers From the 6th International Pragmatics Conference. (Vol. 1)* [C]. Antwerp: International pragmatics Association (IprA), 1999: 5.

[21] 郭薇.国际新闻编译者"把关"失误分析及改进对策[J].湖南科技大学学报(社会科学版),2018(4):149-154.

[22] 王国凤.政治性新闻语篇翻译中的评价——基于《华盛顿邮报》和《参考消息》中的钓鱼岛事件[J].外语教学,2017(3):34-39.

[23] 谢旭升.翻译的政治性与有效性[J].翻译界,2018(2):1-3.

[24] 徐英.新闻编译中立场的转换性探索[J].中国翻译,2014(3):98-102.

认知翻译

外宣文本中的中国特色政治隐喻认知翻译研究
——以"打虎""拍蝇""猎狐"为例

彭爱民[1]

(广东第二师范学院 外语系,广州 510000)

摘 要:本文以近年媒体出现的中国特色政治隐喻热词"打虎""拍蝇""猎狐"的英译文为研究对象,通过运用内省法来判断译文的得体性或约定俗成性。文章基于对源语文化意象、源语和目标语同义动词的认知分析,对源语和目标语认知语法分析以及认知隐喻分析,试图找出这些隐喻热词英译文的认知理据及翻译策略。本研究认为,外宣文本中的中国特色政治隐喻热词的英译,应采取打破文化自恋策略和文化替代策略,在话语不断求新求变中,通过译者的认知努力,不断提高认知能力和认知水平,以达到凸显"创译"的目的。此研究对中华文化"走出去"及相关研究有较大的启示。

关键词:外宣文本;中国特色政治隐喻;认知翻译

Title: Cognitive Translation of Political Metaphor with Chinese Characteristics in External Publicity Texts — Taking "Taking Out Tigers," "Cracking Down on Flies" and "Hunting Down Foxes Relentlessly" as Examples

Abstract: This paper takes the English translations of popular political metaphors with Chinese characteristics such as "taking out tigers," "cracking down on flies" and "hunting down foxes relentlessly" that have appeared in the media in recent years as the object of study and uses the introspection method to explore which translations are more appropriate or may become conventional expressions. Through the cognitive analysis of the cultural image of source language, the verbal synonyms of target language, and the analysis of cognitive grammar and cognitive metaphor, it is found that the English translation of political metaphor popular words with Chinese characteristics should break the cultural narcissism and adopt the strategy of cultural substitution when necessary. In the process of continuous innovation and changes of discourse, the translators should constantly improve their cognitive ability and level through their cognitive efforts in order to achieve creative translation. The research offers some enlightenment to the related study of "taking Chinese culture to the global stage."

Key words: external publicity texts; political metaphors with Chinese characteristics; cognitive translation

1. 引言

传播习近平新时代中国特色社会主义思想的主要任务是讲好中国故事,传播中国声音。在此背景下,中华文化外译越来越受到翻译界的重视,越来越多富有中国特色的文化作品以外译的形式走向世界。外宣文本翻译是让中国文化走出去的好渠道。

---

[1] 作者简介:彭爱民,博士,广东第二师范学院外语系副教授;研究方向:翻译理论与实践、英语教学。
基金项目:本文得到广东省教育科学"十三五"规划2020年度课题项目"'一带一路'背景下中国特色话语传播与隐喻翻译研究(2020GXJK346)"的资助,也是2018年度教育部人文社会科学研究自筹经费项目"跨文化翻译研究(18YJE740001)"的部分研究成果。

外宣著作《习近平谈治国理政》收录了习近平总书记在中共十八大闭幕后至2014年6月13日期间的重要著作和重要讲话,此套书无疑已成为世界了解中国的窗口。到目前为止,《习近平谈治国理政》第一卷和第二卷已经被译为多国语言,为世人所关注。

作为继《毛泽东选集》《邓小平文选》等之后又一套重要政治外宣著作,其传播范围极广,影响力度极大。这与当今中国的政治经济地位和综合国力是分不开的,当然,也离不开语言的传播与翻译。我们发现,这类政治外宣文本中并非满篇都是国家政治方针、政策和治国方略,往往会有各届领导朴实无华的真切感受和引经据典的经验之谈,经常大量运用来自生活或文学作品,在老百姓中脍炙人口、耳熟能详的中国特色政治隐喻,使国家的政治方针政策和治国方略能接地气,为广大群众喜闻乐见,津津乐道,广为传颂,体现出国家领导人亲民、爱民的一面。随着新一代国家领导人加大反腐倡廉的工作力度,"打虎""拍蝇""猎狐"等政治隐喻在《习近平谈治国理政》中反复出现,一时间成为流行热词。我们认为,这些富有时代特征的政治隐喻流行热词应作为专门的政治术语而有约定俗成的译文。但从目前国内外各大媒体英译文来看,译文还远远没有达到统一。因此,有必要从这些术语的语义、语法、文化意象、隐喻、认知等方面重新考察和梳理其内涵意义和外延意义,找出合理的翻译处理策略和方法,以期有统一的、约定俗成的英译版本,从而便于传播,扩大政治外宣文本的影响力。

2. "打虎""拍蝇""猎狐"英译的认知分析

要对中国特色政治隐喻热词"打虎""拍蝇""猎狐"的英译作认知分析,首先需要对中外主要媒体出现的不同英译做统计分析,然后从不同角度对源语和目标语的内涵意义和外延意义作认知分析,即分析源语中的"老虎""苍蝇""狐狸"的文化意象、源语中的"打""拍""猎"和目标语中的"blow""strike""beat""swat""fight""catch""net""pursue""take out""crack down on""hunt down"等同义动词、源语和目标语的认知语法,以及源语和目标语的认知隐喻。

"打虎""拍蝇""猎狐"作为政治隐喻,近年来,经常出现在各种外宣文本和各类讲话中。已有学者(余小梅、汪少华,2015)对此类现象做了专门研究。他们认为,可以采取直译达意的方式做英译处理,即(1) 通过用标点符号提示,在隐喻词后提供简单解释;(2) 通过指向词和句式提示提供或详或略的解释(ibid., 2015)。他们最终没能达成一致,形成统一的英译文。作为具有中国特色的政治隐喻,仅用标点或指向词加注释的处理方式未必能够解决所有类似问题。

对于"打虎""拍蝇""猎狐"的英译,各家媒体表达不一。判断哪一种表达会像"paper tiger(纸老虎)"一样最终成为规约性表达,是我们的研究目标。我们不妨从认知翻译的角度做研究性预测。我们可以首先对比国内媒体的外宣文本《毛泽东选集》、习近平总书记讲话、《中国日报》和《南华早报》等,外国主流媒体《华盛顿邮报》《纽约时报》《卫报》、美国有线电视新闻网和英国广播公司的新闻,以及文学文本《水浒传》《上海的早晨》,观察其中对于"打虎""拍蝇""猎狐"分别是如何翻译处理的。见表1。

表1 "打虎""拍蝇""猎狐"在不同媒体中的英译

		"打虎"	"拍蝇"	"猎狐"
国内媒体	《南华早报》	strike tigers	swat flies; strike flies	
	《中国日报》	go after "tigers"; net "tigers"; pursue "tigers"	net "flies"; go after "flies"; pursue "flies"	
	习近平总书记讲话	crack down on "tigers"; punish "tigers"	punish "flies"; crack down on "flies"	
	新华社	hunt down "tigers"; pursue "tigers"	swat "flies"; pursue "flies"	
	十九大报告	"take out tigers"	"swat flies"	"hunt down foxes"
	《毛泽东选集》	beat tigers; fight tigers		

■ **认知翻译**　外宣文本中的中国特色政治隐喻认知翻译研究——以"打虎""拍蝇""猎狐"为例

(续表)

		"打虎"	"拍蝇"	"猎狐"
国外媒体	美国有线电视新闻网	fight "tigers"; catch tigers; target "tigers"; snare tigers	target "flies"; fight "flies"	
	《纽约时报》	catch Tigers; oust this big tiger; take down "tigers"	take down "flies"; catch Flies	
	《卫报》	crack down on "tigers"; go after "tigers"; fight "tigers"	fight "flies"; crack down on "flies"	
	英国广播公司	cage big tigers; catch the tigers	catch the flies	
	《华盛顿邮报》	crack down on the "tigers"; root out the tigers	root out the flies; crack down on the "flies"	
文学作品	《上海的早晨》	get the big tigers		
	《水浒传》	blow the tiger; beat a tiger; kill a Tiger		

表1是"打虎""拍蝇""猎狐"在国内外各主要媒体中频繁出现的英译文。从表1中可以看出,"打虎""拍蝇""猎狐"在不同媒体中的英译都用动宾搭配结构,但所用动词不尽相同,对于隐喻的本体"虎""蝇""狐"的英译处理也不尽相同,有的用单数,有的用复数;有的用定冠词,有的用不定冠词;有的用双引号,有的大写首字母。

我们再根据表1统计出"打""拍"的英译在三种媒体中出现的频率,见表2。

表2　"打""拍"在三种媒体中的英译及出现的频率统计

"打"在国外媒体中的英译	词频	"打"在国内媒体中的英译	词频	"拍"在国外媒体中的英译	词频	"拍"在国内媒体中的英译	词频
catch	3	net	2	crack down on	2	swat	3
fight	2	beat	2	catch	2	pursue	2
crack down on	2	go after	1	fight	2	strike	1
cage	1	crack down on	1	take down	1	net	1
target	1	pursue	1	target	1	go after	1
snare	1	punish	1	root out	1	punish	1
oust	1	hunt down	1			crack down on	1
take down	1	take out	1				
go after	1	strike	1				
root out	1	fight	1				
		get	1				
		blow	1				
		kill	1				

从表2中可以看出，动词"打"和"拍"多译为"catch""fight""crack down on""swat"，这四个词的词频最高，而且多出现交叉使用的情况。国内外媒体对这两个动词的英译有多种变化，极不固定，似乎可以随意使用。动词的交叉且不稳定使用以及隐喻表达形式的改变，为形成统一的译文增加了难度。为了形成统一、约定俗成的英译，我们可以对源语和目标语的内涵意义和外延意义作认知分析。

2.1 对源语文化意象的认知分析

源语中巧用"老虎""苍蝇""狐狸"的文化意象来分别喻指中国在新时期出现的身居高位、掌握大权的贪污腐败分子，社会基层作风不正的社会危害分子，以及借虎之威、狡猾且善于躲藏、影响干群关系的危险分子。这三个词已成为家喻户晓的中国特色政治隐喻。

自然生态中的老虎体态雄伟、异常威武，对猎物攻击性极强，被誉为"山中之王"或"兽中之王"。而政治隐喻中的"老虎"位高权重，巨贪巨腐，力狂胆大，破坏力强；自然生态中的苍蝇繁殖能力极强，飞行速度快，能传播对人畜禽有害的五十多种重要传染性疾病。而政治隐喻中的"苍蝇"量多面广，面向基层，深入群众，传播性强；自然生态中的狐狸性格机敏胆小，耳朵能对声音进行准确定位、嗅觉灵敏，修长的腿能够快速奔跑，警惕性很高、善于藏匿。而政治隐喻中的"狐狸"左右勾结，狡猾多变，善于隐藏，危险性大。

根据习近平总书记的讲话精神，对于"老虎""苍蝇""狐狸"三个不同的对象，打击的力度和方式是各不相同的：对于"老虎"，要抓典型，杀鸡儆猴，下重拳打；对于"苍蝇"，要抓全面，借力巧打，下手快、准、狠；对于"狐狸"，要抓"心腹"，跟踪追迹，穷追不舍。"打虎""拍蝇""猎狐"中的"打"，为攻击、殴打、打杀、捕捉之意；"拍"为拍击、拍打之意；"猎"为捕捉、猎逐之意。结合"老虎""苍蝇""狐狸"三者在自然生态中的习性和在中国文化中的内涵意义，以及"打""拍""猎"三个动作的动作特征可知，"打虎"为惩治高级别国家干部的腐败行为，要杀鸡儆猴、重力猛打、严惩不贷；"拍蝇"为惩治基层国家干部的腐败行为，要全面撒网、动作快捷、一网打尽；"猎狐"为追捕和捉拿贪官和经济罪犯，要境内筑堤、境外织网，深入洞穴、紧追不舍、捉拿捕取。源语隐喻"打虎""拍蝇""猎狐"反映了党中央在惩治腐败这一大是大非问题上的原则立场和政策措施，既形象又深刻，反映了中国政府坚决惩治腐败分子的"壮士断腕"的勇气和对腐败分子"无禁区、全覆盖、零容忍"的态度。

2.2 对源语和目标语同义动词的认知分析

在隐喻表达中，选用不同的动词，便有不同的表达意义。而表达意义不能用真或假来判断。这是因为表达意义与说话人的情感或态度有关，而与单词和话语所指的内容无关。词或话语可以命题意义相同，但表达意义不同（Baker, 2000）。词语之间在表达意义方面的差异并不仅仅在于相关词语能否表达某个态度或评价。同样的态度或评价可以用两个词或两句话来表达，但语气却大不相同（ibid.）。

"打虎""拍蝇""猎狐"这一隐喻中的同义动词"打""拍""猎"属于具体动作类。这类动语素都表示一个具体的动作，有明确的作用对象和完整的物理过程。此例中的"打"对应一个抽象的动作概念图式，它包括不定点打、定点打、用工具打等不同的例示形式。在将其翻译成英语时，因为缺乏对等的概括词，需要基于它所激活的"打"的图式—例示级阶和范畴网络，依托语境做不同方式的、适切的例示。目标语中，"blow""strike""beat""swat"等动语素隐喻都是同义词，基于物质过程的相似性隐喻"fight"这个动作。翻译时选择不同的同义动词，表达意义不同，也会体现说话者不同的语气。

"打虎""拍蝇""猎狐"是非常通俗的口头语言，是毛主席反腐斗争时期提出的"大小老虎一起打（大小贪官一起打）"的延伸。十九大报告中再次使用这些通俗的比喻，将不同类型的贪官进行分类，并根据这些贪官的特性巧配动词，更加生动、形象，也非常诙谐。在报告等口头语中出现时，一般会采用曲折语调来表达对贪官极其憎恨的特殊情感，这种曲折调常使用在强调、双关、隐喻等表达中。在表达这种憎恨的特殊情感时，语调上会给人一种压迫感，口腔窄紧，气息流动强，多阻塞。为了突出语义重点，这些词要作重音处理，表达时要加大音量，以表现出坚决打击腐败分子的鲜明态度。另外，停顿也可以突出重音，在重音前后安排或长或短的停顿，能使重音凸显出来，给人留下深刻印象。在列举三个动作时，动作与动作之间要略作停顿，这样能引发听众独立思考。停顿本身起着标点符号的作用。停顿能使语句抑扬顿挫，还能通过间歇的长短、一定时间单位里次数的多少，形成讲话的节奏，具有韵律美。

我们认为，用目标语表达"打""拍""猎"这三个动作时，不建议仅用一个动词来概括。所以如果像某些媒体一样，把"打虎""拍蝇""猎狐"译成"fight/catch tigers, flies and foxes"或者"crack down on tigers, flies and foxes"，则会失去源文的语言节奏和停顿,目标语受众感受不到源语文本的诙谐,不能给人以深刻印象。若译成"take out tigers, crack down on flies and hunt down foxes",既体现语言美,也能完美达意,体现出新一届中共中央政府反腐倡廉的决心。

2.3 对源语和目标语的认知语法分析

语法本质上是意象性的(imagic)(Langacker, 1986)。"我们使用一个具体的构式或一个语素,就是选择了一个具体的意象(image)来组织所想象到的情形或事物。"(牛保义、牛儒雅,2018)意象是音位结构在人的大脑里产生的感觉印象。洪堡特指出,语音作为一个统一体,连续而清晰地发出。正如思想控制着整个心灵,语音首先具备一种能够渗透和震撼全部神经的力量。语音的这个特点使它有别于所有其他的感觉印象(姚小平,1995)。就像前面提到的那样,我们听到或说出汉语的[dɑː](打),便会在头脑里涌现出某人用某种器具击打某物的画面。我们听到或说出的不是一个个单音[d][ɑː],而是一个完整的音位结构[dɑː],所以意象感知是一种整体性感知,"出现在宏观层面(macroscopic level)"(Talmy, 2001)。

根据认知语法的语法配价(grammatical valence)理论可知,预设成分(如施事或受事)的语义明示需要凸显动词、介词等依存成分的语义,并对其做出具体阐释(Langacker, 1987)。例如:

(a) Wu Song fights the tiger.
(b) China's leadership fights the tiger.

(a)(b)中都使用了"tiger",但其指称意义不同。使用了同一个谓词动词"fight",但主语和宾语都有所不同,(a)句表达"打真老虎",(b)句表达"惩治腐败高官"。根据认知语法,依存成分"fight"的语义概念化是一个由射体和界标组成的、意义为"打"的物质过程。当其射体和界标分别被 Wu Song(武松)和 the tiger(老虎)阐释时,fight 便概念化为"打虎";当其射体和界标分别被 China's leadership(中国领导人)和 the tiger(腐败高官)阐释时,fight 便概念化为"惩治腐败高官"。由此,我们可以说"fight"所表达的语义概念化是由组合语境提供的信息阐释出来的(牛保义,2017)。

依据生成词库理论中所主张的论元结构体系,动词的论元角色有必要论元和非必要论元之分(Pustejovsky, 1995)。必要论元是在构成相对完整的句义时不可或缺的论元角色,非必要论元则主要起扩充句义的作用,帮助句子具备相对复杂的语义。必要论元又可具体分为主体论元和客体论元。主体论元主要作主语,语义角色有施事、主事、经事、感事、致事、系事等;客体论元主要作宾语,语义角色有受事、系事、与事、对象、结果等(陈俊,2018)。(a)句和(b)句中的主体论元不相同,客体论元相同,但(b)句中的客体已被主体引申,需要受众的认知努力才能识解其隐喻意义。

2.4 对源语和目标语的认知隐喻分析

莱考夫和约翰逊(Lakoff & Johnson, 1997)在对大量隐喻进行分析和研究后指出,隐喻是人们借助具体、有形、简单的始源域(source domain)概念(如温度、空间、动作等)来表达和理解抽象、无形、复杂的目标域(target domain)概念(如心理感受、社会关系、道德等),从而实现抽象思维。简而言之,隐喻就是从一个认知域到另一个认知域的映射,两个认知域之间具有某种相似性,这种相似性正是发生概念隐喻过程的前提(ibid.)。

布莱克的互动理论认为,使用隐喻时,我们将与隐喻词相关的"常识性系统"应用于隐喻的主体。据此可知,在概念隐喻某些人是老虎//某些人是苍蝇//某些人是狐狸时,我们将"老虎""苍蝇""狐狸"的一般属性(即刻板印象)应用于人身上。布莱克认为,这个隐喻"通常适用于喻体的暗示性表达,来选择、强调、压制、建构隐喻本体的特征"(Black, 1973)。为什么表达有特殊认知内容的隐喻会如此困难,甚至不可能表达? 如果像欧文·巴菲尔德声称,隐喻"是通过说一件事来指另一件事",那么,"当我们试图得到明确的意思是什么,效果为什么那么差呢?"(Barfield, 1962)

亚里士多德说,隐喻引发"相似性的感知"。布莱克继理查兹之后说,隐喻"唤起"某种反应:"隐喻引导合适的承载对象,构建一个……系统"(Black, 1973)。赫拉克利特对德尔菲神谕的描述很好地总结了这一观点:"德尔菲神谕的主管既不直言,也不隐瞒,而是出示象征。"(楚荷中,2007)

依据概念合成理论,首先,合成空间从两个输入空间中有选择地提取相关元素:从目标域空间(也就是贪污受贿的高官)中提取的元素,包括受贿的贪官、行贿的人及行贿的各种细节;从始源域空间(也就是从老虎凶猛地猎食的空间)中提取的元素,包括老虎以及与之相关的各种细节和活动。这两个输入空间拥有一些系统的元素并表征在类指空间中:某些人通过违法手段凶猛地实施某种有害于国家或他人的行为。

施喻者将源域"老虎"与目标域"贪污受贿的高官"这两个输入空间连接在一起,经过冲洗,洗涤去一切无关的信息,将两者经过施喻者自己的主观思考而突显出来的共同点合流在一起(王文斌,2007),造就了"某些人,即贪污受贿的高官(the high officials)是老虎(tiger)"这一隐喻。

3. 特色政治隐喻的认知英译策略

笔者通过以上对源语意象认知分析、对源语和目标语同义动词认知分析、对源语和目标语的认知语法分析以及认知隐喻分析,在他人的研究成果和各类外宣文本英译的基础上研究发现,英译中国特色政治隐喻热词时,为使其形成统一的译文并约定俗成流传开来,就要打破文化自恋情结,必要时采取文化替代翻译策略;在话语不断求新求变中,通过译者的认知努力,不断提高认知能力和认知水平,实现创造性翻译。

3.1 打破文化自恋情结

"打虎""拍蝇""猎狐"等中国特色政治隐喻和文化意象已为中外目标语读者广泛接受,这也与中国在世界上的政治地位、经济地位和影响力密不可分。从表1、表2可以看出,一般译文都通过直译或异化的方法保留隐喻。但也有人曾提出异议,如约旦记者认为,"约旦没有老虎,即使有老虎,也不会在翻译中用这个字。我们不会在报道中使用这些字眼,我们倾向用简洁说法、日常用字"(陆建非,2018)。他这番话绝对没有恶意,只是道出了不同文化间的巨大差异,以及由此给翻译带来的严峻挑战。国情不同,文化迥异。在阿拉伯人眼里,老虎甚至可以当作宠物,在家里饲养逗乐(ibid.)。

全球233个国家和地区中,只有13个国家有老虎,意味着很多国家的人民一生中没有见过甚至没有听说过老虎,他们可能无法认同老虎是"兽中之王"的说法。这个例子让我们不自觉地回忆起老生常谈的"as white as snow"这个明喻的翻译和归化/异化翻译策略。对于来自异域的文化他者,我们认为很有必要采取异化翻译的策略。约旦记者用简洁表达、日常用字来进行翻译处理,实质上是不愿意接受他者文化的表现,是一种文化自闭,而文化自闭实际上正是缺乏文化自信的表现。劳伦斯·韦努蒂认为,如果弱势文化文本在翻译成强势文化文本的过程中被归化,弱势文化文本中所包含的"异质成分"就会被隐匿起来。这种归化翻译的文本不能体现外国文化中的"异质成分",而可能误导英美目标语读者,使他们沉迷于文化自恋情结之中(彭爱民,2008)。而"异化翻译力图限制翻译中种族中心的暴

力,是对世界大事及现时状况的策略性文化干预,向霸权主义的英语国家和不平等的文化交流提出了挑战"(ibid.)。他倡导译者使用异化的翻译方法来翻译弱势文化文本,以保留其"异质成分",打破文化帝国主义的迷梦(ibid.)。因此,对于"打虎""拍蝇""猎狐"中的文化意象"老虎""苍蝇""狐狸",没有必要将其归化译成其他动物意象。随着社会的进步和时间的推移,各国文化对老虎、苍蝇和狐狸的认知将会逐渐与中国文化的认知趋同。

3.2 采用文化替代的翻译策略

文化替代翻译策略包括用目标语言词汇替换特定文化词汇或表达。即使目标语言词汇不具有相同的命题含义,但仍可能对目标读者产生类似的影响。使用这种策略的主要好处是,它给读者提供了一个可以识别的概念,一些熟悉的、吸引人的东西。就个人而言,译者是否使用这一策略在很大程度上取决于(1)委托翻译的人给予多少许可,以及(2)翻译的目的。一般来说,这一决策也会在一定程度上通过译文反映出来。翻译规范普遍存在于某一特定群体中。不同语言群体所能容忍与文本命题意义高度偏离的翻译策略的程度存在显著差异(Baker, 2000)。

由于"打虎""拍蝇""猎狐"与感官有关,其在不同文化中的差异并不大。若把"打虎""拍蝇""猎狐"译成"take out tigers, crack down on flies, and hunt down foxes",则译文保留了原文的种属概念隐喻:(某些人)是老虎/苍蝇/狐狸。译者此时做的是横向移动。如图1所示。

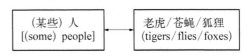

图1 横向移动(horizontal move)

如果译成"fight dangerous animals"等更抽象的隐喻,则译者做的是纵向移动,文化障碍消失了。如图2所示。

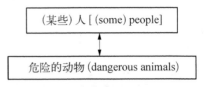

图2 纵向移动(vertical move)

一般认为,原隐喻的意义来源于源域(tiger)和目标域(some people,即the corrupt high officials)两个域的映射意义。如果目标语文化中没有"老虎"

"苍蝇""狐狸",译者往往会借助于上义词 animal,此时目标域为 anger,源域为 dangerous animals。译者这种纵向移动的做法,虽然不会导致文化自恋情结和文化自我中心主义,但无法传递源语文化的特色、自信和诙谐。

3.3 凸显"创译"

"创译"就是创造性翻译,是将"翻译"与"创作"相结合,在翻译的基础上再次创作。翻译时保留源语文本中的基本信息;创作时关注源语与目标语的"精神等值"。译文有新意,往往给人耳目一新的感觉。外宣文本中的政治隐喻往往不能逐字逐句地翻译,而需要权衡隐喻想表达的特殊的内涵意义和外延意义,创造性地进行有效翻译,译出新意。

隐喻的使用不仅关乎表达方式,也不仅是人类交际中的一种修辞手段或语言便利。隐喻远非单纯的修饰,它完全参与了认知的过程:用具有启发性的新范畴取代一些陈腐的自然类别。换句话说,隐喻和其包含的心理过程是语言和认知的基础。更重要的是,隐喻"是人们日常概念系统的重要组成部分"(Gibbs & Steen, 1997)。施喻者在发现两个事物具有某种相似性之前,往往首先突显了两个事物的某一外在特征或内在特性,即将自己的注意力分别聚焦于两个事物的某一面或某一点上,将其侧面化、前景化或强光化(王文斌,2007)。

弗科尼亚(Fauconnier)和特纳(Turner)的概念合成理论认为,不同的概念领域可以同时激活,并在一定条件下形成跨领域的联系,产生新的推论(刘正光,2003)。弗科尼亚提到,隐喻的映射是动态的,也是流动的(fluid)(王文斌,2007)。他与特纳在《我们的思维方式》(2002)一书中明确地使用了"认知流动性(cognitive fluidity)"这一术语,表示概念合成是知识和思想的流动,强调人类往往将两种事物合成在一起的认知能力(ibid)。译者应在实践中不断学习,提高自己的认知能力,特别是对隐喻修辞的认知能力。从语言方面来看,话语总是在使用中创新,隐喻修辞也总是求新求变的。面对这种求新求变,译者能否进行创造性翻译取决于译者的认知努力。译者的创造行为是一种认知和交际行为,是一个基于语言的认知创造过程,翻译的创造性是译者的认知创造性(谭业升,2012)。通常情况下,译者在进行创造性翻译时,添加表达意义比减少表达意义要容易。换句话说,如果目标语词汇是中性的,与源语言词汇不同,则译者必要时可以通过使用修饰语或副词添加评价性元素,或者在文本的其他地方构建评价性元素(Baker, 2000)。在这一政治语境中,译文可以用英语中性动词"fight(打)",再加上一个类似的修饰语,如"ruthlessly(严厉地)"或"relentlessly(无情地)"。

4. 结语

本文通过对国内外主要媒体中"打虎""拍蝇""猎狐"英译的研究和认知分析后发现,外宣文本中的中国特色政治隐喻的英译若要形成统一的译法并约定俗成、流传开来,必须遵从以下策略:(1)打破文化自恋情结;(2)采取文化替代翻译策略;(3)在话语不断求新求变中,通过认知努力,不断提高认知能力和认知水平,实现创译;等等。本研究不足之处在于,所使用的语料仅选用了国内外主要媒体出现的英译案例,没有穷尽国内外所有媒体中这三个术语的对应表达。本文对外宣翻译具有一定的参考价值。

参考文献

[1] Baker, M. *In Other Words: A Course Book on Translation* [M]. Beijing: Foreign Language Teaching and Research Press, 2000.

[2] Barfield, O. Poetic Diction and Legal Fiction [A]. In M. Black (Ed.) *The Importance of Language* [C]. NJ: Cornell University Press, 1968: 55.

[3] Black, M. Meaning and Intention: An Examination of Grice's Views [A]. In R. Felski (Ed.) *New Literary History* [C]. Washington: The John Hopkins University Press, 1973: 44-45+48.

[4] Gibbs, R. W. & Steen, G. J. *Metaphor in Cognitive Linguistics* [M]. Amsterdam: John Benjamins, 1997.

[5] Langacker, R. W. An Introduction to Cognitive Grammar [J]. *Cognitive Science*, 1986(10): 1-40.

[6] Langacker, R. W. *Foundations of Cognitive Grammar (Vol. 1): Theoretical Prerequisites* [M]. Stanford: Stanford University Press, 1987.

[7] Talmy, L. *Toward a Cognitive Semantics (Vol. 1)* [M]. Mass: Massachusetts Institute of Technology, 2001: 237.

[8] 陈俊.动名动宾式形容词语义认知研究[D].上海:上海外国语大学,2018.

[9] 赫拉克利特.赫拉克利特著作残篇:希腊语、

英、汉对照[M].桂林：广西师范大学出版社，2007.
[10] 刘正光.认知语言学的哲学观——认知无意识、体验心智与隐喻思维[J].湖南大学学报（社会科学版），2003(6)：75-80.
[11] 陆建非.英语中如何"打虎""拍蝇""猎狐"[EB/OL].http://www.sohu.com/a/255327367_176673,2018-09-21.
[12] 牛保义.认知语法的"语境观"[J].解放军外国语学院学报,2017(11)：78-86.
[13] 牛保义,牛儒雅.认知语法的"语法象征观"——认知语法理论研究之五[J].中国外语,2018(9)：34-41.
[14] 彭爱民.劳伦斯·韦努蒂阻抗式翻译策略与文化交流和翻译[J].北京第二外国语学院学报,2008(8)：21-24.
[15] 谭业升.认知翻译学探索：创造性翻译的认知路径与认知制约[M].上海：上海外语教育出版社,2012.
[16] 王文斌.论隐喻构建的主体自洽[J].外语教学,2007(1)：5-10.
[17] 王文斌.隐喻的认知构建与解读[M].上海：上海外语教育出版社,2007.
[18] 姚小平.洪堡特——人文研究和语言研究[M].北京：外语教学与研究出版社,1995.
[19] 余小梅,汪少华."打虎拍蝇"的英译及其翻译学启示[J].阜阳师范学院学报（社会科学版），2015(3)：31-35.

认知语境下的中文纪录片字幕英译与制作的效度研究
——以《港珠澳大桥》记录电影为例

陈 晰[1]

（北京理工大学珠海学院 外国语学院，珠海 519088）

摘 要：伴随中国文化软实力提升需求，国产纪录电影不断走向海外市场，成为西方了解中国的绝佳渠道。双字幕的翻译和制作应当引起影视界重视，其接受效度值得研究。本文从认知语境角度对影响英文字幕翻译和制作的因素进行分析并加以观照，从而探讨纪录片字幕翻译效度的提升及影视翻译研究的理论视角。

关键词：纪录片；字幕英译；语境；影视翻译

Title：A Study on the Validity of Chinese Documentary Films' English Subtitles in Cognitive Context: Taking *HZMB* as a Case

Abstract：With the increasing demand for China's cultural soft power, domestic documentary films continue to enter the overseas market, becoming an excellent channel for the West to know about China. The translation and production of dual subtitles should be paid attention to, and its validity is worth studying. This paper explores the factors that affect the translation and production of English subtitles from the perspective of cognitive context, so as to increase the validity of documentary film subtitle translation and find the theoretical perspective for audiovisual translation (AVT) research.

Key words：documentary film；translation of English subtitles；context；audiovisual translation

1. 引言

改革开放40年来，中国综合国力持续上升，文化影响不断增强，文化自信日益彰显。提升中华文化软实力、推动中华文化走出去，无论是在理念维度还是在实践层面，都已成为各界共识。习总书记在党的十九大报告中指出，要"推进国际传播能力建设，讲好中国故事。"美国的文化输出靠洋快餐和好莱坞，日本有动漫产业，我国有效实现文化输出不能仅仅依靠国粹京剧和孔子学院（现为"教育部中外语言交流合作中心"）。中文纪录电影作为介绍我国社会生活的极佳载体，它的出口理应得到重视。遗憾的是，统计数据显示，2018年国家广电总局展播的200部国产纪录片中，完成双语字幕制作的仅19部；央视网评选的"2018年十大国产纪录片"均未制作双语字幕。双语制作是文化"走出去"实质性的第一步。纪录片要实现跨文化传播，必须配备高质量译文（辛红娟、陈可欣，2020）。随着新媒体的发展，影视作品的国际化程度越来越高，中国也进入了国际市场，参与到国际纪录片的竞争格局中来。在这样的背景下，我国纪录片进口额远大于出口额，贸易逆差显著。其所配英文字幕的质量值得关注，因为差强人意的翻译会影响我国纪录片在国际市场上的品牌竞争力。

纪录电影《港珠澳大桥》（*Hong Kong-Zhuhai-Macau Bridge*, or *HZMB*）于2019年5月上映，它是在同名电视纪录片的近千个小时视频素材基础上二度创作而成的。上映后获得观众一致好评，网络口

---

[1] 作者简介：陈晰，硕士，北京理工大学珠海学院讲师；研究方向：应用翻译。

碑评分高达 9.1 分。影片以大桥海底隧道最后一节巨型沉管 E30 号的沉放安装过程为叙述主线，以钱塘江大桥、武汉长江大桥、南京长江大桥的建造史为副线，歌颂建设者们自力更生、"敢为天下先"的创新精神。此片是西方充分了解当下中国，说"中国故事"的绝佳范例。笔者将对此部影片的英文字幕进行评述，从"认知语境理论"的维度进行观照。

2. 问题提出

众所周知，我国纪录片的国际影响力与 BBC、Discovery、美国国家地理频道等英、美纪录片仍有一定差距，不免存在"文化折扣"，除了选题、叙事方式等存在不同之外，另一个重要原因就是语言。对于西方观众来说，必须依赖翻译才能看懂作品。准确、传神的翻译，能够保留作品母语的"精义"和"神采"。但是，由于纪录片字幕翻译与制作缺乏国际视野，与国际规则脱节，或相关翻译研究匮乏等原因，作品海外传播的效果大打折扣。为了让国外观众接受和喜爱中国纪录片，需要加强对字幕制作的研究。国内学者大多从多模态话语理论角度对影视翻译进行研究，而目前对国产纪录片字幕由中文译为外文的翻译效度研究较少，海外观众对我方制作的英文字幕的认知研究甚少。国内学者大多对"语境理论"进行评述，较少讨论如何使其指导翻译实践。

在西方，影视翻译（audiovisual translation）作为翻译研究（translation studies）的一个分支学科，一直是应用翻译领域中的研究热点。为了适应影片的视觉限制，在字幕制作时，要充分考虑字幕显示的体例、行数、字符宽度等。字幕翻译在很大程度上受技术和语境的约束，技术的约束主要指配字幕翻译受到空间限制（spatial constraint）和时间限制（temporal constraint），分别指荧幕上呈现字幕文本可用的空间大小和呈现在荧幕上的字幕文本所停留的时间。

字幕翻译只是影视翻译（audiovisual translation, or AVT）的一种形式，影视翻译还包括配音（dubbing），戏剧配主旨字幕（surtitling），后者多用于舞台剧现场屏幕上的解说翻译。所配字幕主要分为两种类型：语际字幕（interlingual subtitling）和语内字幕（intralingual subtitling），前者指的是被翻译成另外一种语言的字幕，而语内字幕是给原解说词所配字幕，多为聋哑人士或听力障碍者阅读（陈晰，2017）。本文主要研究"语际字幕"翻译。为了追求影片音效的原汁原味，仅配字幕翻译已经成为纪录片出口的常见做法。

3. 认知语境理论

21 世纪认知语言学逐步成为主流学派，对翻译学科产生了重大影响，并形成了新的边缘学科——认知翻译学（Cognitive Translation Studies）。语言作为人类认知的重要部分，是人的智能活动之一，翻译更是认知过程的产物。不同语言之间的翻译活动本质上是一种基于认知主体体验的认知活动。翻译的过程从根本上看是心理的、认知的，它不仅表现为原语输入和译语产出这一外在的言语行为和言语事实，而且也反映了译者语际转换的内在心理机制和言语信息加工的认知过程。翻译研究超越了传统的译学理论藩篱，开始深入研究翻译过程的主体认知问题。因此，有必要在认知视域下审视影视翻译过程和各种翻译现象，包括译者主题能力结构的多维性，即语言能力、文化能力、逻辑能力、审美能力及转化能力。这些能力的发挥往往受到"语境"的制约。双语转换是一个比较复杂的认知心理过程，无论是对原语文本的理解还是对译语文本的产出，都要受到认知主体心理表征的制约，即认知的制约（cognitive constraints）。

3.1 语境理论的提出

一般认为"情景语境（context of situation）"最早由人类学家马林诺夫斯基（Malinowski）提出，在当时指代语篇发生的具体环境（Bowcher, 2010）。马林诺夫斯基认为"语篇发生的环境永远不可能与语言表达无关"（Malinowski, 1923）。马林诺夫斯基将语境具体划分为情景语境和文化语境（context of culture）。弗斯（Firth）吸收了马林诺夫斯基的观点并在其基础上加以延伸，使情景语境的理论上升到语言学研究的层面，将语境分为场景语境（situational context）和语言语境（linguistic context）两类。他认为，语境既存在于语言内部，即一个结构各成分之间的组合关系，又存在于语言外部，即语言进行的特定条件和情景。（谭锦文，2004）

3.2 语境理论的发展

3.2.1 语境理论的内涵发展

韩礼德（Halliday）在弗斯的情景语境理论基础上，又发展了语境理论。他认为，不能简单地把语言看作是所有句法的总和，文化语境决定语言使用的整体系统，而情景语境决定个人面对具体情景作出的语言选择，文化语境是由无数具体情景语境构成的集合。语境的变化使其中的语言产生变异，这种受情景因素支配的语言变体具体可以划分为两类，一种是语域（register），特指因语言使用特性不同而造成的差异，比如，口语化与否、正式与否。影响语域的情景因素又可以分为话语范围（field of discourse）、话语方式（mode of discourse）和话语风格（style of discourse）。"话语风格"后为"话语基调"（tenor of discourse）所取代，后者具体分为语场（field）、语旨（tenor）和语式（mode）。从语境对语言使用影响的角度看，系统功能语言学家认为：只有这三个因素对语言的使用产生直接和重要的影响（Eggins，1994；司显柱，2016）。从语用学的角度看，语境指在语言运作过程中与之有关的语言或非语言成分，是产生话语的环境（the situation in which the discourse is produced）。另一种是方言（dialect），强调的是说话人不同而形成的语言差异。这种变体与情景因素相对应，不同的情景因素将导致不同的语域或方言。

3.2.2 动态语境理论的诞生

韩礼德的语境思想忽视了语言使用者的认知主体地位。随着语境研究的不断深入，静态语境观正逐渐受到质疑和挑战。斯波伯与威尔逊（Sperber & Wilson，1986）提出"认知语境"的概念。认知语境是从认知心理学的角度把语境定义为心理构建体，是听话者对世界的假设。简言之，认知语境认为交际中的语境事实上是一个心理的构建体（psychological construct），即存在于听话者大脑中的一系列假设。维索尔伦（Verschueren，2000）提出了动态顺应（dynamics of adaptability）概念，强调语言使用中顺应的动态过程，或意义的动态生成。这一点对于译者的翻译决策至关重要。范戴克（Van Dijk，2008）则从话语生产者和接受者的心理认知出发，发展了跨学科的认知语境理论，他对语境进行了社会文化研究与认知心理研究，提出了对语境研究的社会认知视角，指出影响话语的结构并不仅仅是社会语境，而是主体对交际情境的相关特点的主观定义。范戴克提出的语境模型（context models）的概念认为，认知作为话语与社会的中介，在控制话语的产生与理解的过程中起到了关键的作用。

在字幕翻译的过程中，语境理论下的场景、交际者和话语方式三个要素是衡量译文是否达标的重要标准之一。笔者认为，在影视翻译中，交际语境的重构对于译者更为重要。例如，最近热映的电影《你好，李焕英》翻译成了 *Hi, Mom*，因为对英文观众而言，"Hi, Li Huanying"读起来更加拗口，实际意义不大。以"Mom"替代"Li Huanying"，直接点出电影的核心——母亲、母爱，且"Mom"给人温暖亲切之感，

容易引起观众共鸣。一部美国电影《霹雳娇娃》（*Charlie's Angels*）讲的是三个集美貌、智慧于一身的女人为查理先生效命，她们锄奸惩恶，伸张正义。如果影片直接翻译成"查理的天使"，不容易使中国观众理解。"霹雳娇娃"更容易引起共鸣，因娇娃指美丽的少女。很显然，对于影视翻译来说，语境的重构尤为重要。

4.《港珠澳大桥》配英文字幕的翻译效度分析

4.1 纪录片所配字幕文本中的语境概念

韩礼德认为语言之所以是语言，就是因为它必须提供某种功能。作为纪录片所配的英文字幕文本，其语言功能是实现社交互动或交际功能，让目标语观众看懂影片解说或人物本人的叙述。笔者认为，如果所配的英文字幕不能有效传递信息，因为编排或翻译不当而给观众造成认知负担，那么制作方的劳动就是徒劳无效的。语言运作者（即字幕翻译者，subtitler）在语言运作过程中涉及的内容、目的可能出现种种变化。译者的工作有时候更像是阐释。就解释而言，字幕中的文字代表一种独特的（宏观）体裁，其解释方式与书面文字，屏幕上的源语字幕文本或口语言语不同。因此，在需要本地化的地方（广告中经常出现这种情况），字幕可以起到舒缓情感的作用，避免产生紧张情绪。（Taylor，2009）

4.2 影响字幕翻译效度的因素分析

电视剧或动画片中的对话可能涉及许多事件和当前场景（immediate setting）之外的人，而纪录片的一个鲜明特点就是视觉画面和言语之间有着高度对应关系。就视听材料的语言转移而言，迪亚兹-辛塔斯和奥雷罗（Díaz-Cintas & Orero，2010）区分了两种基本方法：配音（revoicing）和字幕（subtitling）。配音是通过插入新的音轨，以口头形式传输目标语；在配字幕中，语音模式转变为书面模式，对话和其他语言元素以书面文本的形式呈现在屏幕上。在这两种总体方案中，可以建立影院翻译技术或模式的进一步分类，例如配音又分为"消除原声配音（dubbing）"和"保留原声的配音（voiceover）"（Chaume，2012）。字幕可定义为一种转移模式（transfer mode），该模式包括通常在屏幕的下方显示的书面文本，该文本试图重述演讲者的原始语言以及话语元素，包括出现在图像中的内容（如：字母、插入语、涂鸦、题词、标语牌等）以及配乐中包含的信息等（Díaz-Cintas & Remael，2006）。在笔者看来，这种转移实际上就是在某种语

境下没有对话的会话活动,译者的翻译活动必须遵循特定的技术要求或标准。

4.2.1 时空制约

纪录片的字幕翻译面临的最大制约因素是时空限制。时间限制主要涉及两点:(1)声音或图像所持续的时间;(2)观众浏览字幕所需要的平均时间。字幕的长度与播出时间直接相关,准确的进出时间非常重要。字幕中的文本长度应始终与观众所需的阅读时间保持适当的平衡。如果观众没有足够的时间阅读字幕,则无论其格式和内容有多么完美,都是失败的。每分钟显示的最低单词量(wpm)或每分钟显示的字数(cpm)都需要严格设定。根据欧洲字幕协会(European Captioning Institute)统计计算,成人的阅读速度为每分钟 750 个字符,对于非双字节语言(non-double-byte languages),成人的阅读速度为每分钟约 180 个单词,而儿童的阅读速度设置为相当低,徘徊在每分钟 120 到 140 个单词之间。译者要采用灵活多变的翻译技巧,注重字幕与人物动作、对白、画面的同步切换,在有限的时间和空间里提供译文的最佳语境效果。

字幕翻译的重点在于不仅要完成翻译任务,还要尽量将字幕与原始解说词或人物语言同步再现给观众,与此同时,不能忽略中英字幕文本的阅读差异,不必一一对照排列。纵观《港珠澳大桥》所配的英文字幕,大部分都刻意采用英文与中文对齐排列的方式,其英文的呈现方式并不符合英文读者的阅读习惯或国际通行的字幕呈现形式,尤其是人物访谈部分存在短句过多、英文字幕播放过快等问题。例如:

源语解说 00:02:37:03—00:02:49:87	
原中文字幕	原英文字幕
2009 年,中国南方,	In 2009, in southern China,
胸怀壮志的中国工程师	ambitious Chinese engineers
在波澜壮阔的伶仃洋上	started to dream up a project that
开启了一段梦幻之旅。	would span the vast Lingding channel.
建议调整后的英文字幕	
In 2009, in southern China, ambitious Chinese engineers started to dream up a project	
that would span the vast Lingding channel.	

从上例可以看出,字幕不宜切分成过小单位;同一帧字幕中,适当的换行有助于加强理解和提高阅读速度,从句连接词 that 使得句子自然断开,这一做法符合国际主流。

4.2.2 字幕制作

为了确保字幕文本停留在屏幕下方的中央区域内,不溢出到边缘,通常会调整字幕的字体和字号。英文经常使用 Arial 字体,字号 30,多使用白色,屏幕上的字幕通常最多为两行文本。对于基于拉丁文、阿拉伯文和西里尔文字母的语言,每行最多包含 35 至 42 个字符。若出现重要的剧情信息(diegetic information),字幕通常被转移至屏幕上方。(Díaz-Cintas, 2018)此影片中的一些重要注释信息没有配英文字幕,例如,E30 沉管隧道施工海域。字幕必须在屏幕上停留足够久,让观众有充裕的时间轻松地阅读内容。但是,若屏幕上的人物说话太快,观众还没看完字幕时字幕就消失了,便会令人沮丧。他们可能会有一种感觉,自己是在阅读,而非观影。在衡量观众的字幕阅读时间时,必须考虑到他们的年龄和文化背景。观众不仅要阅读书面文本,还要有足够的时间来观看和理解画面。根据 6 秒原则可知,一名普通的观众可以在 6 秒钟内没有困难地读完一帧两行字幕。(Díaz-Cintas & Remael, 2006)

4.2.3 文本制约

在添加字幕的过程中,语言传输跨越两种模式运行,从声音转换到文字,从声轨转换到字幕文本。模式的转变带来了语言处理加工和语意连贯(cohesion)的问题,有时候也很难做到将字幕成品保持与原片一样的风格。当字幕持续时间设置不当时,观众阅读起来更加困难。此外,字幕"转瞬即逝",时间的不可逆性与阅读书本时有很大差异。《港珠澳大桥》影片开始有一段关于台风"天鸽"登陆的新闻报道,由于中文新闻播报语速较快,英文字幕为了跟上节奏,显示时间极短,观众根本无法看完字幕。这时英文字幕需要调整,让主语和谓语在同一帧画面中显示,如此便可以延长显示的时间。例如,解说词"此次'天鸽'的来袭给我国南方多地带来灾害(Typhoon Hato//devastated many places in southern China)"完全没有必要拆分成两个部分显示,拆分只会增加观众的认知负担。因为观众既要关注内容和情节,又要观看字幕,原本的听觉信息现在要通过视觉渠道来处理,使他们更难轻松观影。因此,在海外上映的纪录片可以只显示外语字幕,不必采取中英文对照的方式呈现。

5. 结语

综上所述,认知语境是听话人(译员)在话语理解过程中不断选择的结果,是一个重新构建的过程,而不是在理解之前就事先确定好的。因此，字幕翻译是译员在特定语境下不断抉择，从而产出有效字幕翻译的过程。译者需要不断提高译文的语篇连贯性，使译语文本最大限度地实现交际功能，而非一味地向原语文本趋同。为了让中国纪录电影更好地走向世界，需要加强影视翻译研究，何种类型的纪录电影适合配字幕翻译或适合解说配音也值得研究，以期最终使字幕或配音更符合西方认知和制作审美标准。

影视翻译亟须从以下两个方面加强研究。

（1）加强影视翻译的理论研究。国内的影视翻译理论研究还较为匮乏，大多从关联理论、目的论和功能对等理论角度，围绕电影的英汉字幕翻译（个案研究）、配音翻译、影片译名翻译等进行研究。字幕翻译制作者需要具备何种语言学知识，如何提高理论素养等问题也值得关注。与国内影视翻译理论研究相比，西方影视翻译研究呈现出多元化的特点，以及系统性、微观性与宏观性相结合的趋势，影视翻译作为独树一帜的翻译形式，值得我们去探索、发现。国外学者开始尝试在传统翻译学研究理论的框架下建立影视翻译的理论体系，诸如描述性翻译研究（descriptive translation studies）和多元系统论（polysystem）。描写性翻译理论最大的特点是其宽容度。它允许译者在翻译过程中，出于某种目的对译文进行改写，使翻译行为具有实用性。翻译时，需要根据语境对纪录电影的字幕进行改写。而在纪录片的字幕翻译这样一个特殊语境中，规范性翻译理论（prescriptive translation study）尽管有弊端，强调让译者遵循某个规范（norm），但也会为我们找到新的研究视角。

（2）推动字幕翻译的跨学科研究。目前，在外语教学界，平行语料库的建设如火如荼。各大纪录片发行和制作公司可以尝试推动建立纪录片汉英翻译平行语料库，加快机器辅助翻译的进程。字幕翻译同样需要加强理论研究，从而指导翻译实践。

参考文献

[1] Baños, R. & Cintas, J. D. Language and Translation in Film: Dubbing and Subtitling[A]. In K. Malmkjaer (Ed.) *The Routledge Handbook of Translation Studies and Linguistics* [M]. London: Routledge, 2018: 313-326.

[2] Bowcher, W. L. The History and Theoretical Development of "Context of Situation" in Systemic Functional Linguistics[J]. *Annual Review of Functional Linguistics*, 2010(2): 64-93.

[3] Chaume, F. *Audiovisual Translation: Dubbing* [M]. Manchester: St Jerome, 2012.

[4] Díaz-Cintas, J. & Remael, A. *Audiovisual Translation: Subtitling* [M]. Manchester: St. Jerome Publishing, 2006.

[5] Eggins, S. *An Introduction to Systemic Functional Linguistics* [M]. London: Pinter Publishers, 1994.

[6] Georgakopoulou, P. Subtitling for the DVD Industry[A]. In J. Díaz-Cintas & G. Anderman (Eds.) *Audiovisual Translation Language Transfer on Screen* [C]. London: Palgrave Macmillan, 2009: 21-35.

[7] Malinowski, B. K. The Problem of Meaning in Primitive Languages[A]. In C. K. Ogden (Ed.) *The Meaning of Meaning: A Study of Influence of Language Upon Thought and of the Science of Symbolism* [C]. London: Kegan Paul, 1923: 296-336.

[8] Orero, P. *Topics in Audiovisual Translation*[M]. Netherlands: John Benjamins Publishing Company, 2004.

[9] Remael, A. Audiovisual Translation[A]. In Y. Gambicr & L. Doorslaer (Eds.) *Handbook of Translation Studies* (Vol. 1) [C]. Amsterdam/Philadelphia: John Benjamins Publishing Company, 2010: 12-17.

[10] Sperber, D. & Wilson, D. *Relevance: Communication and Cognition*[M]. Oxford: Blakewell, 1995.

[11] Taylor, C. Pedagogical Tools for the Training of Subtitlers[A]. In J. Díaz-Cintas & G. Anderman (Eds.) *Audiovisual Translation: Language Transfer on Screen* [C]. London: Palgrave Macmillan, 2009: 214-228.

[12] Van Dijk, T. A. *Discourse and Context: A Socio-Cognitive Approach*[M]. Cambridge University Press, 2008.

[13] Verschueren, J. *Understanding Pragmatics*[M]. 北京：外语教学与研究出版社, 2000.

[14] 陈晰.中文纪录片配英语字幕翻译的质量评价——从信度和效度的关系角度[J].牡丹江大学学报,2017(6): 20.

[15] 贾佳.文化折扣视角下我国纪录片出口的困境与对策[J].对外传播,2016(7): 60-62.

[16] 刘源洁.语境理论下的字幕翻译[D].北京外国语大学,2019.
[17] 潘凤翔.Van Dijk 认知语境思想的批判与发展[J].现代语言学,2017(3):223.
[18] 邱文生.认知视野下的翻译研究[M].厦门:厦门大学出版社,2010.
[19] 司显柱.功能语言学与翻译研究——翻译质量评估模式建构[M].北京:外语教学与研究出版社,2016.
[20] 谭锦文.认知语境及其构建[J].阜阳师范学院学报(社会科学版),2004(2):76.
[21] 辛红娟,陈可欣.多模态话语分析视角下外宣纪录片翻译研究——以《四季中国》为例[J].对外传播,2020(2):54.
[22] 邢嘉锋.认知翻译学:理论与应用[M].苏州:苏州大学出版社,2019.
[23] 张同道.2019年中国纪录片发展研究报告[J].现代传播(中国传媒大学学报),2020(7):109.

公共标识语英译的问题与对策

王少娣[1]

(上海外国语大学 新闻传播学院,上海 200083)

摘 要:公共标识语英译语言的规范性与翻译质量对于树立一座城市的对外形象起着举足轻重的作用。S市在经济、文化、社会生活等许多方面处于全国领先地位,其公共标识语的英译质量在整体上也不乏可圈可点之处,但是仍不乏各种问题存在。笔者广泛收集了市区公共标识语的英译情况,通过分类整理,归纳出这些标识语英译的常见问题,根据公共标识语在英语语言文化中的规范以及审美和文化心理特征,进一步思考和探讨该市公共标识语的翻译规范,并探讨改进现有翻译质量的可行对策。

关键词:S市;公共标识语;翻译质量;问题;策略

Title: An Examination of English Translation of Public Signs in the City of S: Problems and Strategies

Abstract: Appropriate employment of language and translation quality of public signs play a critical part in building the image of a city. The city of S leads the country in economy, culture, social life and many other ways, and the overall quality of English translation of public signs is fine. However, a close look into them unveils some problems. Based on a collection of English translation of public signs in this city, the author categorized and analyzed the common problems. Thus, she discovered, and further probed into some feasible strategies to translate the public signs professionally to conform to the aesthetic, cultural, and linguistic norms in English public signs, with hope of improving the present translation quality.

Key words: city of S; public signs; translation quality; problems; strategies

1. 引言

从某种意义上看,公共标识语代表着一座城市的形象,其语言的规范性、准确性以及审美特征都能反映出这座城市在文化、教育、经济、政治发展方面的投入与重视程度;而公共标识语的英译则承担着传递城市形象、促进对外交流的桥梁作用。因此,公共标识语的翻译质量高低以及语言严谨与否对于树立良好的城市形象至关重要。S市作为中国最大的城市之一,在商贸、经济、教育以及文化等方面都起着引领作用。城市公共场所中随处可见的公共标识语英文翻译在提供信息的同时,也展示着这座城市在对外政治、经济、文化、教育等交流活动中的姿态与品质,因此规范公共标识语的语言形式,保障标识语的翻译质量是个不容忽视的课题。

S市政府在官网发布的《S市城市总体规划(2017—2035年)》中明确了该市的定位是"卓越的全球城市、具有世界影响力的社会主义现代化国际大都市"。从时空特征来考察,S市具有建成全球城市的可能性,关键是S市建成什么形象的全球城市(陆伟芳,2016:117)。而在建设城市形象中,作为

---

[1] 作者简介:王少娣,博士,上海外国语大学新闻传播学院副教授;研究方向:翻译研究、媒体语言及其翻译研究。
项目基金:本文系"上海市委宣传部与上海外国语大学2019年部校共建项目"之子项目课题"上海市公共标识语的翻译问题研究"的阶段性研究成果。

"文化大都市"的S市必然要在中西文化的交流中提高国际化水平,最常见的外显方式便是双语公共标识语的设计和广泛使用。公共标识语作为一种以传播为目的的特殊文本,不仅要做到警示警告、限令禁止、指示指令和说明提示等服务信息,还承担着对外宣传国家形象和文化交流的使命,如增加文化体验、跨文化教育、文化传播等功能(吕和发,2017:83)。研究S市公共标识语英译问题本身是一个促进跨文化沟通的过程,不仅是为了改善双语公共标识语的综合质量,也为了从文化层面提升S市的城市形象,将该市建设成为硬实力、软实力皆名副其实的"卓越的全球都市"。

与国内其他大部分城市相比,S市公共标识的英译工作起步较早,重视程度较高,已出台了相对完善的规章制度;同时,该市高校众多,在专业翻译人员的队伍建设方面有一定优势。这些因素保证了该市公共标识语的整体翻译质量居于全国前列。尽管如此,经过深入的考察与探究,我们发现S市公共标识语的英译仍存在着不少问题,需要引起重视并加以改进,从而有效提升城市形象。

2. 英语公共标识语的语言特征

公共标识语(public signs)指公共空间的提示性语言文字,主要见于告示牌、路标、商业招牌及地点名称等。"公共标识语是在公共服务领域下一切对外传递公共服务信息,包括公共标志上的用语、含有相关服务信息的口播、宣传材料和广告。"(王银泉、张日培,2016:66)这些标识语起到警示警告、限令禁止、指示指令和说明提示等作用。政府部门等设立的公共标识语的整体形式与形态构成了区域的语言风貌。

要探讨公共标识语的翻译质量问题,首先要了解英语公共标识语的语言特征。依据这些特征,译者可以通过翻译顺应英语受众的公共标识语的使用习惯、规范、审美以及文化心理期待,以实现公共标识语的交际目的。总体上看,公共标识语的语言特征可以从语言形态、语言交际功能和审美功能这三个视角加以审视。

2.1 语言形态

英语公共标识语的语言形态特征主要源于其语言使用的规范性与习惯性。具体来看,主要体现在以下两个方面。

2.1.1 多用被动结构

汉语公共标识语中标识指示、提醒、指令或禁止的信息大都会用到动词,而在英语标识语中,往往通过被动结构来传递信息。例如:"Access Prohibited(严禁通行)""Smoking or Open Flames Prohibited(严禁烟火)""Flammable, Explosive, Poisonous and Other Illegal Articles Strictly Prohibited(严禁携带、易燃、易爆有毒等违禁品)""Head Protection Must Be Worn(必须戴安全帽)""Seat Belt Must Be Fastened(必须系安全带)";等等。

这些被动结构因为规避了人称,而使信息显得更为客观、中立。其次,因为信息未涉及具体针对的目标,因而有效地避免了受众读后产生反感的情绪。最后,也正是因为被动结构不具体指涉某一特定类群,因而具有广泛的约束力与警示力。

2.1.2 多用静态表达结构

英语标识语在语言形态上的另一个特征就是多用静态表达结构,主要体现在多用名词、合成名词或者动名词结构。名词大多见于表示功能场所的标识语中,如:"Counter(柜台)""Check-in(登记处)""Conference Center(会议中心)""Cashier/Teller(出纳处)""Baggage Storage(存包处)";等等。名词结构还用于表达汉语的主谓关系,如 No Through Road/Road End 对应的中文标识语应该是"此路不通",而 Adults Only 对应的中文标识语则为"未成年人不得入内"。静态的语言形式还用于指令性的标识语中,例如:"No Littering(不得乱扔垃圾)""No Spitting(不得随地吐痰)""No Food or Drinks Inside(不准带入食物和饮料)""No Parking(禁止泊车)";等等。与动态语言相比,静态语言更具稳定性,表示该指令具有持久的效力;此外,这种形式也同样规避了人称指涉,使得标识语具有更广泛的约束力。

当然,涉及动作的公共标识语在英文中虽然多用被动结构和静态语言,并不意味着不用主动结构或动作动词。如:"Please Wait Behind the Yellow Line(请在黄线外等候)""Please Do Not Leave Your Child Unattended(请看管好您的小孩)"等标识语就用了祈使句式,直截了当传达了信息。因此,使用何种语言形式要看环境、对象以及诉求,这便要求译者根据不同情况,灵活运用语言和翻译方法,有效实现标识语的交际目的。

2.2 语言的交际特征

2.2.1 语气恰当

公共标识语具有典型的社会性语言特征,社会文明的发展、环境的多样化以及诉求的个体化等因素都要求标识语的使用趋向于多元化和人本化。首先,标识语礼貌的语气体现了对受众的尊重与宽容、平等与信任。如果指令性标识语以盛气凌人的姿态对受众做出强制性指令或警告，势必会伤害受众的自尊，因而也就降低了标识语的接受度与认可度，其交际功能也会随之削弱。为使语气委婉，可以使用"Please"加以引导，例如："Please Watch Your Steps""Please Keep Off the Grass""Thank You for Not Smoking"；等等。

反之，在某些环境中存在着产生极端后果的风险，需要严肃而有效地将信息传递给受众。此时的语气要顺应环境的需要而进行必要的调整，可以使用具有强烈警示性质的词语，如 NO、Caution、Must、Prohibited 等都具有强烈的警示效力。也可以通过使用感叹号以加强语气，例如："Caution：High Voltage！（当心触电！）""No Flash！（禁开闪光灯！）""No Admittance/No Entry！（禁止入内！）"；等等。

2.2.2 语言简洁

英文标识注重简洁，以尽可能少的词语来表达准确的意思，因此常常省略冠词、系动词、助动词、连词等无实在意义的词（陈顺意，2019：169）。简洁的语言结构用在公共标识语上可以使关键信息一目了然地呈现出来，受众无须费神费时地阅读或领会信息。这样不仅能保证传播的效率，也会减少受众因语言烦琐而引起的反感情绪，从而增强传播效果。如在大型商场中的信息中心，一般用"INFORMATION"这样一个词来表示就足够了，甚至有时候为了简洁，会只使用缩略形式"Info"，简明扼要。

此外，公共标识语不用生僻词。英语公示语面对的不仅是那些以英语为母语的受众，还有众多以英语为第二甚至第三语言的受众。简单、易懂的措辞可以为绝大多数人接受和理解，传播效果也因而得到保障。

2.3 语言的审美特征

2.3.1 语言的幽默性

有相当一部分英语标识语的主要目的是提供信息或者提醒受众，而并非严肃的禁令或者警示，因此在措辞和语气上较为温和。这类标识语在英语文化中往往会融入具有幽默色彩的文字。比如，笔者看到这样一条标识语"This fence has a job to do"（见图1），提醒游客不要翻越栅栏，语言幽默又不失严肃，对于我们翻译"请勿翻越"等警示语具有很好的参考价值。再举一例，"This view is not going anywhere"（见图2），这是笔者在美国某旅游区的一个山崖边上看到的一条标识语，用于提醒游客不要离山崖太近，以免坠落。标识语中未出现任何诸如"danger""keep away""bluff"等具有强烈视觉和心理

刺激效果的用词，而是迂回、幽默地用一个简单明了的道理对想冒险的游客进行劝阻，让人读来会心一笑，同时也能充分领会标识语的善意提醒。如此一来，不仅达到了标识语的警示目的，还成功地拉近了与受众的距离——善意和幽默是增进人际关系永不失效的灵丹妙药。在相应的旅游或娱乐环境中，我们也可以试着以轻松灵活的语言翻译标识语，以此将设施的功能特征与英语语言的文化特点有机结合起来。合理参考英语本土标识语的用法，不仅有利于提高我们翻译语言准确性这一硬件水平，更是提高标识语的审美和心理接受度等软件水平的重要保障。

图 1

图 2

2.3.2 委婉用法

公共标识语的主要目的是有效地传播信息。能引起共鸣和愉悦感的标识语的交际效果必然好于会让人感到不适的标识语。公共标识语需要体现对受众的充分尊重，不能带有歧视色彩。例如在机场，公示语一般不会采用"CHINESE"和"FOREIGNER"的表达，因为这容易让外国人感到被区别对待或会产生生疏

感,因此,大多数情况下用"INTERNATIONAL" GUESTS(王慧敏、吴正英,2019)。又如"给老弱病残孕让座"大多用"Courtesy Seat",而不是"seats for the disabled",因为后者明显会让人感到被区别对待,自尊心会受到伤害。再如,笔者在实地考察中发现,美国二手车行的招牌大多为"Preowned Cars",这有效避免了诸如"Second-hand cars""Used cars""Old cars"等看似正确但不恰当的措辞引起的不悦感,为我们翻译"二手车行"标识语提供了良好的参考。

3. S市公共标识语英译常见问题及原因分析

笔者在S市区实地考察中发现,在银行、邮局等较大的公共服务机构中,有关服务项目、服务时间等信息的公共标识语大多都配了英文翻译。同样,路名、地名指示牌也配有中英文对照的标识;很多个体商户等非大型连锁的服务行业也热衷于在他们的店铺名称下配上相应的英文翻译。总体上看,S市区大多数重要的公共设施、交通,以及政府、服务机构中的常见标识语英文翻译质量是基本过关的,体现了市政府在这方面所做的努力。但是,该市标识语的翻译还存在着这样那样的不足,在不同程度上影响着S市作为国际大都市的形象。具体看来,这些问题主要表现在以下三个方面。

3.1 中式英语

中式英语(Chinglish)指在使用英语时,因受汉语思维方式或文化的影响而拼凑出具有汉语句法特征的表达形式,这样的表达形式不符合英语思维或表达习惯。在公共标识语的英译中,我们发现有些译文显然是译者望文生义,甚至忽略了原文的实际意义而生硬地将其移植到英语中。笔者在某展览会上发现会场的"进口"和"出口"被分别译为"Import"和"Export"。显然,译者忽略了该标识语的标识意义,未能正确地译出"Entrance"和"Exit"。北京路上一家中国工商银行的"对公业务"被译为"To Male Service"(见图3),是典型的理解问题,正确的英文应该是"Corporate Business"。在某高档商场入口处也出现了很多公共标识语的中式英语,如"小心碰头"被翻译成了"Carefully meet",读来让人匪夷所思,该标识语对应的英文是"Caution: low ceiling",或者是"Mind/Watch your head"。中式英语的译文不仅体现了译者在语言能力、翻译素养方面的欠缺,也在一定程度上反映了其责任感不足的问题。

图3

此外,由于译者未掌握某些英语习惯表达方式,也未真正了解自己翻出的英语译文的真正含义和适用范围,而使用了不伦不类的中式英语。如本市某民营超市将"营业时间"译为"Shop Hours","请勿饮食"译为"No Diet"。显然,译者并不知道前者在英语中惯用的表达是"Business Hours"。而"Diet"一词可以表示"人们常吃的食物",也可以表示"为了治疗疾病或减轻体重而规定的食谱",译文显然不符合商场为保持良好的购物环境而禁止顾客饮食的本意,只是机械地将原文逐字逐词地翻译成英文,结果成了令人啼笑皆非的中式英语。若翻译成"No food or drinks",则语言简洁、意义明确,也更符合英语的思维习惯。再举一例,一家洗衣店门口的招牌上挂着"清洗,熨烫"的服务项目,英文译为了"cleaning and pressing"。这个译文看似正确,因为"press"确实有"将衣物熨平"的含义,但是再细查一下,发现该词是指在"制衣过程中将衣物熨平以便于缝制",显然不符合原文的语义,因此更为恰当的译文应该是"cleaning and ironing"。

标识语中的中式英语不仅无法有效传达信息,其低劣的翻译质量还直接影响着标识语所标识的产品或场所的形象,导致很难达到理想的交际目的。

3.2 忽略文化差异的问题

这类问题未必是由于译者对原文理解错误或者翻译时语言错误造成的,而是译文表达不符合英语的文化习惯,让英语受众读后产生不适、困惑或者反感的情绪。公共标识语的英译文主要给英语受众阅读,其语言形式应该贴合他们的认知、审美和理解的习惯,而不是用中文思维机械地翻译。译者如果忽视了中英文化语境的差异与受众的接受习惯,势必会影响标识语交际目标的实现。

例如,在一些餐厅里会看到"本酒店谢绝自带酒水"这样的标识语,被按照原文形式翻译成了"No beverages are allowed in this restaurant",译文显得生硬而冷漠,我们不妨借鉴英语国家在类似场合中惯用的说法"Inside beverage only",文字读来温和而地道。

此外,汉语标识语中禁令性的文字较为常见,如"禁止""勿""不要""严禁"等,而英语标识语中则更惯于用肯定结构。如在火车上有"旅客通道,请勿滞留"的标识语,被译为"Please go ahead and don't stop on the way",结构烦琐,语气生硬。如果改成"Keep Aisle Clear",不仅简洁,语气也更加委婉。

中西文化在语言、历史、意识形态等方面存在着不同形态的差异。从历史发展角度看,随着文化交流日趋广泛和深入,受众的包容度和理解力都在提高。但是,公共标识语的主要目的是传递信息,以简洁、醒目的形式直入人心。因此,译文应最大限度减少受众的困惑,避免引发不悦的情感,将语言及语言以外的情感、审美等内容最大限度地与目标文化进行融合,通过恰当的形式表现出来。

3.3 译名不规范,标准不统一

在调查中,我们发现S市公共标识语英译的另一个典型问题是同类标识语,尤其是地名、路名翻译标准不统一,容易造成混淆。为了辨识方便,大多数路名或地名的专有名词部分都会采用汉语拼音的形式进行翻译。由于缺乏统一的规范,或是虽有相关规范,但难以适应复杂的翻译实践而无法有效实施,导致翻译人员在翻译时没有清晰的标准可供参考。针对此类问题,该市曾在2015年出台《S市道路名称英译导则》,提出了道路名称翻译的规范,这在很大程度上改进了市区地名、路名翻译杂乱无章的状况,大多数地、路名的英译基本上符合规范,也因而避免了很多不必要的误读。但即便如此,笔者仍发现部分翻译仍旧缺乏统一性,还存在有待完善之处。

3.3.1 辅道与支路

S市有一部分道路的支路翻译不统一,例如,地铁1号线"漕东支路出口"翻译成了"Caodong Feeder Road",而很多其他道路的支路,则都被翻译成了"Branch Road",如"长宁支路""翔殷支路"译为了"Changning Branch Road""Xiangyin Branch Road"。同为支路,名称以及名称所指的概念类似的情况下,翻译却出现了差异,这对于同一座城市的路名翻译来说是需要避免的。feeder 在牛津词典的释义为:"(of roads, rivers, etc.) leading to a bigger road, etc"。而 branch 的释义为:"a smaller or less important part of a river, road, railway/railroad, etc. that leads away from the main road"。两者比较来看,"feeder"主要是指通向主干道的辅路,而"branch"则是主干道分出来的支路,因此,后者更接近我们中文的意义,翻译城市中的支路、支道最好统一为"Branch Road"。

3.3.2 隔音符的使用

同样的中文拼音组合会产生不同的汉字。对于外国人而言,中文拼音组合易产生歧义,所以在公共标识中应添加隔音符,消除歧义存在的可能性。S市在标识语翻译中隔音符的使用总体情况较好,但是仍存在少量不够规范的情况,如地铁9号线上的"台儿庄路站"对应的英文站名为"Taierzhuang",中间没有加隔音符,不够规范,应该调整为"Tai'erzhuang"。另外,笔者还发现同一路名在不同指示牌上的英语译文也存在着隔音符使用不一致的问题。同样还是以"台儿庄路"为例,空中的道路标识牌上的英语译文有隔音符,但路边指示牌上的英语译文没有隔音符。这种同一区域内隔音符使用不统一的现象也反映了译者责任态度的问题,在不同程度上影响着城市的形象。

3.3.3 拼写错误

更为突出地反映译员责任态度问题的是标识语英译中的拼写错误。例如,百乐门舞厅作为S市的优秀历史建筑,承载着这座城市厚重的文化与历史意义。但是,在门口的标识牌上,"百乐门"的英文名被拼成了"Paramount Bollrom",显然,"Ballroom"被错拼成了"Bollrom"。类似的问题并不鲜见,如在一家超市的广告招牌上写着"新鲜、低价、便利",其中"便利"的英语被拼成了"convenien"。即使不影响理解,其粗糙的翻译质量也会影响受众对广告产品质量的信心。

总之,代表一座城市脸面的公共标识语的翻译质量直接影响着这座城市对外形象的树立。无论出于什么原因,不当或错误的标识语英译都会削弱受众对城市的产品、服务的信心。规范翻译标准、提高翻译质量是实现标识语交际目的的必经之路。

4. 规范公共标识语英译的对策

4.1 提高译员的语言文化素养

公共标识语的翻译质量要依靠译者的语言功底、文化知识、翻译技能以及责任感等素养来保证。为了有效实现公共标识语传递信息、发出警示、表达情感等目的,标识语译文不仅应做到语言运用规范得体,避免拼写、语法等低级错误,还需要保证信息传递准确充分,符合译入语受众的审美、思维与文化心理期待。要达到这些不同层次的标准,译者不仅需要具有过硬的语言功底、高度的责任感和服务读者的意识，还需要具有文化意识，充分了解英语国家的文化习惯和目标群体的思维方式。

公共标识语在中西文化环境中呈现出了诸多差异，而公共标识语的英译就是要跨越这些差异，把中文的标识语有效地传达给英文的受众，从而有效传递信息、情感和目的。这便要求译者熟知中西文化，做一个不折不扣的"文化人"[①]，充分了解译入语文化受众的理解能力、心理期待和审美期待，这样才能有效地跨越文化障碍，使得译文易于被译入语受众理解和接受，从而实现标识语的传播目的。标识语的翻译不同于文学翻译，其主要目的在于实现交际和传播目的，因此，译者在翻译时可以在一定范围内灵活翻译原文。如"闲人免进"原文读来语气生硬，令人望而却步。按照忠实的翻译原则，"No admittance except on business"似乎形、神都达到了翻译的目标，然而其交际效果却打了折扣。英语标识语更重视语气的适切，因此译为"Staff Only"规避了一个冷冰冰的"No"，让人看了不会产生被防、被拒的不快感，同时又将原义清晰明确地表达了出来，何乐而不为呢？再比如，风景区中常见"严禁翻越栏杆"或者"禁止翻越"等标识语，虽然初衷是为了保障安全，但读起来让人感觉咄咄逼人，受众无形中被置于受管制的弱势地位。译者如果抛开"NO"或者"Prohibited"这样的字眼，借用一个"This fence has a job to do."无疑会让英语受众感到幽默、富有亲近感，同时也不失警示效力。如此，标识语也就实现了其传播信息和情感的功能。

4.2 重视标识语翻译的规范与质量审核

公共标识语根据功能可以分为不同的类别。对于不同类别的标识语，其语言表达形式都具有相应的共性，因此，把有共性的标识语翻译纳入统一规范的框架内，可以使城市标识语呈现出清楚明了、整齐有序的面貌，不仅有效避免了受众因信息混淆而产生困惑，也能够在一定程度上体现一座城市的管理水平和管理质量。

因为公示语传出的信息与含义必须为公众所理解，任何歧义、误解都会导致不良后果，甚至闹出笑话、影响城市形象，所以英语公示语表达应尽量做到统一。在多年实际使用过程中，形成了一系列规范的词汇，例如："Duty Free Shop（免税店）""Glass（小心玻璃）"，以及前文所提及的"Information（信息中心）"。在不同的英语国家，一些形成规范的表达形式往往具有明显的本土意义。例如，"药房"的英译有两种："Chemist's Shop（英）""Pharmacy（美）"。

再如，"邮资已付"的英译也有两种："Postpaid（美）""Post-Free（英、澳）"。对于一座城市来说，寻求一个标准、确定统一的用词十分必要；反之，如果同样的标识语在不同区域有不同的译文，会有杂乱无序感，也会给受众带来困惑。

S市很早就认识到了规范公共标识语翻译的必要性。2003年，市政府发布了《关于加强本市公共场所英文译名使用管理的若干意见》，该文件分别从"实施范围""英文译名使用规范的确定"和"管理职责"这三个层面做了具体说明。自此，S市的公共标识语翻译被纳入了本市城市规划管理制度的框架内。在该文件的支持下，2004年，S市成立了"公共场所中文名称英译委员会"。在委员会的引领下，S市对公共标识语英译以及规范进行了持续而体系化的研究，为该市公示语翻译的规范化、标准化从制度层面和研究层面提供了基本保障，也形成了管理和研究运作的基本程序。由语言文字部门组织专家学者及高校教研人员，按照标识语要达到的交际与传播的目标及质量标准，从学术角度拟定翻译及审核标准，进而对这些标准进行论证、审改，最终形成决策性的标准文件，并进行推广，用于指导、规范标识语的翻译活动和翻译质量，建立良好的监督和管理机制。当然，有了政策和管理保障，具体实施还是要依靠专业人士、译语受众和广泛的社会力量进行监督、纠错，从政策规范到社会监督评价，从学术研究到实际操作，全方位保障并提高公共标识语的翻译质量。

4.3 将标识语翻译纳入翻译教学与实践体系

公共标识语翻译是长期、稳定的需求，因此，持续培养具有专业素养的翻译人员十分必要。基于此，高校英语专业将标识语翻译纳入翻译教学成为一条可行的途径。通过开展公示语翻译模块的教学活动，让学生了解公共标识语的英译质量对于城市形象建设的重要性和必要性，鼓励学生发掘和梳理现行标识语英译中的问题，培养学生的责任意识与使命意识。在认识问题的基础上，训练学生的中英文语言能力，熟悉中英文标识语的语言特征、使用规范、审美特征等方面的差异，探讨可行的翻译技巧与翻译策略，最终达到提高综合翻译能力和翻译质量的目的。

具体看来，标识语的翻译教学可分为理论学习和实践训练。理论教学部分主要包括相关标识语翻译的原则、标准和策略。结合标识语的问题特征和交际目的，让学生充分认识标识语翻译的相关因素，如语言、信息、审美、文化等因素对实现翻译目的的影响,进而探讨相关的翻译策略与翻译方法等问题。

有效提高学生的翻译能力离不开实践训练。教师应带领学生进行系统的翻译练习活动。具体来说,教学组可以尝试和某些公共场所,如公园、展览馆等机构达成合作,接受翻译任务,将项目引入课堂,及时反馈教学成果,对学生的翻译实践进行指正、纠错,推动项目完成。这个方法既可以巩固理论知识,又可以提高学生的实际翻译能力。

此外,要提高公共标识语的翻译质量,也要重视社会公众力量对标识语译文的纠错作用。由于公共标识语数量庞大,相关部门很难在有限的时间内及时发现所有问题,因此,动员公众力量进行纠错是切实可行且十分有效的办法。比如,各高校可以成立标识语纠错组织,邀请高校外语专家参与;举办市双语标识"有奖纠错";设立市公共标识语纠错微信公众号,收集民众投稿等,都可以鼓励民众积极参与,合力提高标识语英译的质量。

5. 结语

标识语翻译问题不只是语言层面的问题,它与文化、教育、经济等因素都紧密相关。高质量的公共标识语英译除了能够传递相应的信息,还对提升一座城市的国际形象起到至关重要的作用。要将标识语翻译得准确、恰当,并符合译入语的文化与审美,译者不仅需要有良好的语言基础与翻译技能、高度的责任感,还要熟知中西文化的差异,具有广阔的国际视野。

同时,我们也必须认识到,凡是活着的语言必然是不断发展、不断变化的,随之变化的还有受众的包容性、审美情趣、文化期待等。公共标识语与普通语言一样,其表达形式、审美价值也并非一成不变。这便决定了标识语翻译不可能一劳永逸。译者不仅需要跟上语言发展、变化的节奏,还需要根据源语和译入语中标识语的变化而调整翻译策略,让标识语及其翻译紧跟时代发展,焕发出勃勃的生机。

注释

① 王佐良在其《翻译中的文化比较》一文中提出,翻译者必须是一个真正意义的文化人。

参考文献

[1] 陈顺意.公共标识英译规范的规范——以《广州市公共标识英文译法规范(2018版)》为例[J].中国翻译,2019(5):167-172.

[2] 陆伟芳.世界视野中的大上海全球城市形象塑造初探[J].都市文化研究,2016(1):116-132.

[3] 吕和发.Chinglish之火可以燎原?——谈"新常态"语境下的公示语翻译研究[J].上海翻译,2017(4):80-94.

[4] 王慧敏,吴正英.公共服务领域标识语的文化负载及其翻译[J].科教文汇(中旬刊),2019(1):173-175.

[5] 王银泉,张日培.从地方标准到国家标准:公示语翻译研究的新里程[J].中国翻译,2016(3):64-70.

[6] 王佐良.翻译:思考与试笔[M].北京:外语教学与研究出版社,1989:18-26.

"stigma"翻译研究：
新冠肺炎疫情暴发背后的隐形杀手

周红霞　梁步敏[1]

（广西医科大学　外国语学院/公共卫生学院，南宁　530021；
广西医科大学　国际教育学院/外国语学院，南宁　530021）

摘　要：按照英国哲学家约翰·洛克的观点，英语"stigma"一词属于复杂观念词，其中叠加有社会心理、社会角色、社会行为、疾病痛苦等多种观念，"复杂观念"词汇的翻译结果可能产生意想不到的社会效应。英语"stigma"一词在汉语中有多种译法，但找到一个对称的汉语词汇翻译它的确不易。正确理解"stigma"的内涵不仅能够提升我国在国际突发公共卫生事件中的话语能力，同时还可指导提升我国突发公共卫生应急管理能力。2020年新冠疫情在全球范围内快速传播引发了世界性恐慌。应急管理成为对各国政府管理能力的重大考验。为了推卸责任，某些西方大国利用"stigma"作为武器对中国进行攻击，严重干扰世界范围的团结抗疫。面对西方国家的语言武器进攻，我们的应对策略需要建立在对"stigma"全面、正确的理解基础之上。本文旨在分析并探索"stigma"一词的来源以及在医学界的概念，唤起国人对其内涵意义和外延意义的共同关注，理解它在疫情暴发中的无形力量，探讨该词的翻译对疫情防控造成的影响。

关键词：新冠疫情；国际突发公共卫生事件；stigma；翻译；疫情防控

Title: The Translation Study on Stigma: The Invisible Killer Behind the Covid-19 Pandemic

Abstract: According to British philosopher John Locke's ideas, the "stigma" should be described as word of "complex ideas" incorporating social psychology, social roles, social behavior, illness, sadness and many other ideas, that can have unexpected social effects when interpreting "stigma." There are a lot of ways to translate the English word "stigma" into Chinese, but finding a symmetrical Chinese word to translate can be difficult. It seams no Chinese characters perfectly represent the English word "stigma" because of its "complex ideas." Understanding the connotation of "stigma" correctly will not only improve the language power of our government during the Public Health Emergency of International Concern, but also help guide the country's ability to deal with emergency public health events. The rapid spread of COVID-19 around the world in 2020 has triggered global panic. Emergency management has become a major test of the management capacity of governments. Some Western powers used "stigma" as a weapon to attack China in order to deflate their responsibility. "Stigma" attacks on China has deeply influenced solidarity of the whole world to fight with Covid-19. The right approach needs to be based on a full understanding of the "stigma" involved. The purpose of this paper is to analyze and explore the origin of the English word "stigma" and its concept in the field of public health, to arouse people who are non-English speaker to pay attention to the connotation and denotation of the word, to understand its invisible power in diseases control and to discuss the impact of the word's translation on the prevention

---

[1] 作者简介：周红霞，博士，广西医科大学外国语学院教授、院长、博士生导师；研究方向：英美文学、外语教学理论与实践。
梁步敏，硕士，广西医科大学国际教育学院讲师、副院长；研究方向：外国语言学及应用语言学。

and control of the pandemic.

Key words: Covid-19 pandemic; Public Health Emergency of International Concern; stigma; translation; prevention and control of the pandemic

1. 引言

2020年1月30日,世界卫生组织(World Health Organization, or WHO)总干事谭德塞(Tedros Adhanom Ghebreyesus)在关于"2019冠状病毒病"的《国际卫生条例》突发事件委员会新闻通报会上的发言中宣布"此次新型冠状病毒的全球疫情为国际关注的突发公共卫生事件(Public Health Emergency of International Concern, or PHEIC)",在其发言的结尾中他使用了一组排比句:"This is the time for facts, not fear. This is the time for science, not rumors. This is the time for solidarity, not stigma."

对于说汉语的中国人来说,这句关键性结尾的最后一个词"stigma"不太好理解。对于谭德塞的这句结尾,有以下六种可能的中文翻译。

(1)这个时候需要的是事实,而不是恐惧;这个时候需要的是科学,而不是谣言;这个时候需要的是团结,而不是污名。

(2)这是需要事实的时刻,不要无谓恐惧。这是相信科学的时刻,不要听信谣言。这是紧密团结的时刻,不要彼此猜疑。

(3)当务之急是尊重事实,运用科学,齐心协力,而不是恐惧、传言、抹黑的时候。

(4)当下,我们需要的是事实,不是恐惧;是科学,不是传言;是同心协力,不是抹黑。

(5)现在最重要的是事实,不是恐惧;是科学,不是信口开河;是齐心协力,不是给别人贴不良标签。

(6)这是尊重事实的时刻,不要无谓恐惧。这是相信科学的时刻,不要听信谣言。这是紧密团结的时刻,不要病耻感。

看到以上汉语译文,对于以汉语为主要交流语言的大部分中国基层官员和医务工作者来说,或许能理解并感受到世界卫生组织对诸如"事实""科学""团结"等概念的强调和重视。但对于"stigma"被译成"抹黑""污名""贴不良标签"或"病耻感"等有区别意义的汉语词汇,对中国人来说会引起困惑。首先,在中国语言文化中,"抹黑""污名""贴不良标签"和"病耻感"等概念与疫病防控有些距离,为什么在疫情阻击战的关键时刻,WHO总干事要强调"stigma"这个概念?其次,在疫情暴发初期,"stigma"一词就出现在WHO高级官员的发言中,那么这个词对疫情防控的重要性和影响力必然是应该得到关注的。对于这个词的理解和翻译如果发生偏差,将会对社会的防控疫情行动造成何种影响,中国人并不清楚。最后,中国人感到难以理解的是,参与这场阻击战的人和社会团体并不孤单,医生、病人、大众、媒体、官员、学者和国际社会等都参与其中。如果把"stigma"理解为"抹黑""污名""病耻感"或"贴不良标签",那么,到底是指谁给谁抹黑?谁给谁污名?谁给谁贴不良标签?谁有病耻感?这些所有的困惑最终将落脚在一点上:如何做才能真正达到WHO总干事所提倡的"no stigma",究竟该如何做才能团结并避免"stigma"?

2. "stigma"的词源探究

"stigma"源于希腊语,本意是烙印,表示人身体上的某一种特征,而这个特征代表了此人具有某些不良的道德特点,即被社会所普遍排斥的道德特征或称之为"极大地玷污某人名誉的特征"。剑桥英语字典对"stigma"的解释是:"a strong feeling of disapproval that most people in a society have about something, especially when this is unfair"。

1963年,美国社会心理学家欧文·戈夫曼(Erving Goffman)出版专著《污名——受损身份管理札记》(*Stigma: Notes on the Management of Spoiled Identity*),对人类社会在疾病状态下所出现的"stigma"现象进行了系统的描述和总结,定义了"stigma"的学术内涵,这是对"stigma"这一社会心理现象首次进行的科学描述。戈夫曼发现,在人类社会中普遍存在一种现象,即社会会对某些疾病和社会行为有自然的排斥和反感现象,而这些人本应该得到社会的帮助和同情,但由于这一社会心理现象的普遍存在,某些人群被社会毫无理性地排斥,得不到帮助和同情,致使他们不得不时时隐瞒自己的实际情况,逼迫自己向社会的要求靠拢。这种行为有时会造成更大的社会问题。比如,对于残疾、性病、精神疾病、艾滋病、同性恋、性交易等疾病或行为的排斥和反感,会造成这些患者或者行为人刻意隐瞒病情或行为,从而对疾病控制和行为规范造成负面影响。戈夫曼将人类社会表现出来的这一社会心理现象定义为"stigma",受其伤害的人称为"stigmatized person"。他从人类社会的视角解释了"stigmatized person"的典型特征:因为不被社会完全认可,所以持续努力调整自己的社会身份,如文盲会试图戴一副眼镜让自己显得斯文一些,同性恋会说一些奇怪的玩笑让自己显得有异性情结等。

3. 医疗卫生领域中"stigma"现象研究与翻译思考

3.1 "stigma"现象与翻译

从20世纪90年代起,西方不同领域的学者开始对"stigma"现象进行深入研究,概念出现多样化,内容也更加丰富。西方医疗和公共卫生界普遍关注这一现象,大量的研究成果陆续发表。越来越多的研究发现,"stigma"现象不仅出现在一些让人感觉很不愉快的慢性疾病上,还同样存在于传染病和突发公共卫生事件当中,直接影响突发公共卫生事件的处理和应对。

每个涉及突发公共卫生事件的人或机构团体都有可能成为"stigma"的受害者。比如,给某人或某团体贴上负面标签(不光彩、不道德、不明智、不正确等),达成社会共识,形成一种负面的刻板印象,就会引发人类社会的集体抵制与排斥,最具代表性的是科里根(Corrigan)对此概念的研究,他从认知心理学的角度认为偏见是社会刻板印象在认知和情感上表现出来的结果。而林克和费伦(Link & Phelan)则从社会学角度去描述这个概念:"当被贴上标签,形成刻板印象、被孤立、社会地位丧失和被歧视这些过程发生时,羞耻感就出现了。"(Link & Phelan,2001:363-385)这种羞耻感会左右社会团体和"stigmatized person"的社会行为,使其偏离自然轨道。比如,疫情瞒报是疫病监控的一大禁忌,但在世界各地的疫情暴发时总会或多或少出现"疫情瞒报"的质疑声,而这种质疑似乎在任何国家都难以避免。这提醒我们"疫情瞒报"或许不能完全归罪于责任心或道德问题,对"stigma"没有正确认知,对这一病态的社会心理俯首称臣可能才是根本原因。在"stigma"的影响下,或许他们在潜意识中觉得疫情公布会引起他人或他国的歧视性行为,从而换来不可承受的羞耻感。这种潜意识的存在必将为疫情监测带来非常不利的影响。

当然,也有人指出,针对某些疾病的羞耻感有利于预防一些不良社会行为的发生,可以利用这种羞耻感进行某些疾病的预防控制,比如性病。但这种观点需要放在社会道德的天平上进行评价,特别是关于"stigma"问题的立法更应该谨慎。

面对这次被世界卫生组织宣布为国际突发公共卫生事件的新冠肺炎疫情,我们需要学习的有很多。"stigma"就是一个需要深入理解的概念,对于中国人来说更是一个不容轻易放过的公共卫生新概念。

世界卫生组织于2016年发布的《传染病暴发伦理问题管理指南》(Guidance for Managing Ethical Issues in Infectious Disease Outbreaks)中第三项"特别弱势情境"的第4条指出了"stigma"的影响:"社会弱势群体往往面临污名化和歧视,在公共卫生紧急情况下,这种情况会更加严重。工作人员应确保所有个人得到公平和公正的待遇,而不论其社会地位或对社会的价值如何。"在第四项"公共卫生监测"第3条中指出:"向个人和社区披露信息:无论个人是否被允许选择不参与监测活动,监测过程都应在透明的基础上进行。个人和社区应了解收集信息的类型、使用这种信息的目的以及在何种情况下可以分享信息。此外,应尽快合理地提供有关监测活动结果的资料。应认真注意通报信息的方式,以尽量减少监测对象可能面临污名化(stigma)或歧视的风险。""stigma"问题在世界卫生组织的疫病防控指导性文件中被反复提及,足以说明它在应对疫情暴发中的重要性。在我国的公共卫生工作中,这个词并没有得到足够的重视,这或许是我们翻译的责任。因为汉语中的确找不到一个很确切的词能够包含"stigma"如此丰富的内涵,我国大部分学者仅仅按照"病耻感""污名化"的汉语字面意思去理解"stigma",并没有感受到"stigma"的巨大危害,它不仅可以彻底打败受害者,让其自动接受"自己就是一种耻辱"的标签,并在"去耻"和"去污"的心理驱使下做出不正确的社会行为,继而降低社会对他们的支持和帮助力度。其实,他们并没有"耻"或"污",他们只是疾病受害者,他们需要与全社会一道,共同面对疾病带来的痛苦。

在新冠疫情依然肆虐的当下,一些有良心的西方医学杂志挺身而出,纠正"stigma"为人类社会带来的继发伤害。比如2020年4月的《自然》(Nature)杂志,发表了题为"End Coronavirus Stigma Now"的社论,为曾经错误地将新冠病毒与武汉和中国关联道歉。2020年10月的《亚洲精神病学杂志》(Asian Journal of Psychiatry)发表了题为"Stigma, Exclusion, and Mental Health During COVID-19: 2 Cases From the Philippines"的文章。2020年11月的《英国医学杂志》(BMJ)发表了题为"Proposal of a Scale for COVID-19 Stigma Discrimination Toward Health Workers"的文章。我们可以发现,"stigma"问题已经不是中国一国的问题,是疫情期间整个世界的问题。

当我们使用"抹黑""贴不良标签"这样的动词来翻译"stigma"的时候,我们会把关注重点放在行为上,忽略"stigma"相关的心理和名声等内含义,这种翻译会导致阅读者理解视角狭隘,不能全面揭示"stigma"所造成的疫情瞒报等防控决策问题。

回顾这次新冠肺炎疫情的暴发过程,我们不难发现,不论是大众、病人、医生、官员、媒体,还是公共卫生制度,甚至我们的国家,都或多或少承受着某种随时而来的不公平和不公正对待。这种伤害像一只无形的魔掌,在疫情来临之时,伸向参与疫情防控的全体人员和各个团体,谁都无法逃脱。这个无形的魔掌就是"stigma",它直接影响着参与疫情防控的个人或团体的防控决策。

3.2 "stigma"的本质与社会影响

"stigma"现象普遍存在于人类社会,可以说是人类社会一种本能的心理反应。在社会活动的群体互动过程中,必定有些处于弱势,有些处于强势,处于弱势的个体或群体被处于强势的个体或群体污名化、贴不良标签,弱势群体因而产生羞耻感,进而改变自我行为的现象随处可见。大国与弱国之间、医生与病人之间、媒体与政府之间都或多或少可以看到这种"stigma"的现象。

西方的科学技术与国民经济的发展为社会心理学家提供了思考此类问题的基础,甚至形成了系统理论,指导医疗立法。而在国家关系上,西方国家也会熟练使用"stigma"来达到促进本国发展、打压竞争对手的目的。翻译时如果不够全面,则不利于中国理解世界公共卫生管理政策,我们需要深刻理解这一概念的专业内涵,并将之用于中国的公共卫生医疗实践,减少中国与国际公共卫生事业同行之间的表达与理解误差。

4. 新冠疫情背后的"stigma"教训

钟南山院士和曾广翘于2006年第4期《英国医学杂志(中文版)》上发表文章《我们从中国SARS的流行中学到了什么?》,似乎已经让我们或多或少感受到在非典型肺炎(SARS)流行期间"stigma"所犯下的罪恶。钟院士在他的文章中全面系统地分析与评论了我国SARS防控工作的成绩与经验,并坦率地提出了四条应该汲取的教训。

教训1:需要诚信;
教训2:各执一词的争论会导致机会丧失;
教训3:过早下结论;
教训4:一些研究单位无视规章制度。

其中,对于需要诚信的问题,钟院士这样写道:"在一个紧急事件中,封锁信息根本起不到任何作用。SARS首发病例于2002年11月在广东省出现,中央电视台当时没有播发消息。尽管通过手机和互联网传播的流言已经泛滥,但是直到2003年2月电视台才发布消息。直到SARS大暴发以后3个月,一组卫生官员才被派出进行调查。在此之前,不公开消息的理由是为了保持社会稳定。不幸的是,缺乏信息导致公众恐慌,盲目买醋、买中药,误信它们有助于防止染上这种'神秘'的疾病。这些商品的价格暴涨,引发更多反应,反而破坏了社会稳定。实施SARS流行情况日报制度、社区开展防病教育以后,情况开始改观。"(钟南山、曾广翘,2006:219)

由此可以看出,在SARS流行的初期,就存在疫情是否及时公开的决策问题,这直接决定着疫情防控效果。所以在疫情暴发早期,"stigma"效应常常是最有力的杀手,它让责任人常常在信息公开与隐瞒的决策中左右为难,让他们惧怕疫情公开可能带来一些不可预知的社会不良效应,致使疫情得不到及时有效控制。这种行为不能完全用责任感和道德缺失,或专业素质不到位去解释,真正的黑手正是存在于意识之中的"stigma"。由于"stigma"造成的无形伤害,单纯对责任人追责不会有好的效果,甚至有可能造成责任人下一次通报行为过激。毕竟"大题小做"与"小题大做"都有可能发生,其危害程度也不相上下,都会造成人力物力的巨大浪费并且收效甚微。因此,只有正确认识和应对"stigma"这种社会心理现象,才能更好地指导疫病防控。

钟院士在其文章中还提到"如果初级保健医生能够有警觉性,并成为监测体系中的一部分,那么,暴发流行一旦发生,在初始就可以得到控制。"(钟南山、曾广翘,2006:221)可惜的是这次新冠肺炎疫情暴发初期,疫区控制似乎也不够理想。为什么会再犯SARS早期的错?恐怕剑指初级保健医生、当地疾控、地方政府官员或卫生制度有点冤枉,深层原因可能还是"stigma"的问题。

中国人的文化环境与西方相差甚大,疾病羞耻感的程度与主题也会有很大差别。华人学者Yang L. H.(2007)在西方国家现有的精神疾病"stigma"理论基础上,首次阐述了病耻感理论在华人社会文化中的发展,作者探讨了孔子学说、"面子"以及中国传统文化对病耻感的影响,揭示了在华人社会患者的病耻感体验可能更加强烈。在疫病暴发上,"stigma"杀伤力巨大,从疫情开始到疫情结束,从官员到专业人员,从医生到病人,甚至连国家都不可能避免"stigma"的冲击。

我们要感激以钟南山院士为代表的勇于担当、坚守诚信的流行病学专家和临床医务工作者在SARS和新冠肺炎流行时,能够及时摆脱"stigma"的魔掌并纠正错误,迅速控制局势,创造了大国抗疫的奇迹。但"stigma"在疫病控制中的作用还需要深入研究。中国更有必要在公共卫生体系建设中认真研究"stigma"在中国特有的表现,以尽可能降低其杀伤力。同时,也要对国际社会团体的"stigma"行为有充分的心理准备、应对策略和一定的话语技能,毕竟人类总会犯相似的错误。

5. 正确理解和处理"stigma"翻译问题

据以上分析和讨论,对于"stigma"的翻译,用"抹黑""贴不良标签""互相猜忌"等动词词组翻译只关注了实施者的语言行为,不能体现受害者的心理反应和"stigma"导致的社会群体歧视行为。而"病耻感"则反映的是受害者的主观体验,并不能反映他们及其社会群体的行为特征。当前在各种中文文件中,对于"stigma"的翻译,使用逐渐频繁并得到认可的是"污名"一词。

从中文词源来说,"污名"可以表示"坏名声"。春秋时期政治家管仲在《管子·中匡》中提到,"人者不说,出者不誉,污名满天下"。同时也可表示"毁坏名誉",金朝董解元在《西厢记诸宫调》卷二中写道,"这一场污名不小,做下千年耻笑"。而在1987年,台湾人类学家谢世忠用"stigma"概念来描述台湾地区原住民被歧视的生存状况,并将之翻译为"污名",这是污名概念首次进入华人学界,也是"污名"译法的首次亮相。在2000年后,国内外对于艾滋病防治的交流过程中,污名概念逐渐出现在医学、社会学、公共卫生、社会心理学和人类学的相关研究中。通过此次新冠疫情的推动,"污名"这一概念再次成了各界学者的关注对象。而"污名"一词的"污"字作为形容词,可以较准确表达"stigma"的形成形式;"名"字可指代个人名声,也可指代名誉等社会地位的大概念。虽然"污名"一词也有无法涵盖心理学等内容的缺点,但是在适应度上,可以较好表达"stigma"的意义指向,可以在之后的翻译中提供更好的译文选择。笔者认为"stigma"是一个复杂观念词(complex ideas),没有特别合适的中文词汇相对应,在翻译时需要结合上下文、语义、观点、人群和时机,选择不同的汉语词汇进行对译,以提升人们对"stigma"隐形杀伤力的认知。因此,对于谭德塞先生的提醒"This is the time for solidarity, not stigma",笔者认为译为"这是人类开诚布公、真正'团结'应对疫情的时刻,不是借别有用心的所谓'公理'问责他人的时候",或许有更好的社会效果。

本文旨在打通我国公共卫生管理、应急管理、英汉医学翻译等领域的学科界线,让医学翻译更好地服务于国家突发公共卫生应急管理。最后,感谢世界卫生组织总干事谭德塞先生提醒了我们去深入思考"stigma"语义及其翻译对疫情防控的影响问题,相信中国的公共卫生事业一定会为世界做出值得信服的贡献。

参考文献

[1] Corrigan, P. W. Mental Health Stigma as Social Attribution: Implications for Research Methods and Attitude Change [J]. *Clinical Psychology Science and Practice*, 2000(7): 48-67.

[2] Goffman, E. *Stigma: Notes on the Management of Spoiled Identity* [M]. New Jersey: Prentice-Hall, 1963.

[3] Link, B. G. & Phelan J. C. Conceptualizing Stigma [J]. *Annual Reviews*, 2001(27): 363-385.

[4] World Health Organization. *Guidance for Managing Ethical Issues in Infectious Disease Outbreaks* [M]. Switzerland: WHO Press, 2016.

[5] Yang L. H. Application of Mental Illness Stigma Theory to Chinese Societies: Synthesis and New Directions [J]. *Singapore Med J*, 2007(11): 977-985.

[6] Yang, L. H., Kleinman, A. & Link, B. G. et al. Culture and Stigma: Adding Moral Experience to Stigma Theory [J]. *Soc Sci Med*, 2007(64): 1524-1535.

[7] 肖水源.精神疾病的社会文化基础[M].长沙:湖南科学技术出版社,1998.

[8] 曾向红,李琳琳.新冠疫情跨国扩散背景下的西方对华污名化[J].国际论坛,2020(5):117-135+159-160.

[9] 钟南山,曾广翘.我们从中国SARS的流行中学到了什么?[J].英国医学杂志(中文版),2006(4):219-221.

基于语言学与翻译学的西南少数民族文化"对歌"的日语表记嬗变研究

刘 岩 李晶晶[1]

(贵州大学 外国语学院,贵阳 550025)

摘 要:自20世纪80年代以来,日本学者对西南少数民族歌文化的研究成果颇为丰硕。笔者在收集与整理日本学者对西南少数民族歌文化研究史料的过程中发现,日本学者对于"对歌"的日语表记较为多样。基于此,本研究利用日本国立国会图书馆、CINII、KAKEN等数据库,明确了西南少数民族"对歌"日语表记的多样性。首先,明晰了"对歌"日语表记的历时变化。其次,借助语言学与翻译学的双重视角,一方面从语言学的角度阐释"对歌"多种日语表记的语义差异;另一方面,从翻译学视角论述少数民族"对歌"与日译表记"歌+掛け"互译的可能性。概而言之,通过对西南少数民族歌文化"对歌"一词在日语表记的多维论述,可以为推介我国优秀少数民族文化走向世界提供有益的参考。

关键词:西南少数民族;对歌;日语表记;语言学;翻译学

Title: The Evolution of the Japanese Notation of the Cultural "Antiphonal Singing" of Ethnic Groups in Southwest China: From the Perspective of Linguistics and Translation Studies

Abstract: Since the 1980s, Japanese scholars have made fruitful achievements in the study of the culture of antiphonal singing of minority ethnic groups in the southwest China. In the process of collecting and sorting out the historical materials, it is found that Japanese scholars have more diverse Japanese expression of "antithetical singing." Based on this, the study uses the Japanese National Diet Library, the Japanese academic paper database CINII, the Japanese scientific research free database KAKEN, and other databases to clarify the diversity of the Japanese notation of "antiphonal singing." The paper, firstly, clarifies the diachronic changes of the Japanese expressions of the "antiphonal singing," and, secondly, interprets the semantic differences of the various Japanese notation of "antiphonal singing" from the perspective of linguistics on the one hand, and discusses the ethnic minorities "antiphonal singing" and the Japanese translation of "歌+掛け" from the perspective of translation studies on the other hand. In a word, through the multidimensional exposition of the word "antiphonal singing" in the Japanese language of the ethnic groups in the southwest China, it can provide a useful reference for the promotion of our excellent minority culture worldwide.

Key words: minorities in the southwest China; antiphonal singing; Japanese notation; linguistics; translation studies

---

[1] **作者简介**:刘岩,博士,贵州大学外国语学院讲师;研究方向:西南少数民族翻译与传播、海外中国学。
　　　　　李晶晶,贵州大学外国语学院硕士生;研究方向:民族民俗翻译。
基金项目:本文系贵州省哲学社科规划项目"近代以来日本对贵州的社会文化调查及书写文献翻译研究(20GZYB37)"的阶段性成果。

1. 引言

"对歌"一词出现甚早，但最初并非正式称呼，而只是对于对歌习俗的解释。早在先秦时期的《诗经·国风·陈风·东门之池》就载有："东门之池，可以沤麻。彼美淑姬，可与晤歌。东门之池，可以沤纻。彼美淑姬，可与晤语。东门之池，可以沤菅。彼美淑姬，可与晤言。"其中的"晤歌"特别值得注意。对于"晤歌"，东汉郑玄笺："晤，犹对也。言淑姬贤女，君子宜与对歌，相切化也。"隋唐孔颖达疏："言彼美善之贤姬，实可与君对偶而歌也。"现代著名学者高亨注："晤歌，相对而歌。"由此可知，"对歌"原本是对"晤歌"的解释（李国栋，2016）。可见，对歌在我国很早之前便已存在。在西南地区，以婚恋为主要内容的对歌活动也有多种名称，如"游方""跳月""晒月亮""跳花""摇马郎"等。"游方""摇马郎"主要是贵州东部苗族对歌的称谓；"跳月""跳花场"主要是指贵州中、西部青苗、花苗对歌的称呼（王贤玉，2019）。西南少数民族居多，语言不同，对于对歌的称呼也不同。

古代日本就有"歌垣"一词来表示对歌求偶的习俗，且8世纪以前就曾一度流行，这种对歌传统随着统一中央王朝的建立而形成，随着宫廷和歌的流行而失传，今人已不知其原貌。近年来，日本学者前往云南少数民族地区考察对歌，是为了复原8世纪以前在日本本土曾经存在过的对歌原貌（张正军，2006：145）。随着"照叶树林文化论"的提出以及中国改革开放，日本学者从20世纪80年代开始，对西南地区进行田野调查，并发表了相关论文。之后越来越多的日本学者对西南地区少数民族的对歌文化进行研究，成果丰硕。日本学者对西南地区进行实地考察，以期通过研究西南少数民族现存的对歌习俗而复原古代日本"歌垣"的原貌。通过梳理日本对西南地区对歌的研究可以发现，日语学者对于对歌习俗的表记并不相同。笔者依据从国立国会图书馆、CINII、KAKEN收集整理的资料，以20世纪80年代开始日本学者对西南少数民族对歌近40年的研究文献为线索，统计了日本学者对于对歌的表记种类，然后在语言学、翻译学视阈下，从发文时间、含义变迁等角度进行探讨，从而为少数民族对歌在海外的传播提供可借鉴的研究成果。

2. 西南少数民族歌文化"对歌"的日语表记

2.1 "对歌"的日语表记整理

日本学者鸟居龙藏早在20世纪初期便进入西南地区进行考察，1904年发表《苗族的笙》（鸟居龙藏，1904），文中对西南地区的笙进行介绍时，引用的《老学庵笔记》中便出现了"踏歌"一词；在对罗猓（指彝族）的介绍中，鸟居龙藏对彝族的歌以"歌谣"一词记载（鸟居龙藏，1909）。之后，日本学者认为西南少数民族的对歌习俗与日本的"歌垣"相似，便以"歌垣"一词来研究西南地区的对歌习俗，但研究中也出现了"歌垣""歌掛け"两词混用的情况。笔者通过整理并分析日本学术论文数据库CINII、日本国立国会图书馆中涉及西南少数民族对歌习俗的论文及著作，发现"对歌"一词的相关表记主要有"歌垣""歌掛け""掛け合い歌""対歌""歌の掛け合い""歌掛け歌""対唱歌"等。其中，"歌垣"属于日语词汇中的和语词，"対歌"属于日语词汇中的汉语词；"歌+掛け"是"歌をかける"名词化变形，属于复合名词。综合言之，日语中"对歌"一词呈现了日语和语词、汉语词汇、"歌+掛け"等组合形式的表记方式。

2.2 "对歌"日语表记问题的提出

日本学者对西南少数民族对歌习俗的研究都是以"歌垣"以及"歌+掛け"形式来命名的。使用频率较高的词有"歌垣""歌掛け""掛け合い歌"，如工藤隆的《歌垣论的现在》一文中提到："彝族的年轻人是什么时间对歌（対歌）呢？"（工藤隆，2015：150）日语词汇中本没有"対歌"，是直接借用了中国的"对歌"一词，所以文中用"歌垣"对借用的汉语词汇"対歌"进行解释。而板垣俊一曾做了如下说明："日本古代文献中记载的对歌（歌の掛け合い）的仪式活动一般称作'歌垣'，而云南省白族所举行的同类活动在汉语中称作'歌会'，所以本稿中使用了这一词语。另外，也有称作'対歌'的，实际上是想作为表达互相对唱含义的用语来使用。"（板垣俊一，2007）由此可以看出，板垣认为"歌垣"是汉语"歌会"的含义。日语"歌垣"一词是否等同于中国的"对歌""歌会"，"歌掛け""掛け合い歌"的含义是否等同于汉语"对歌"，以及中国学者如何进行解释、翻译等尚未引起关注。

工藤隆、冈部隆志通过对西南地区对歌习俗的田野调查，撰写了《中国少数民族歌垣调查全记录1998》一书，张正军这样说道："在日本是第一次出版的关于对歌的第一手调查资料，配有对歌的录像带，是全面正确系统地研究云南少数民族对歌的第一本专著，在日本引起了强烈反响。从翔实的原始资料、运用现代化的摄像器材记录自然发生的对歌活动这点上来说，这部专著开创了日本对歌研究的新时代。"（张正军，2006：145）在《从饮食与婚恋的关系看古代日本歌垣的歌词——通过参考云南省白族对歌》（杨敬娜，2020）一文中，杨敬娜也指出"中国的研究者一般把'歌垣'译作'对歌'",可见中国学者认同日语"歌垣"一词可以对应汉语"对歌"一词,但同时也可以看到中国学者直接引用日语"歌垣"一词的研究。因此,基于上述发现与思考,本研究将从语言学角度分析"对歌"的多种日语表记,并从翻译学视角分析"对歌"与"歌垣""歌+掛け"等词互译的可能性。

3. 西南少数民族歌文化"对歌"与日语表记"歌垣"

3.1 基于语言学视阈下的"对歌"与"歌垣"的语义分析

井上通泰在《万叶集新考》中援引赵翼《簷曝杂记》卷三边郡风俗条:"粤西土民及滇、黔苗傜风俗,大概皆淳朴。惟男女之事不甚有别。每春月趁墟唱歌,男女各坐一边,其歌皆男女相悦之词也。"并且认为"我邦的歌垣也大体如此"。井上指出,古代日本的"歌垣"类似于中国西南地区苗族、彝族的对歌习俗(曹咏梅,2016:108)。

中尾佐助提出"照叶树林文化论",认为照叶树林带的各民族都存在"歌垣"或类似的习俗(杨敬娜,2018:312)。大林太良在《稻作神话》(大林太良,1973)一书中认为,从中国南部到印度支那北部有相似的现象,其中一个便是"歌垣",其中盛行的地区主要是从中国南部到东南亚的少数民族。20世纪80年代,随着对西南少数民族的田野调查,研究成果不断以论文或是书籍的形式发表出来。从论文及相关书籍的名字来看,八九十年代对西南少数民族的对歌研究在日语中主要使用"歌垣"一词表示。如藤井知昭的《歌垣的世界——围绕歌唱文化的各种形态》(1984)、工藤隆的《实地调查报告·中国云南省剑川白族歌垣(1)》(1997)等。

古代日本的"歌垣"一词初见于《古事记》下卷"清宁天皇"一条:"故、将治天下之间、平群臣之祖、名志毘臣、立于歌垣、取其袁祁命将婚之美人手。其娘子者,菟田首等之女、名大鱼也。爾、袁祁命、亦、立歌垣。"(杨敬娜,2014)

古代日本"歌垣"一词也与"嬥歌"有混用现象。如《常陆国风土记》香岛郡童子松原「嬥歌会」中提到:"以南、童子松原。古、有年少童子。俗云加味乃乎止古·加味乃乎止壳。男称那賀寒田之郎子、女号海上安是之嬢子。並形容端正、光華郷里。相聞名声、同存望念、自爱心滅。經月累日、嬥歌之会俗云宇太我岐、又云加我毗也。邂逅相遇。"松原的"嬥歌会"中,歌垣也称作"嬥歌"。(杨敬娜,2018:6)但"嬥歌"一词是汉语词汇,《万叶集》中关于筑波山的嬥歌会的第1759首和歌,其注指出,"嬥歌出自《文选·魏都赋》中:'或明发而嬥歌'。李善注'巴土人歌也'。何晏注'巴人讴歌,相引牵,连手而跳歌也。'巴是中国的四川省地方"。(杨敬娜,2014:129)《后汉书·本纪·孝献帝纪》注释中便有嬥歌一词,其解释为巴蜀地方的民歌(工藤隆,2015:156)。

工藤隆在《作为少数民族文化的日本古代文学》一书中指出,"一方面,(一边唱歌)一边跳舞的风俗,是作为野蛮的象征,是具有污蔑性的使用语言。为什么这么说呢?'嬥歌'出自中国《文选》中的《魏都赋》,虽然是当时的日本人选出的词语,但是本来其文章是作为魏国的'教养人'来贬低蜀和吴,由于是表示他们的'野蛮',所以'歌垣'是和制词汇,与嬥歌是不同性质的词汇"(杨敬娜,2014:129)。

"歌垣"在《广辞苑(第一版)》的解释为:"(1)古代,男女聚集在一起唱歌跳舞的娱乐活动。一种求婚方式。嬥歌。(2)后世,男女互相对唱的一种高雅的艺术。"而第四版的解释更加具体,也有所变化。如,"(1)上代,男女聚集在山上或'市'等地方互相对唱、跳舞的娱乐活动。通过一种求婚方式而进行的性解放。(2)男女互相对唱的一种歌舞。进入宫廷之后与踏歌融合而仪式化。"虽然这里并没提到其中是否有饮食这一项,但可以看出"舞"是"歌垣"中重要的一部分。

在对"歌垣"的研究中工藤隆所下定义得到了学界的认同,"不特定多数男女出于寻求配偶者以及恋人的实用目的,按照一定的旋律,即兴对唱(歌の掛け合い)"(杨敬娜,2018),而《时代别国大辞典(上代编)》中,民间的"歌垣"是"男女聚集在一处(选择神圣的山上或'市'等地方),饮食、歌舞、性解放的活动"。土桥对"歌垣"的定义是:以饮食、歌舞、性解放或婚约三项为基本内容的活动。内田认为"歌垣"是成年男女聚集在山上或村落的神圣地区,饮食、歌舞之后举行的性解放的习俗(杨敬娜,2018:70)。因此,可以看出,"饮食、歌舞、性解放"这三项都是"歌垣"不可缺少的要素。

内田琉璃子在《照叶树林文化圈的歌垣与对歌(歌掛け)》中对"歌垣"进行说明:"歌垣中的对歌(歌掛け)是为了得到配偶者对唱恋歌而与'定情''订婚'相关的事情。"(内田るり子,1985:30)并提到"歌垣"一词的语源是"歌掛き"(内田るり子,1985:28)。土桥宽定义与内田相同,认为"歌垣"与性相结合,"歌垣作为对歌(歌掛け)与性结合的活动,与没有性的活动(性联系与婚约等)的对歌进行区别是必要的"(梶丸岳,2013:8)。因此,"歌垣"中的"歌"不仅仅是指一般的"对歌",主要指与性相联系的恋爱相关的对歌。

在《中国少数民族歌垣调查全记录1998》中,工藤隆说,"歌垣中对歌成立的条件,第一是语言相同,第二是旋律固定"。关于这一点,手塚惠子说道,"广西的壮族通过歌垣交流的村庄的范围与人们在'市'进行交流的范围是重合的"(工藤隆、冈部隆志,2000:234),并且工藤隆也在文中对"市"的含义进行了解释说明。"市"按照工藤隆的定义是"接触其他民族的场所或生活在不同地方的同一民族的集会场所",这里表示地点。"歌垣"则表示仪式活动。

同时,从"立于歌场之众,歌场,此亦云宇多我歧"这句话来看,把"歌场"读作"宇多我歧",而"宇多我歧"的发音恰好是"歌垣",所以"歌场"就是"歌垣",这直接显示出"歌垣"是表示对歌的"场(场所)",即歌垣这个叫法是从对歌场地的角度来命名。而且,对歌场所"垣"的形式是"人人围成墙垣那样的圆圈来唱歌"。"歌垣"这一和制词中含有对歌地点与形式两层意思(杨敬娜,2014:130)。因此,可以说明"歌垣"一词有表示场所的含义。

工藤隆以云南省白族和其他少数民族现场的"歌垣"资料为素材,对之前的"歌垣像"进行了修改,提出了新的"歌垣像",比如"不管是'市'还是葬礼都没关系""歌垣中乐器是必需品这一观点是有的,但在歌垣现场,有可以使气氛热烈的乐器当然是好的,但因为歌垣的歌的中心最终还是歌词,所以即使没有乐器也是可以的"(工藤隆,2015:136-139)等。由此可以看出,日本"歌垣"中的"像"是根据现存其他民族的相似习俗来进行推测的,并在实地调查中不断丰富。可以看出,"歌垣"一词的内在含义并未固定下来。

中国的"对歌"在辞书中是如何定义的呢?《现代汉语词典》中定义为:"双方一问一答地唱歌(多用于比赛)",《现代汉语图解词典》中定义为"我国某些少数民族地区比较流行的一种歌唱形式,双方以问答方式轮流唱歌"。在《中国民间文艺辞典》中,对歌解释为:"民谣的一种歌唱形式。在全国各地、各民族都流行。也称作猜调、盘歌、斗歌、谜歌、锁歌等。一般是一个男人和一个女人对唱、两个男人和两个女人对唱或者团体对唱。歌词采用问答的形式,歌的内容广泛,包含天文、地理、时令、历史、生产劳动、生活知识等。"对歌是只有歌且没有舞蹈的歌唱形式(杨敬娜,2018:322)。从以上词典以及杨敬娜的解释可以看出,对歌只是一种一问一答的歌唱形式,并无"舞"的含义。

3.2 翻译学视阈下的"对歌"与"歌垣"的不对称性

工藤隆和冈部隆志的《中国少数民族歌垣调查全记录1998》一书,主要记录了景颇族的对歌与神话,白族的茈碧湖、海灯会、石宝山歌会。在对海灯会的现场介绍中作者说道:"12:00—16:30左右从余兴舞台和对歌(歌垣)台两个地方的扩音器中传出大声音的音乐。"(工藤隆、冈部隆志,2000:105)工藤在文中认为"歌垣"等同于"对歌"。书中有"情歌(歌垣の恋歌)"之言(工藤隆、冈部隆志,2000:90),工藤隆用歌垣中的恋歌来对"情歌"进行解释,文中还出现了这样一句话:"另外,夫妇回到家之后,是不会聊在歌会上和别人唱的情歌的"(工藤隆、冈部隆志,2000:104),原文中直接引用了中国的情歌二字,但在后面加了"对歌"进行解释说明。可见书中存在歌文化相关名称使用混乱的情况。

从日本学者对西南少数民族对歌习俗的研究来看,日本学者主要使用了"歌垣"一词。如内田琉璃子通过对壮族歌会的田野调查写的《照叶树林文化圈中的歌垣与对歌(歌掛け)》一文,工藤隆、冈部隆志共著《中国少数民族歌垣调查全记录1998》,工藤隆的《理念的歌垣与现场的歌垣》《中国云南省白族歌垣调查资料》《云南省白族歌垣与日本古代文学》,以及关于苗族对歌的调查报告《中国湖南省凤凰县苗族歌垣调查报告》,以及手塚惠子著《中国壮族歌垣调查记录》是壮族对歌的调查记录(曹咏梅,2016:108-114)。

而从语义分析来看,日语"歌垣"一词与汉语"对歌"一词的不同点主要有以下五个方面。

(1)日语"歌垣"一词具有实用目的,是为了寻找恋人或配偶而在男女之间进行的对歌。而中国并不只有关于爱情的"对歌",还有关于生产、生活等方方面面内容的"对歌"。

(2)日本学者认为"歌垣"主要特点包括"饮食""歌舞""性解放";而"对歌"主要是指歌唱的形式,并未特别提及"饮食""舞""性解放"等要素。并且中国的"对歌"只是一种歌唱形式,也就是说,并不包含舞蹈的含义。

(3)从《广辞苑》等词典和具体在文中的使用情况来看,"歌垣"有"行事(庆典、仪式、活动)"的含义。

(4)日语"歌垣"一词有表示场所的用法。而"对歌"一词并没有表示场所的用法。

(5)根据对日语"歌垣"定义的总结可知,日本的"歌垣"有时会注明一般人们会聚集在"山上"或

"市（人们聚集的地方）"，而中国的"对歌"并没有特别指定具体的场所。

日本学者对西南少数民族"对歌"习俗的研究，不仅复原了古代日本曾存在过的"歌垣"原貌，还复原了西南少数民族的对歌文化在日本的传播行为。因此，对西南少数民族对歌文化的翻译也不可忽视。在翻译中，无论是"目的论""功能对等"等理论，还是"信、达、雅"或是姜望琪提出的对于术语翻译应坚持的准确性、透明性和可读性等原则（余芬，2020：49），其体现出的最基础的、放在第一位的还是"准确""对等"理念。而从对日语"歌垣"与汉语词汇"对歌"的语义分析中可以看出，两词含义并不对等，所以从翻译角度来看，日语"歌垣"与"对歌"并不能互译。

4. 西南少数民族歌文化"对歌"与日语表记"歌+掛け"

4.1 语言学视阈下的"对歌"与日语表记"歌+掛け"的语义分析

4.1.1 歌掛け

20世纪80年代开始，日本学者使用了"歌掛け"一词表记西南少数民族的对歌习俗。而"歌掛け"表示"歌を掛ける"的含义，是复合词汇，并未收录到《广辞苑》等词典中。但"掛ける"在《广辞苑》的解释中便有等着对方回答的含义。

对于"歌掛け"一词，日本学者内田琉璃子在《照叶树林文化圈中的歌垣与对歌（歌掛け）》中对"歌掛け"作了如下说明："对歌（歌掛け）没那样的目的，仅是在节日活动和日常社交活动等场合作为娱乐的对唱，应酬、娱乐的情况较多。"（内田るり子，1985：30）土桥宽定义"歌掛け"为"通过歌而进行的社交娱乐"（梶丸岳，2013：8）。关于"歌垣""歌掛け"的不同，冈部隆志认为以恋爱和结婚为目的的对歌（歌の掛け合い）是歌垣，一般的对歌是"歌掛け"，"歌掛け"并不包含"歌垣"，而亚洲的对歌文化（歌掛け文化）则包含了两者。并且，"对歌（歌掛け）"的根本，是赌上输赢具有"竞争性"的，与此同时，对唱才可以进行（草山洋平，2019）。可见，"歌掛け"等同于"歌の掛け合い"，并且具有竞争性。

2009年，梶丸岳在《对歌（歌掛け）可以观光化吗：以山歌为中心》（梶丸岳，2009）中，对"歌掛け"的解释是"对歌（很多情况是定型诗）是通过歌进行对话的艺术"。论文《山歌的民族志》中对"歌掛け"有这样的解释，"对歌这一行为应该在世界上都有，但到现在像本书这样通过'歌词具有某种程度的即兴性，又通过歌进行语言交换的行为'下了明确定义

和限定的对歌的研究的恐怕还没有吧"（梶丸岳，2013：229）。2010年，梶丸岳又解释如下："对歌很多时候是指在固定的旋律下，通过歌，一个人或多数人分为两组进行语言交流的一种艺术形态。"（梶丸岳，2010）"歌掛け=芸能（文艺，曲艺）""歌掛け=行为（行为）"等，可见"歌掛け"含义的多样性。

4.1.2 掛け合い歌

日本学者在对西南地区少数民族的歌文化进行研究时，大量使用了"掛け合い歌"一词，梶丸岳也提到，近年来，"掛け合い歌"确定了下来。"笔者以前使用'歌掛け'一词，但多次被指出对于不熟悉这一研究的人来说很难理解，近年来统一使用了'掛け合い歌'一词。"（梶丸岳，2019：60-61）比如，梶丸岳写关于贵州省布依族"山歌"时，一般是用"歌掛け「山歌」"，而之后便一直使用"掛け合い歌「山歌」"，可见"掛け合い歌"一词被广泛使用。

《广辞苑》对"掛け合い"解释如下："（1）互相泼，互相搭。（2）两军的兵力正面相撞。（3）交涉，谈判。（4）轮流做。（5）歌舞伎、净琉璃中，两种以上的乐派分担演奏地方的音乐。（6）'掛け合い台词'的略称。""掛け合い話"指落语、漫谈、漫才等两个人以上互相问答的表演。"掛け合い万歳"指两个人通过对谈而说的漫才。因此，"掛け合い歌"在形式上等同于日本固有的"掛け合い話""掛け合い漫才"。

饭岛奖对陕西的民歌盘歌进行调查时，对"掛け合い歌"的解释如下："对歌指在恋爱、冠婚葬祭、寒暄、争吵等各种情况中，两人或者两人以上互相对唱的歌。对唱指使用相同的旋律、相同的节奏，歌词是从以前传下来的、固定的，或者根据实际情况歌手自身即兴创作出来的，相互对唱，在中国称作'对歌'。"（饭岛奖，2009）可见，饭岛奖把北方的对歌等同于"掛け合い"，"掛け合い歌"是对歌时唱的歌。

梶丸岳则指出，"对歌（掛け合い歌）是按照一定的旋律即兴创作歌词而对唱的艺术，一般来说，就音乐的表现而言，更重视歌词的语言表现"（梶丸岳，2017），但饭岛奖在对云南地区普米族的民谣调查中，提到"那个对歌被称为西番调""那个对歌被称为'汉调'或'田埂调'"（饭岛奖，2019）。可见，学者们把中国不同地方、不同称呼的对歌习俗都译为了"掛け合い歌"。

梶丸岳也特别说道："很多时候，对歌（掛け合い歌）与其说日常举办，不如说更多是在像节日这种礼仪场合举行。"（梶丸岳，2019：49）因此，梶丸岳认为"掛け合い歌"在礼仪活动中较多出现。

4.1.3 歌の掛け合い

《中国少数民族歌垣调查全记录1988》一书中，

作者用相机记录了云南大理洱源县举办海灯会的公告。从拍摄的图片中可以清楚地看到公告用汉语写着如下文字。

　　下午：5：00 休闲；
　　　　　7：50 放海灯；
　　　　　8：50 彝族打歌、对歌

书中将这段文字译为了日语。

　　17：00 休憩；19：50 海灯を湖に放つ
　　20：50 イ族の歌：対歌（歌の掛け合い）
　　　　　　　　　（工藤隆、冈部隆志，2000：96-99）

从此处可以看出，作者使用"歌の掛け合い"一词来解释"对歌"。书中也多次用到"歌の掛け合い"，如："对歌（歌の掛け合い）为什么持续那么长时间，或者为什么长时间的对唱（掛け合い）是可能的？"（工藤隆、冈部隆志，2000：184）从冈部隆志的《白族"海灯会"中对歌（歌掛け）持续的理论》一文中的表述来看，冈部隆志认为"歌の掛け合い"就等于"歌掛け"。如文中的小标题："对歌（歌の掛け合い）持续的理论是什么"（工藤隆、冈部隆志，2000：184）。

同时，梶丸岳在对贵州省山歌进行解释时这样说道："一般来说，'山歌'在汉语中是与'民谣'含义相同而使用的语言，但这里主要指布依族所唱的歌（当然，汉族和其他少数民族也有唱山歌的人）。其中，最引人关注的便是对歌（歌掛け），也就是对唱的歌（歌の掛け合い）。"（梶丸岳，2012）他认为"歌掛け"的含义是"歌の掛け合い"。从上述《广辞苑》的解释来看，"掛け合い"可以用来表示"轮流演奏，轮流做"的含义。因此，"歌の掛け合い"可以说是"歌的对唱"。

4.1.4 掛け歌、歌掛け歌、对唱歌

而"掛け歌""对唱歌""歌掛け歌"在对西南地区歌文化相关的研究中也有用到，但相对来说并不多。如手塚惠子在《壮族对歌（掛け歌）的鉴赏和创作的方法》（手塚惠子，1994）中提到："壮族（泰系的少数民族居住在中国大陆的东南地区）有即兴作歌对唱的习俗。在那种场合中创作的对歌，根据听者不同有多种解释。""掛け歌"中的"掛け"等同于"懸け"，日语中有"懸け歌"一词。广辞苑的解释为"懸歌：对赠送给自己的歌而回赠的歌"。

对于中国的"对歌"一词，冈部隆志认为日语应译为"对唱歌"，他在《对唱歌的力学》中这样定义："对唱歌，可以说是中国西南地区少数民族歌文化最大的特征（中国称为对歌）。对唱歌是指，两个人或者两组进行歌的相互对唱。对唱采用问答的形式，或者像对话一样对唱。"（冈部隆志，2010）冈部隆志发现，中尾佐助提出的照叶树林文化带的"歌垣文化"并不对应对歌文化，在照叶树林文化带之外也存在对歌文化，因此，提出了"对唱歌文化"来对应对歌文化。

对于"歌掛け歌"一词，远藤耕太郎这样写道，"本稿的目的是，具体介绍、分析一些少数民族所唱对歌的5音或者7音音律数具有什么样的作用"（远藤耕太郎，2008：189）、"花柳曲是指在歌会中男女对歌（歌掛け歌）的曲调"（远藤耕太郎，2008：190），在文中远藤研究了白族、侗族等西南少数民族的歌谣之音律，关注点在歌谣本身，所以远藤在此处加了"歌"一词，可以说强调了这是对"歌"本身的研究。

4.2 翻译学视阈下"对歌"与"歌+掛け"互译的可能性

4.2.1 歌掛け、歌の掛け合い、掛け合い歌

通过对日本学者在论文及著作中对各个词的解释及使用情况可以得知，"歌掛け"主要指在节日活动或者日常生活中，通过歌来进行交流的娱乐活动，并且具有竞争性。而中国对歌也具有竞争性。从词义等角度分析，"歌掛け"与汉语"对歌"一词的含义对等，两者具有可译性。日本学者在对西南地区对歌习俗的研究中也大量使用了"歌掛け"，但近年来，由于"歌掛け"被认为对于不熟悉对歌习俗研究的人而言，不容易让人理解其含义，所以逐渐被"掛け合い歌"替代。笔者推测，日本有"掛け合い話""掛け合い漫才"等传统文化，因此，根据前两词的含义可以让不了解对歌习俗的人大致明白"掛け合い歌"是对唱形式的歌。但需要注意"歌垣""歌掛け"两词的混用情况。内田琉璃子在《照叶树林文化圈中的歌垣与对歌（歌掛け）》中对"歌垣"与"歌掛け"进行区分，认为两词并不对等，还对两词含义做了具体的解释说明。土桥宽定义"歌掛け"为"歌による社交の遊び"，与内田琉璃子观点相同，认为"歌垣"与性相结合。因此，虽然"歌掛け"在含义上与"对歌"一词相同，但并不能简单地直接译为"对歌"。

"歌掛け"一词并未收录到词典中，搜索"歌掛け"一词时，搜到的是与歌文化研究相关的民俗学术论文等内容，由此可知，不是相关研究领域的人士并不了解"歌掛け"的含义。一些日本学者也会在论文中对"歌掛け"一词进行解释，其中会使用到"歌の掛け合い"来进行说明。但通过对国立国会图书馆及CINII等处的资料收集和整理可以看出，标题一般使用"歌掛け"，而"歌の掛け合い"则经常用在文中。

从日本学者对"掛け合い歌"一词的解释来看，该词是指按照一定的旋律即兴对唱的歌。由此可见，"掛け合い歌"与"歌垣"形式相同，都是对唱的形

式。中国的对歌也是对唱的形式,按照一定的旋律以即兴问答的方式轮流唱歌。从语义对比来看,两者具有对等性,可以互译。

4.2.2 掛け歌、歌掛け歌、対唱歌

日语"掛け歌""歌掛け歌"更强调"歌"本身,并不指互相对歌这一行为。而汉语"对歌"一词主要是指一种唱歌的形式。

"对唱歌"是冈部隆志自己为了对应对歌文化而提出的新词。有"对""歌"两词,可以说很接近汉语"对歌"一词。并且冈部隆志对"对唱歌"所下的定义也和中国对歌基本一致。同时,冈部隆志也指明,所创词汇在中国称为"对歌"。因此,两者具有互译的可能。

5. 结论

为复原古代日本"歌垣"原貌而对西南少数民族对歌习俗进行的研究从20世纪80年代开始,至今已有四十余年。日本学者通过田野调查,留下了详细的文献记录和珍贵的影像材料。这为我国西南少数民族对歌文化的研究提供了宝贵的材料。

本研究通过收集并整理文献资料,考察了日本学界对歌习俗的表记。经对比分析发现,日语"歌垣"与汉语"对歌"含义并不对等,"歌垣"是"歌舞、饮食、性的开放乃至婚约"的复合体,是指对歌择偶的习俗(曹咏梅,2016:108),也可以表示举办的仪式、活动。对歌这种歌唱形式则不一定与择偶相关,也不能表示场所的含义。所以从翻译角度来看,"歌垣"一词并不能译为"对歌"。通过工藤隆提出的"新歌垣像"一词可以发现,随着日本学者们开展对真实的与恋爱相关的对歌的研究,"歌垣"一词的含义也在不断变化。

日本学者对"歌垣""歌掛け"两词的混用也一直存在。内田琉璃子、工藤隆等学者已经提出两者并不相同,需要区分使用。日本学者对西南地区歌文化相关的研究中,也有用"歌掛け"对应"对歌"的。"歌垣"与"对歌"并不等同。"歌掛け"在词义上虽与"对歌"对等,但也不能简单地译为"对歌"。近年来,日本学者逐渐统一使用"掛け合い歌"一词,并且认为对于不熟悉对歌习俗研究的人来说,"掛け合い歌"更容易理解。相对于使用频率高的词汇来说,"掛け歌"是收到赠送给自己的和歌后答谢对方的和歌。"歌掛け歌"强调歌本身,与汉语中表示歌唱形式的"对歌"是有区别的。

日本学者试图通过对西南地区少数民族对歌求偶相关习俗的研究来探究曾经在日本出现过的"歌垣"的原貌。后来,研究范围扩大到整个西南及西北地区,内容涉及恋爱题材之外的对歌习俗研究,对中国特别是少数民族的对歌文化做了大量的研究工作,为西南地区少数民族对歌文化的传承、研究以及在海外的传播起到了促进作用。而从翻译的角度,对少数民族文化的外译探究可以说是文化更好走出去的不可缺少的环节。

参考文献

[1] 板垣俊一.中国雲南省ペー族の歌文化[A].県立新潟女子短期大学研究紀要,2007(44):123-145.

[2] 飯島奨.中国陝西省紫陽県漢族の掛け合い歌—盤歌「十二ヶ月の花」調査報告—[J].アジア民族文化研究,2009(8):33-62.

[3] 飯島奨.雲南省蘭坪県龍潭村普米族の掛け合い歌「西番調」—普米族の白語による歌謡—[J].成城大学社会イノベーション研究,2019(2):97-105.

[4] 内田るり子.照葉樹林文化圏における歌垣と歌掛け[J].日本歌謡研究,1985(23):23-31.

[5] 遠藤耕太郎.歌掛け歌における五七音への指向性—中国西南少数民族歌謡の音数律—[J].アジア民族文化研究,2008(7):189-201.

[6] 岡部隆志.対唱歌の力学[J].万葉古代学研究所年報,2010(8):41-52.

[7] 大林太良.稲作の神話[M].東京:弘文堂,1973.

[8] 梶丸岳.歌掛けは観光化できるか:山歌の場をめぐって[J].日本文化人類学会研究大会発表要旨,2009(43):105.

[9] 梶丸岳.歌掛けを見る/聞く—前観光的芸能としての中国貴州省山歌—[J].人文学報,2010(99):61-77.

[10] 梶丸岳.歌でことばを交わす—貴州省プイ族の歌掛け「山歌」の現在—[J].フィールドプラス:世界を感応する雑誌/東京外国語大学アジア・アフリカ言語文化研究所,2012(7):22-23.

[11] 梶丸岳.山歌の民族誌—歌で詞藻を交わす—[M].京都:京都大学学術出版社,2013.

[12] 梶丸岳.掛唄で歌われることはなにか(2)—計量テキスト分析による掛唄の話題分析の試み—[J].日本伝統音楽研究,2017(14):19-30.

[13] 梶丸岳.儀礼と遊戯の掛け合い:ラオス北部の掛け合い歌カップ・サムヌアから[J].成城大学社会イノベーション研究,2019(2):49-61.

[14] 草山洋平.「モノ」に対する歌掛け考[J].成城大学社会イノベーション研究/成城大学社会イノベーション学会,2019(2):87-95.

[15] 工藤隆.現地調査報告・中国雲南省剣川白(ペー)族の歌垣(1)[J].大東文化大学紀要人文科学,1997(35):65-106.

[16] 工藤隆.歌垣論の現在[J].アジア民族文化研究/アジア民族文化学会,2015(14):15-164.

[17] 工藤隆,岡部隆志.中国少数民族歌垣調査全記録1988[M].東京:大修館書店,2000.

[18] 手塚恵子.壮族の掛け歌の鑑賞と創作の作法[J].日本文学,1994(6):85.

[19] 鳥居龍藏.苗族の笙[J].東京人類學會雜誌,1904(214):130-133.

[20] 鳥居龍藏.西支那に於ける猓玀及び其他の種族[J].東京人類學會雜誌,1909(276):202-216.

[21] 藤井知昭.歌垣の世界—歌唱文化のさまざまな形態をめぐって—[A].佐々木高明.雲南の照葉樹のもとで[C].東京:日本放送出版協会,1984.

[22] 楊敬娜.古代日本における歌垣の「垣」に関する比較研究—中国ミャオ(苗)族の習俗との比較から—[J].アジア社会文化研究,2018(19):47-77.

[23] 楊敬娜.中国と日本の歌垣に関する文化人類学的研究[D].広島:広島大学総合科学研究科,2018.

[24] 曹咏梅.日本学界的中国西南少数民族对歌研究[J].民族艺术研究,2016(4):108-116.

[25] 李国栋.苗族对歌起源考[J].原生态民族文化学刊,2016(2):92-96.

[26] 王贤玉.对歌的时空性——日本古代"歌垣"与贵州苗族对歌的比较[J].安顺学院学报,2019(4):35-40.

[27] 杨敬娜.浅析日本"歌垣"与"嬥歌"的异同点[J].三峡论坛(三峡文学.理论版),2014(3):128-130.

[28] 杨敬娜.古代日本歌垣与古代中国的关系——基于"歌垣""歌场"汉字名称的考察[J].怀化学院学报,2019(12):85-88.

[29] 杨敬娜.从饮食与婚恋关系看古代日本歌垣的歌词——通过参考云南省白族对歌[J].保山学院学报,2020(3):72-79.

[30] 余芬.中国陶瓷典籍中"青花"的英译[J].东方翻译,2020(4):48-53.

[31] 张正军.论日本学者对云南少数民族民间文学的研究[J].云南民族大学学报(哲学社会科学版),2006(1):142-147.

对外报道中的本地化翻译
——基于新冠疫情的对外报道

熊 欣 叶泳余[1]

(广西科技大学 外国语学院,柳州 545006)

摘 要:本研究基于新冠疫情的新媒体对外报道译文,将抗疫外宣与本地化翻译相结合,研究如何克服东西方之间的文化障碍,通过改造译文使其契合西方受众特定的文化背景,满足他们特定的信息需求。同时,探讨对外宣传中的本地化语料库、术语库的构建,以及如何利用现代网络的本地化使中国对外宣传的译文效果更好,使中国声音能吸引更多的译语受众。

关键词:对外报道;翻译本地化;话语权

Title: Localization of International News Report of China — Take Reports on Covid-19 as an Example

Abstract: Based on the translation of news report about Covid-19 from the perspective of new medias, this research studies how to overcome the cultural barriers between the East and the West, and discusses how to make the translation meet the specific cultural background of Western audiences and meet their specific information needs by combining anti-epidemic publicity with localized translation. At the same time, it discusses the construction of localized corpus and terminology in international communication. What's more, it discusses how to use the localization of modern network to make the translation during China's international communication more acceptable, and Chinese voice attract more target audiences.

Key words: international news report; localization in translation; discourse power

1. 引言

"本地化"于翻译而言至关重要。本地化行业标准协会(LISA)和施莱尔(Schäle)分别对"本地化"有如下看法:"Localization is the process of modifying products or services to account for differences in distinct markets.(对产品或服务进行加工以满足不同市场需求的过程。)"(LISA, 2007: 11) "Localization is the linguistic and cultural adaptation of digital content to the requirements and the locale of a foreign market.(本地化是对数字化内容进行语言和文化上的调整,以适应国外目标市场的要求。)"(Schäler, 2010: 209-214)。中国翻译协会对"本地化"也进行了诠释:当市场需要某种产品的时候,将产品进行加工以满足语言使用和文化多元的情况(中国翻译协会,2011: 2)。

目前,国内学者对翻译本地化的研究还不是很深入,大部分仅停留在简要介绍的层面,缺乏客体的实证研究和主体的理论共识,尤其是对于翻译活动的本地化研究相当缺乏,主要是一些跨国公司、游戏公司、合资公司等在做翻译本地化(崔启亮, 2015: 68)。如此,在抗击新冠病毒的全球化大背景下,不利于中国获取国际话语权。

---

[1] 作者简介:熊欣,博士,广西科技大学外国语学院教授、硕士生导师;研究方向:对外传播、翻译理论与实践。
叶泳余,广西科技大学外国语学院硕士生;研究方向:翻译理论与实践。
基金项目:2016年国家社科项目"对外传播中的译语话语权研究(16BXW052)"的阶段性成果。

2. 西媒报道概述

在国际社会共同抗击新冠疫情的过程中,西方世界对中国抗疫期间所做出的努力和牺牲不乏有诸多正义之声,如卢旺达总统保罗·卡加梅(Paul Kagame)表示:"Is it Dr. Tedros, WHO, China … under attack or all of them together? Let's focus on the fight against this pandemic, whoever should be held accountable will come later and done properly. Save us too much politics. Africa does not need it.(是谭德赛、世卫组织或中国在受到攻击,还是他们都在遭受攻击?这个时候我们应该集中精力抵抗疫情。不论该谁负责,都待到疫情过后再妥善处理。我们非洲的抗疫不需要过多的政治。)"

《纽约时报》(The New York Times)常驻北京记者伊恩·约翰逊(Ian Johnson)在3月13日的一篇社评中对中国政府和人民所付出的努力给予了较为中肯的评价:"China Bought the West Time. The West Squandered It.(中国为西方赢得了时间,而西方却白白浪费了。)"并对西方世界疫情泛滥提出了如下的质疑:"Why did so many countries watch the epidemic unfold for weeks as though it was none of their concern?(为什么那么多的国家在过去几周的时间里眼睁睁地看着疫情蔓延而无动于衷,与他们毫无关系似的?)"中国的"mandatory temperature checks(强制性的体温检测)"和"health statement(健康声明)"与英国的"no temperature check and no health statement(既没有体温检测也不需要健康声明)"防疫措施,使他产生了一种"不真实感(a sense of unreality)"。西方国家政府的不作为以及对中国抗疫经验、教训的无视必将导致无法对新冠感染者或病毒携带者进行有效的监测和追踪,以至于"丧失了抗击病毒的最佳时机(… have let pass their best chance to contain the virus's spread)",这必然会导致西方国家疫情肆虐。伊恩对欧美政府和人民面对疫情暴发的态度的描述是"bizarrely reactive(怪诞、匪夷所思的反应)"。对中国政府疫情期间采取的政策,伊恩给予了高度评价,认为中国政府所做的一切努力和采取的所有措施皆出于对社会公共利益的高度重视,根本谈不上专制。他说:"Some of its policies were motivated by serious concern for the public good and executed by a highly competent civil service.(其中一些政策是出于对公众利益的高度重视,由执行力极强的行政部门实施。)""There's nothing authoritarian about checking temperatures at airports, enforcing social distancing or offering free medical care to anyone with Covid-19.(机场检测体温、保持社交距离或为任何携带新冠病毒的人提供免费医疗服务,这些没有什么专制可言。)"

中国政府和人民为抗疫斗争付出的努力和牺牲一直被西方某些政要和媒体污名化。如《旁观者》(The Spectator)就曾刊登"Italy Gave China PPE to Help with Coronavirus — Then China Made Them Buy It Back"一文,表示"Beijing's diplomacy go from bad to worse(北京方面的外交手腕越来越卑鄙)",无视中国刚刚稳住疫情就尽己所能帮助无力自救的重灾区国家抗疫的大国担当。后来,该失实报道被意大利记者保罗·阿蒂维西莫(Paollo Attivissimo)证明纯粹是作者的道听途说,是一则根本无法查证的第三手消息。2020年3月17日,美国国务院新闻发布会上,"Wuhan virus(武汉病毒)"被频繁使用,污指此次疫情源头为中国武汉(程小康,2020)。而3月19日,特朗普刻意将讲稿中的"coronavirus(新冠病毒)"标注成"Chinese virus(中国病毒)",并多次在各种公众场合把新冠病毒称为"Chinese virus",严重违背了"命名新型人类传染病"不能包含地理位置、人名、动物或食物的名字,以及对特定文化或行业的引用等基本常识和指导原则(World Health Organization, 2020: 2),公然漠视2020年2月11日世卫组织发布的名称"COVID-19(coronavirus disease 2019, 2019冠状病毒病)"和国际病毒分类委员会"SARS-CoV-2(severe acute respiratory syndrome coronavirus 2,严重急性呼吸系统综合征冠状病毒2)"的科学命名。世卫组织也一再宣布,COVID-19绝不是所谓的"Chinese virus"或"Wuhan virus"。

西方严重低估了中国政府的抗疫决心,他们极力丑化中国的严厉封锁(tough lockdown)和隔离措施(quarantine measures)为"人道主义缺失(lack of humanitarian)",把方舱医院的建立说成是"带节奏"。《华尔街日报》(The Wall Street Journal, or WSJ)"Opinion/Global View(观点/全球视野)"版块于2月3日刊发题为"China Is the Real Sick Man of Asia(《中国是真正的亚洲病夫》)"的文章,唱衰中国经济:"Its financial markets may be even more dangerous than its wildlife markets.(它的金融市场甚至可能比野生动物市场更加危险。)"《纽约时报》于3月8日将中国以巨大的勇气,为防范冠状病毒进一步扩散而牺牲国家经济的"封城"行动说成是"中国将近6 000万人置于封锁之下,并对数亿人实施了严格的检查和旅行限制。它的运动给人民的生活和个人自由带来了巨大损失";《世界报》(Le Monde)把中国对世界的无私援助描绘成中国政府试图向世界宣传"中国在拯救世界"和"掠夺性帮助"。这是完全不顾自身所标榜的"客观""公正"原则，罔顾国情和文化差异的"双标"，既不道德也不负责。任何媒体都必须牢记媒体人应有的本分和天职：要把信心、希望、坚强和"以人为本"的精神和正能量传递给媒体受众。

另外，国内一些写手发表的不当言论或失实传言，常被某些别有用心的西方媒体用作攻击中国的"证据"，达到破坏中国国际形象的目的。亚马逊网对《武汉日记》（*Wuhan Diary*）的介绍标题"Wuhan Diary：Dispatches From the Original Epicenter"中，"original"一词的使用是极其不负责任的。到今天，许多科研机构或个人发布的科研结论是：武汉并非此次新冠病毒的发源地，病毒更有可能来自域外。亚马逊网对此书评述道："Blending the eerie and dystopian, the profound and the quotidian, *Wuhan Diary* is a remarkable record of our times and a unique look at life in confinement in an authoritarian nation.（《武汉日记》融合了怪诞与反乌托邦、深刻与平凡，是对我们这个时代的非凡记录，也是对一个威权国家中监禁生活的独特审视。）"评述中充斥着大量抹黑中国的词语，如"eerie and dystopian"。dictionary.com 网站对"dystopian"的定义为："a society characterized by human misery, as squalor, oppression, disease, and overcrowding（一个充斥着痛苦、肮脏、压迫、疾病和拥堵的社会）"；维基百科上将该词定义为："Dystopian is a community or society that is in some important way undesirable or frightening. It is literally translated as "not-good place", an antonym of utopia.（在某些重要方面处于极度恐慌和糟糕的社区或社会，直译为'不好的地方'，乌托邦的反义词）"。而"confinement in an authoritarian nation"的措辞更是罔顾事实，完全抹杀了中国政府和中国人民的抗疫斗争。

因此，如果对外报道的作者和译者不能牢记"守土有责"的家国意识，那么，无论中国怎么努力，都会被某些别有用心者视为永远的"异己（the eternal other）"。

3. 对外传播翻译中的话语把控

早在世卫组织命名 2019 冠状病毒病（COVID-19）之前，中国国家卫健委就公布了"新型冠状病毒感染的肺炎"的英文译文"novel coronavirus pneumonia（NCP）"，并开始对外报道。当世卫组织结合病毒实际宣布其官方命名为 COVID-19 后，中国政府和媒体对外疫情的英文报道中便再未使用 NCP 这一缩写名称。这从某个侧面说明了中国外宣阵地话语权的弱势及对外报道的力度缺失。

一般来说，英语新词，尤其是缩略语和合成词的使用，首先得符合译语受众的语言规范，即符合英语新词常见的构成方式。如这里的 COVID 就取了 coronavirus、disease 两个词的首部"co-""vi-""d-"构成缩写，如此构成的新词就像"alcopop（酒精饮料）"和"nanolaser（纳米激光）"一样言简义丰，这种辅音与元音结合的拼缀构词方式也符合受众话语构词的基本规范且易于拼读。其次，英语新词的构成还必须具备较强的时代特征，这里的"COVID"（疾病种类）与"19"（时间）的结合就使该表达具有了较强的辨识度，便于受众识记和传播。一般来讲，缩略词应具有所指的唯一性，不能导致受众理解上存在困惑。但是 NCP 很容易与英语中的"Network Control Protocol（网络控制协议）""National Car Parks（〈英国〉国家汽车停车场）""National Country Party（〈澳大利亚〉国家乡村党）"和"National Coalition Party（〈芬兰〉民族联合党）"等专有名词的缩略形式 NCP 混淆，不具有唯一性。因此，新词的创造不仅要兼顾原语表达形式和语义传达的简洁性，同时还得照顾译语构词及译语受众的审美和话语规范。因此，要把控对外传播翻译活动中的话语主导，就必须建立起一套完整而科学的对外话语体系，否则，只会导致传播低效、无效，甚至是负效。

对外传播中的翻译活动须时刻牢记传播的有效性和主导性原则，多摆事实，将自己发出的声音蕴于客观数据和事实的报道与陈述中。伊恩在其文章中说道，一味地谴责中国采取的每一项医疗决策或措施（无论得当与否）的行为和盲目攻击中国的做法是愚蠢的（"Yet it would be foolish to believe that China's decisions have been mainly based on crude authoritarianism. One needn't defend every one of its measures on medical grounds"），当前最首要的问题是如何有效地抗击疫情，当前所采取的各种隔离手段和医疗措施"对错与否可以留待日后由卫生健康专家们进行讨论和评判（those are matters that health care professionals might debate for years to come）"。对外传播翻译活动中，一定要把握好传播话语的归化性、内容表述的客观性和道理阐释的可见性，即用数据来摆事实、讲道理。切忌言而无据式的盲目针锋相对，甚或强力的理念灌输。否则，只会导致受众出现心理抵触，最终丧失话语权。

对外传播的翻译内容如果远远超出了原语的语

言与文化范畴，就无法实现有效的传播。对外传播翻译活动中的译者要充分把握受众对中国信息的需求，明白他们的疑问、怀疑，甚至是误解，充分利用各种西方受众群体众多的媒体或平台，用受众喜闻乐见的话语方式讲述中国故事，逐步构建起中国的国际话语体系，提升对外传播的有效性，避免无效传播，从而最大限度地占有国际话语主导权。

作为真正负责任的大国，中国实实在在地践行了人类命运共同体的理念，第一时间向全球介绍了我国疫情防控措施、救治方案和相关技术问题，与世界共享了防控疫情的方案和知识、新冠肺炎病毒基因序列、引物和探针（国新网，2020）。同时，中国还主动承担起大国责任和义务，向深受疫情影响的国家，包括欧盟各国、美国等发达国家输送医疗物资，派出医疗队伍，以援助它们进行抗疫斗争。中国对他国的援手，既是一种道义，也捍卫了我们自己国家的利益并从中受益。通过身体力行地介绍和宣传中国的抗疫斗争，可以改变西方民众对中国的固有认知，让他们切身感受中国政府和中国人民的善意。对外推广中医药及中西治疗术也吸引了更多的海外投资。事实证明，西方社会的在华企业，在关键时刻，也通过扩大生产，最大限度地帮助了其母国的抗疫斗争。所有这些，也应该成为我们对外传播的重点。美己之美，勿忘美人之美。如此，方能真正实现全世界的共生共荣，实现对外传播翻译活动的美美与共。

4. 话语权争夺中传媒形式的多模态化

对外传播中的翻译活动，在信息海量化、受众多元化和信源碎片化的大环境中，应充分利用数据时代多模态的传播形式，确保对外传播中信息传递的即时性和保真性，既要兼顾受众群体需求，又要考量对外传播效果。如此，原文的书写、译文活力的考量、译者责任、译文版本和多模态化的传媒管理等诸多因素都将成为对外传播翻译活动中国际话语权获取的必然考量的要素。要想实现快速而有效的传播，争取话语主导权，就必须多方位思考受众的话语习惯、阅读方式和审美需求，利用多模态化的传播媒质。

为了确保对外传播效果的最大化，在对外传播的翻译活动中，可以借用软件、多媒体、电子游戏、动态网络、在线文档等移动应用载体对翻译进行本地化处理，提升文化传播的吸引力，扩大文化影响力，加强其传播能力。本次抗疫期间，海外华人华侨纷纷利用各种数字平台，如"数字抗疫经验""云上见"、

微信群和支付宝海外抗疫平台等，了解当今各国最新的抗疫进展情况，学习抗疫知识。中国这些对外传播的重要数字平台，也不断吸引着世界各地的医务工作者共同参与到本次抗疫斗争中来。这些数字平台和网络媒体不但主动地向世界介绍中国政府和中国人民为抗疫斗争付出的艰辛努力和牺牲，还让世界上更多医务工作者听到、看到、借鉴中国的抗疫经验，为世界各地医务工作者提供了一个相互探讨、互通有无、增进了解的国际沟通环境。武汉大学人民医院血液科副主任医师叶柏新通过建立新的微信群，邀请专家、教授视频直播分享抗疫知识，发起抗疫捐款活动。截至2020年4月1日，已有2000多名来自世界各地的医生加入交流群。已统计的1367名用户中，有来自美国加州、纽约、新泽西、华盛顿等地区的621名公立和民营医院的医生，485名中国医生，以及来自德国、英国、意大利、法国、瑞典、荷兰、澳大利亚、加拿大等20多个国家和地区的医生（熊建，2020）。

对外传播翻译过程中，高效管理始终是一个重要的因素。文化和语言的多样性，要求对外传播翻译活动兼顾目标文化市场的消费需求，要求原语文化产品或服务的形式适应目标语环境下的实际情况。有效的对外传播，重在实现沟通和交流。中国专家组援菲抗疫期间，通过实地参访当地医疗机构，参加各种交流会议，举办各种培训，主动接受多家主流媒体的采访，分享中国的抗疫信息和取得的抗疫成果，并采取使用短视频国际推送形式讲述人物故事或事件等多模态方式加强对外传播。例如，通过五种语言向国外受众宣传中国抗疫实事的"中国抗疫人物故事"系列引起了国内外受众和主流媒体的关注、转发和评论，系列包含4集短视频，分别为《生命至上》《"疫"不容辞》《我在中国》和《浙商战疫》。（常宇峰，2020：7）这有利于国外受众对中国政府提出的抗疫主张和采取的抗疫措施有更为全面的了解，甚至接纳和认同，从而为中国政府抗疫斗争争取更多的国际话语主导权。此次多模态化"三贴近"原则（贴合中国发展的实际、贴近外国受众的信息需求、贴近外国受众的思维习惯）下的抗疫对外传播，让更多的西方受众感受到了中国的国际友好姿态，体会到了中国政府及中国人民构建人类命运共同体的决心和担当。

5. 对外传播翻译中的本地化策略

本地化是使与特定想法、服务或产品相关的内容适应其使用地区或市场的文化和语言的过程。在某种程度上，对外传播中的本地化翻译活动，可以视

为对外传播翻译活动中的归化策略。黄友义曾指出，外宣翻译工作的重要性是随着中国国际地位的提高而体现出来的，其新特点也伴随这一过程而出现。外宣翻译是为了党和国家的大局服务（朱义华，2019：118）。译者在对外报道中要使用西方受众听得懂、看得明的语言来讲述中国故事，从而引起共鸣，有效传播中国声音。

5.1 大数据下译者的本地化视野

在互联网高速发展、科技软件更新迅速、云计算和人工智能逐渐进入人们日常生活的大背景下，人们的生活进入了"互联网+"时代，借助一部手机便可知晓天下事。这对于中国的对外传播既是一种机遇，也是一种挑战。在此背景下，中国对外传播形式更加多样化，信息获取途径更为便捷，能直接将各种信息迅速地传递给更大范围内的、多样化的西方受众群体，但也对传播内容的真实性考量和传播话语的适切性选择提出了更高要求。

在互联网科技不断发展的推动下，云计算（cloud computing）诞生并且逐步发展壮大，云计算是分布式计算的一种，是通过网络云将巨大的数据计算处理程序分解成无数个小程序，然后通过多部服务器组成的系统进行处理和分析，并将所得结果返回给用户的一种集沟通服务、项目处理和款项支付等功能于一体的线上模式。云计算与翻译信息化相结合的云语言服务平台可以汇聚各类资源、整合产业链条，连接线上线下的语言活动，高效完成对外传播活动中的语言翻译服务工作。

在新媒体技术的参与下，中国在争夺国际话语主导权的对外传播活动中，呈现出了海量化、多元化、碎片化、多模态、即时性等重要特征，这在专业术语把控和在线技术水平等方面，给译者提出了更高的要求。首先，译者须借助 SDL Trados、Alchemy Catalyst 等软件，快速处理海量信息，并从中提取有效信息，过滤无用信息（崔启亮，2015：69）。此外，应建立健全规范的传播文本翻译记忆库，不断丰富各领域对外传播翻译活动中的术语库，构建符合规范和受众喜爱的传播话语体系，使传播译文满足受众的信息需求和审美需求。最后，译者应发挥主观能动性，把控对外传播的政治正确，做到翻译活动的"守土有责"。

要做到对外传播翻译活动中的"守土有责"，译者不仅要具有国际视野，更应具有本地化的视野，以确保译文贴近受众的语言习惯。此外，还要熟知国际新闻和网络媒体的一贯表述方式，切不可自说自话，让人费解；本土译者还应该牢记对外传播翻译活动的根本性目标，以目标产品规范或受众文化需求为翻译任务要求进行工作部署，采用多模态的对外传播方式，调整文本、视觉效果、设计、格式和单位，以提升国际话语主导权。对外传播中的本地化翻译离不开翻译技术、工程技术、排版模式、测试管理等基础技术的辅助。可通过翻译管理系统（translation management system，or TMS）的操作实现管理支持，以内容管理系统（content management system，or CMS）为平台针对内容业务需求开展服务，通过连接全球化管理系统（globalization management system，or GMS）在全球开展技术和流程方面的沟通和交流，实现翻译服务和翻译产品的条理性、系统性和全局性。对外传播的多模态传播形式离不开互联网的东风。译者在对外传播的翻译活动中，应该通过在线直播、电视频道和平台文章等多种渠道进行全方位报道，同时加大本地化翻译软件的开发和应用，建立起跨区域、跨时空、开放共享的对外传播平台，潜移默化地影响国外受众，使他们更直接、更正确地了解一个真实的中国。

5.2 翻译语料及翻译术语本地化

语料库的构建和术语的收集涉及数据种类、数据大小、囊括范围、科学程度等要素，语料库和术语库越大越全，传播话语中信息保真度、传播意图的达成度就越高，越能接近话语受众的需求和期望值。因此，以语料为底料，主要研究对象定位于双语语料和翻译语料的语料库翻译学的建设是势在必行的。语料库翻译学主要通过数据统计和理论分析，结合语言学、语用学、多元文化理论及翻译学理论，研究并分析翻译本质、过程和现象之间的关联性和系统性（Teubert，2009：62）。在对外传播的翻译活动中，译者可以适当参考目前英语国家普遍使用的由英国主建的英语国家语料库（BNC）[①]和语料库检索软件（BFSU ParaConc）[②]，在构建本地化翻译语料库时加以借鉴，从而使中国对外传播话语方式和行文更加贴近译语读者，增加对外传播译文的可读性和易接受性，逐步建立起中国对外传播的翻译语料库和翻译话语体系。要实现对外传播效果的最大化，必须确保翻译文本通达、准确，并充分考虑语言层面和文化层面的差异性。因此，构建对外传播翻译活动中本地化的平行语料库意义重大，有利于确保翻译文本的意思得到完整传达，贴合中国实情和受众审美需求。

翻译语料的本地化应注重平行语料库的构建。譬如在新闻外宣翻译中，如果将新闻标题"我国西南普降暴雨，八十八人洪灾罹难"按中文的话语表达方式英译为"Widespread rain falls in SW China and 88 people die from the flood",便不符合英语新闻标题言简意赅的表达规范,也不符合译语受众的阅读习惯。在翻译的过程中,不妨通过本地化翻译平行语料库的对比将之译为:"Flooding kills 88 as heavy rains hit in SW China"。同理,中文新闻标题"二三三人葬身舞厅火海"即可译为"Dance hall fire kills 233"。由此可见,在对外传播的翻译活动中,本地化平行语料库的构建可以使译者摆脱母语的思维习性,避免译文中出现不符合译语受众思维、话语和阅读习惯的中式英语(Chinglish)表达,进而影响对外传播效果,甚至导致无效传播。

又如,在中文话语中,经常出现"不幸遇难""胜利召开""非常完美"和"心旷神怡"等语义重叠的四字词语表达,这在汉语表达中,可以起到增强气势、方便诵读等作用,但这些表达的直译并不能完全匹配英语的表达习惯,假如将上面的四字词语对译为"be unfortunately killed""successfully""convene""very perfect"和"happy heart and relaxed spirit",就完全与受众语境及表达习性相悖了。因此,对外传播翻译活动中的平行语料库建设关乎传播效果和传播速度,好的翻译语料库不仅可以有效避免译者在翻译过程中出现不合理的词汇、句子和表达习惯,而且还能极大地提高译者的翻译速度和翻译质量,提高对外传播效率,真正达到传播目的。当然,从恪守译者职责角度考虑,翻译平行语料库的构建亦不能脱离中国语言及文化实际,如"菩萨(Bodhisattva)""中国人民政治协商会议(Chinese People's Political Consultative Conference, or CPPCC)""人民民主专政(democracy among the people and dictatorship over the enemy)"等中国文化特色词汇便不能被简单地意译成"the God""Chinese Parliament"和"People's democratic dictatorship"。如此翻译,很容易导致译文传播中的文化错位(西方受众会认为中国信奉的也是他们的"上帝")和政治误导。因此,对外传播的翻译活动必须在上文提到的"守土有责"的基础上建立科学的平行语料库,为西方受众提供最为真实而贴近译语受众的翻译文本,否则只会加剧双方的误解,增大文化之间的隔阂与摩擦。

翻译术语本地化亦应从术语学的角度涵盖术语的多重维度,遵守术语专业性、单义性、科学性、理据性、国际性、系统性和简明性等若干原则。就对外传播中的相关术语本地化翻译而言,术语译文长度应该有所控制,做到尽量简洁并避免使用生僻语词,确保其表述为贴近译语受众和语境的本土化术语表达,确保译文的"易懂、易记、易读和使用方便"(冯志伟,2011:38),并便于传播、便于译者使用且不需要人工记住所有术语,也不需要被动地查询术语是否存在译文,如此,既降低了译者的术语识别和记忆负担,也保证了译文术语的正确性和一致性。术语一致性原则是对外传播翻译活动中的一项重要原则,它不仅对于术语众多的专业领域翻译非常有效,而且在外宣性质的对外传播翻译活动中,中国的译文话语体系和国际诉求更易于为受众识记和认知,从而避免解释性翻译一再出现,造成译语受众阅读中断。综上所述,对外传播翻译活动中的术语构建需要把握好国际形势以及专业领域用语、术语用词的文化含义,尽量规避国家之间易发生歧义的用词,保证表达高度准确、语义简明,克服语义混淆、内容不搭和关键词匹配率低等问题,从而防止宣传出现负面效果。

6. 结语

国际话语权的争夺无论在任何时期、任何阶段和任何事件的报道上都不能放松。本地化翻译有助于增强中国文化传播的亲和力,作为争夺国际话语权的重要一环,必须引起译者的足够重视。把握中西方在文化观念、价值标准和审美理念上存在着的显著差异,建立有效的对外传播译文话语体系,始终是我国对外传播翻译活动的工作重点。本地化翻译,即多模态归化翻译策略下的"守土有责",实现了传播形式与翻译技术的有机结合,提升了内容传播的广度、深度和速度,提升了译语受众对传播的理念和事实的认知维度与接纳意愿。但本地化翻译不应一味迁就受众,一旦失去原语文本中蕴含的民族文化内涵,传播译文就会成为一个没有灵魂的文本,不但无助于中国实现对外传播并争夺国际话语权的最终目标,反而会被别有用心者利用,污名化中国、削弱中国的国际话语影响力和国际竞争力。

注释

① BNC:BNC 全称是 British National Corpus(英语国家语料库),当今世界最大的网络空间语料库,联网即可使用。
② BFSU ParaConc:适用于平行语料库检索,现主要使用于多语平行文本检索。

参考文献

[1] Localization Industry Standards Association (LISA). *The Globalization Industry Primer*[R].

Switzerland: Localizaton Industry Standards Association, 2007: 7-8.

[2] Schäler, R. Localization and Translation[A]. In Y. Gambier & L. Doorslaer (Eds.) *Handbook of Translation Studies (Vol. 1)*[C]. Amsterdam/Philadelphia: John Benjamins Publishing Company, 2010: 209-214.

[3] Teubert, W. & Cermakova, A. *Corpus Linguistics: A Short Introduction*[M].北京:世界图书出版公司,2009.

[4] World Health Organization. World Health Organization for the Naming of New Human Infectious Diseases[EB/OL]. https://apps.who.int/iris/handle/10665/163636mode=full.

[5] 蔡亮,胡智文.基于语义知识库的网络语言演进机制构建方案[J].外语电化教学,2018(3):8-12.

[6] 常宇峰.中国抗疫纪录片:讲述抗疫故事 传递中国声音[N].人民日报海外版,2020-4-30.

[7] 程小康.《美国科学院院报》:新冠A类病毒更多发现于美澳病例[EB/OL]. https://www.sohu.com/a/387159999_115479,2020-4-11.

[8] 崔启亮.全球化视域下的本地化特征研究[J].中国翻译,2015(4):66-71.

[9] 崔启亮.AI时代的译者技术应用能力研究[J].外国语言与文化,2020(1):104-110.

[10] 冯志伟.现代术语学引论(增订本)[M].北京:商务印书馆,2011.

[11] 国新网.国新办举行中国抗击疫情的国际合作新闻发布会[EB/OL]. http://www.scio.gov.cn/m/xwfbh/xwbfbh/wqfbh/42311/42784/index.htm,2020-03-26.

[12] 何加红,徐怀静.新冠病毒的命名、翻译与跨文化交际[A].四川西部文献编译研究中心编.外语教育与翻译发展创新研究(第九卷)[C].成都:四川师范大学出版社,2020:394-397.

[13] 刘明.信息经济学视角下的本地化翻译研究[D].天津:南开大学,2013.

[14] 罗慧芳,任才淇.本地化和机器翻译视角下的对外文化传播[J].中国科技翻译,2018(2):24-26+54.

[15] 沈琪旻.本地化翻译的特殊要求及质量管理——以创凌翻译公司项目为例[D].上海:上海外国语大学,2014.

[16] 唐智芳,于洋."互联网+"时代的语言服务变革[J].中国翻译,2015(4):72-75.

[17] 王华树.大数据时代的翻译技术发展及其启示[J].东方翻译,2016(4):18-20.

[18] 王华树,李智.人工智能时代的翻译技术研究:内涵、分类与趋势[J].外国语言与文化,2020(1):86-95.

[19] 王华树,刘明.本地化技术研究纵览[J].上海翻译,2015(3):78-84.

[20] 王华树,王少爽.翻译场景下的术语管理:流程、工具与趋势[J].中国科技术语,2019(3):9-14.

[21] 王华树,杨承淑.人工智能时代的口译技术发展:概念、影响与趋势[J].中国翻译,2019(6):69-79+191-192.

[22] 王俊超.构建中国企业"走出去"外宣翻译的研究框架——基于500强企业网页外宣语料库[J].上海翻译,2019(2):62-66.

[23] 熊建.分享抗疫经验 传递必胜信念[N].人民日报海外版,2020-4-14.

[24] 徐珺,自正权.基于语料库的企业外宣翻译与企业形象语义构建研究[J].外语学刊,2020(1):93-101.

[25] 徐明强.多渠道多方位对外传播党政文献[J].中国翻译,2020(1):45-48.

[26] 殷健.基于过程性特征的术语命名、翻译与传播的文化安全思考——以新冠肺炎相关术语为例[J].中国科技术语,2020(2):14-20.

[27] 张成智.技术转向背景下的翻译研究新视野[J].外国语言与文化,2020(1):96-103.

[28] 中国翻译协会.中国语言服务行业规范之本地化业务基本术语[S].中国翻译协会,2011.

[29] 朱义华.外宣翻译的新时代、新话语与新思路——黄友义先生访谈录[J].中国翻译,2019(1):117-122.

论《翻译、共同体、乌托邦》对韦努蒂翻译思想的继承发展与时代意义

刘松麒[1]

(天津师范大学 文学院,天津 300387)

摘 要:在《翻译、共同体、乌托邦》一文中劳伦斯·韦努蒂承继了一以贯之的解构主义和后殖民主义的翻译思想,对归化翻译策略进行了批判,但又非简单地推崇异化翻译,而是强调译文应在释放本土残余物的同时,部分恢复外语文本中的历史语境,以促成翻译中文化差异的引入和交流,使得译文可以吸引包含不同读者群在内的异质共同体的共同关注。将该文置于世界文学体系的时代坐标中,通过历时纬度的纵向对比和共时纬度的横向对比,可以看到韦努蒂所提供的务实折中方案在两个方面对翻译理论和实践具有现实指导作用:一是翻译如何帮助民族文学寻求在世界文学体系中的自身定位和话语权;二是翻译如何在解决社会问题和参与政治议题进程中发挥作用。

关键词:劳伦斯·韦努蒂;共同体;乌托邦;解构主义

Title: On the Inheritance and Development of Venuti's Translation Thoughts in "Translation, Community and Utopia"

Abstract: In the article "Translation, Community and Utopia", Lawrence Venuti inherits the consistent deconstructionist and post-colonial notions and criticizes the domestication strategies in translation. Venuti does not simply advocate foreignization. Rather, he emphasizes that the translation should partly restore the historical context of foreign texts while releasing the local remainders so as to facilitate the introduction of cultural differences in translation and attract heterogeneous communities containing different readership. Putting this article in the era coordinates of the world literature system, through the longitudinal comparison of the diachronic latitude and horizontal comparison of the synchronic latitude, we can see that the pragmatic compromise provided by Venuti has practical guiding effect on translation theory and practice in the following two aspects: first, how translation helps national literature seek its own position and discourse power in the world literary system; second, how translation plays a role in solving social problems and participating in the process of political issues.

Key words: Lawrence Venuti; community; Utopia; deconstructionism

1. 引言

劳伦斯·韦努蒂(Lawrence Venuti)是世界知名的翻译理论家,也是建树颇多的翻译实践者,其主要著作包括《译者的隐身——一部翻译史》(*Translator's Invisibility: A History of Translation*, 1995),《不光彩的翻译:存异伦理》(*The Scandals of Translation: Towards an Ethics of Difference*, 1998),并主编了一本解构主义翻译论文集《对翻译的重新思考:语篇、主体性与意识形态》(*Rethinking Translation: Discourse, Subjectivity, Ideology*, 1992)。他对归化

---

[1] 作者简介:刘松麒,天津师范大学文学院博士生,天津财经大学人文学院商务英语副教授;研究方向:翻译文学。
基金项目:本文得到天津市哲学社会科学规划课题(TJWW16-003Q)、天津市高等学校创新团队培育计划(TD13-5067)的资助。

与异化两种翻译方法的讨论引起了国内外学者广泛的关注与研究。

《翻译、共同体、乌托邦》收录于韦努蒂和蒙娜·贝克(Mona Baker)于2000年共同编纂、由劳特利奇(Routledge)出版的百科全书式文集《翻译研究读本》(*The Translations Studies Reader*, 2000)。作为文集的结语篇,该文被认为"代表了一个时期以来文化学派翻译研究的重要潮流"(李红满,2001:68);后收入大卫·达姆罗什汇编的文集《新方向:比较文学与世界文学读本》(*New Directions: A Reader of Comparative and World Literature*, 2010),被赋予了世界文学背景下的审视视角。文章中,韦努蒂不再局限于就语言谈语言、就翻译谈翻译,而是通过生动的翻译实践案例,深入探讨了翻译的文化交流功能及社会政治功用,拓展了翻译理论和翻译实践的研究视角。然而,长期以来,国内学者对该文的阐释和解读很少,没有深入挖掘其中所传达的翻译思想,更没有将该文置于世界文学研究的视阈下以及韦努蒂翻译理论体系中深入探讨。因此,笔者将探究该文对韦努蒂翻译思想的继承与发展,并通过纵向历时纬度和横向共时纬度的对比思索该文对翻译理论和翻译实践研究的启示及现实指导意义。

2.《翻译、共同体、乌托邦》对韦努蒂翻译思想的继承

将《翻译、共同体、乌托邦》置于韦努蒂翻译思想体系中来看,该文继承了《译者的隐身》中解构式和后殖民主义的翻译观。

2.1 对解构式翻译观的承继

在《译者的隐身》的第一章中,韦努蒂便使用了解构主义能指的概念,提出"翻译是译者在理解的前提下,用目的语中的能指链来替代源语文本中的能指链的过程"(Venuti, 1995:18)。按照德里达(Derrida, 1976)的观点,意义是由能指链上的能指之间的关系和差异产生的效果(这条潜在的能指链是多义的、互文的,可以具有无限的联系),所以意义永远是有差异的和延迟的,从不呈现为原初的整体。并且韦努蒂指出,不论是国外原文本还是译本,都是派生的:二者都是由各种语言材料和文化材料组成的,外国作家和译者都不是原作者。这就导致意义产生机制的不稳定性,并不可避免地超越作家和译者的本意,甚至可能与他们的本意相矛盾。因此,一个外语文本可能蕴含着很多不同的语义可能性,相应的翻译也是在特定的历史阶段和社会形势下,基于不同的文化阐释背景形成的暂时性的固定文本。既然意义是多元的,体现了一种依赖语境的关联性(contingent relation),而不是一个一成不变的统一整体,那么翻译便不能用语义对等或一一对应的概念来评判(Venuti, 1995:18)。这样,韦努蒂借助解构主义的理论视角阐释了原文本和译本意义的不稳定性和多元可能性。此外,在韦努蒂专访中(刘微,2013),他也特别指出德里达的铭写(inscription)和文本性(textuality)等其他概念对他影响很大。韦努蒂进一步将解构主义倡导的"意义延异""能指自由"等观点通过文化研究的途径引入翻译研究中,主张保留翻译中的"异质",以抵制目标语的霸权地位,被认为是解构主义翻译学派代表人物之一(郭建中,2000;王宁,2009;付仙梅,2014)。

在《翻译、共同体、乌托邦》一文中,韦努蒂承继了解构主义翻译观,这体现在多个层面。首先是研究思想上的解构性质,在文章开篇韦努蒂便将翻译交流中"构思恢复或保持外语文本的陌生性"这种伦理态度与政治议程并置,其目的体现在一种解构,即"打乱本国文化价值的等级,开启陌生化、形成经典、意识形态批判和体制变化的进程"(韦努蒂,2010:188)。这种解构的思想贯穿了全篇。同时,从研究的策略和手段来看,韦努蒂的理论与早先的形式主义、结构主义理论截然不同,他有关异质共同体的务实折中方案解构并重建了翻译在文学多元系统中所处的位置。另外,从翻译批评实践来看,文章在评论帕特里克·克雷翻译的《佩雷先生如是说》(1994),艾琳·阿什英译的《你好,忧愁》(1955)等多个具体翻译案例时,都提供了另一种可供对照的译法,阐释了翻译在不同语境下通过释放本土残余物使意义发生的各种变体,从而解构了意义的稳定性,强调了翻译的多元性、创造性以及译文的重构性。

2.2 对后殖民主义翻译观的承继

在后殖民主义理论家看来,翻译在实践中剔除了异质,阻碍了文化间的交流,成了"将意义强加于他者,又将权力关系隐藏在他者之后的主要手段"(Bassnett & Lefevere, 1998:136)。从西方与非西方对立的全球维度来看,处于强势地位的西方主流文化按照符合自己价值观念的标准翻译非西方文化,以便他们能理解并接受这些文化。同时,殖民者借助翻译实施精神殖民,使被殖民者成为驯良的、愿意合作的臣民(Robinson, 2007:10)。而西蒙认为,这一文化殖民进程始于极具政治动机的文本选择(Simmon, 2000:10)。

在《译者的隐身》中,韦努蒂便以这样的后殖民

文化批判的姿态审视了自17世纪至当下的西方文学翻译，并进一步从各种翻译思想中梳理出归化（domesticating）和异化（foreignizing）两种不同的翻译观。在韦努蒂看来，异化翻译的兴起源于施莱尔马赫（Friedrich Schleiermacher）于1813年在柏林皇家科学院做的演讲《论翻译的不同方法》，不过他对异化翻译的推崇则蕴含着更多后殖民文化批评的意味，用以抵抗英语世界中归化翻译对弱势语言文化的暴力打压。韦努蒂认为，归化的翻译是一种文化殖民主义的体现，因为它通过采用对目标语读者而言通顺易懂的文本，强制性地替换掉了外语文本中的语言和文化差异，从而起到了巩固目的语文化规范的作用（Venuti, 1995: 18）。与之相对，后殖民主义抵抗式的异化翻译则通过选取被排除在本国文学标准之外的外国文本或使用边缘话语进行翻译实践，能充分偏离本土现有的规范，为读者带来异域的阅读体验（Venuti, 1995: 20）。因此，韦努蒂将异化的翻译策略称之为"抵抗（resistancy）"（Venuti, 1995: 24），通过标示出外语文本的语言和文化差异，挑战目标语言中占据主导位置的文化价值，解构世界范围内的文化霸权，抵制英语国家与文化他者之间的不平等交流，对抗种族中心主义、民族主义、文化自恋和帝国主义。

在《翻译、共同体、乌托邦》中，韦努蒂对后殖民主义翻译观的承继，首先体现在对归化翻译的一以贯之的批判。文章开篇他便从后殖民的视角指出，翻译交流之所以会受到阻碍，根源在于归化铭写这样一个"以本土话语压倒其他话语"的"总体化的过程"（韦努蒂, 2010: 188）。其后，韦努蒂通过多个翻译案例，对归化翻译策略或直接或间接的批判贯穿了全文。

同时，韦努蒂是以后殖民文化批判姿态，从文学翻译和非文学翻译两个方面建构乌托邦理论设想的。各民族所面对的现实世界是基本相同的，在思维和表达上必有相同之处，同在"体"上；但人还具有主观能动性，各民族看待世界的角度和认知加工的方式必有差异，这就是"异"，异在"认"上（王寅, 2021: 2）。那么该如何处理好"同"与"异"呢？在文学翻译方面，主张释放本土残余物的同时，部分恢复外语文本中的历史语境，引入语言和文化差异来建构异质共同体，避免翻译过程中单向地按照殖民者意志重写改造，尽可能地实现不同文化的平等对话。从翻译实践目标和结果来看，这样的努力可以在翻译中保留非英语国家，尤其是中小国家民族文学中自身的特性，改变他们在既定的欧洲中心主义话语主导的世界文学体系中被隐匿的弱势地位，帮助他们重新寻求自身定位和话语权，最终实现对于归化翻译中西方话语霸权的抵制与解构，体现了尊重差异、多元共生、开放包容的人文追求和乌托邦理想。韦努蒂还将后殖民视角下的翻译乌托邦设想扩展到非文学翻译领域。从研究对象和目标来看，韦努蒂以难民和移民为例，为改善社会边缘群体和弱势群体的处境而提供翻译方案，寄托了一种消除不同民族、不同文化、不同阶级之间（另一种形式的异质共同体）不平等地位的社会改良的期许。在具体的翻译实践中，韦努蒂主张译员要深度介入，既"以本土术语传达外来文本"，又要包括外国语境的铭写，达到哈贝马斯所说的"理想的言语环境"，使得"处于不平等的权力和知识关系"的双方（案例中的难民与裁决者）能够相互理解，有效沟通，平等交流（韦努蒂, 2010: 205）。在韦努蒂看来，翻译必然会通过归化铭写释放本土残余物，才能产生被目标国群体接受的文本效果。但从后殖民的视角来看，他又主张部分恢复外语文本的历史语境，在合理交流的基础上形成合理性共识，使得双方彼此满意，从而避免同一性压制异质性。

3.《翻译、共同体、乌托邦》对韦努蒂翻译思想的发展

《翻译、共同体、乌托邦》对于韦努蒂翻译思想的发展体现在虽然承继了一以贯之的解构式后殖民主义翻译观，继续不遗余力地批判归化翻译策略，但却没有单纯追求异化的翻译，而是在翻译实践中推崇一种相对折中的方案，强调译文吸引包含不同读者群的异质共同体的共同关注，成为异质共同体之间共享的理解和沟通的场所。

韦努蒂构建的每一个单一共同体内部，都是由众多差异性个体因普遍共性而集聚的，"译文成了意外组合的场所，哺育了否则会由于文化差异和社会分工而分离、但现在由于共同爱好而走到一起的读者群体"（韦努蒂, 2010: 194）。而译文哺育的兴趣共同体不止一个，共同体与共同体之间的异质性体现在"语言、身份或地位"等诸方面。之所以翻译会哺育不同的异质共同体，在于译文"不仅仅是以外语文本为焦点的，而且反映了译者在译文中铭写的本土价值和信仰"。韦努蒂以美国译者艾伦·曼德尔鲍姆（Aller Mandelbaum）翻译出版意大利诗人朱塞培·翁加雷蒂（Giuseppe Ungaretti）的英文版诗集为例，说明了译文实质上吸引了两个异质共同体。一个是学术共同体，主要由美国各大学意大利专家组成，其中许多是意大利人；另一个是与意大利学术兴

趣群异质的本土读者群。能够形成学术共同体是因为他的英译应用了准确性标准，保留了严格的词语对等，甚至模仿了翁加雷蒂的句法和断行，与意大利本国学者中流行的阐释保持一致，而华丽的英译本则是针对本土读者群。在韦努蒂看来，本土读者群识别不出摆脱各种修饰的素朴准确的风格，意大利学术共同体也识别不出维多利亚时代僵化的诗风，但译本却培育了不同的兴趣共同体，成为异质共同体共同关注的焦点，在"实际拥有的意大利读者群与潜在的美国读者群之间架起了一道文化桥梁"（韦努蒂，2010：196）。在后殖民语境下进行理论的横向比较后可知，韦努蒂提出的异质共同体与霍米·巴巴（Homi Bhabha）提出的翻译的"混杂性"，以及弗吉尼亚·伍尔芙（Virginia Wolf）、特贾斯维莉·尼南贾纳（Tejaswini Niranjana）对于翻译混杂性的阐释似有异曲同工之处。"混杂性"同样打破了归化和异化简单的二元对立，在殖民与被殖民者相互影响中形成了第三空间，不过其中却包含更多的权力斗争性和文化抗争性的目的指向，而韦努蒂的异质共同体则蕴含更多以协调、解决为导向的务实因素。

总之，从纵向的历时视角来看，《翻译、共同体、乌托邦》一文对韦努蒂翻译思想有所继承也有所发展。韦努蒂在文中并未单纯推崇异化翻译，而是认为翻译既应释放本土残余物，又应包含对原文本的外国语境的描写，从而引入语言与文化的差异，使得译文在不同类型的异质共同体之间发挥文化桥梁作用。因此，本文认为，韦努蒂提出的是一个寻求阅读群体最大化、满足异质共同体差异化需求的务实折中方案。当然，这不仅仅是市场决定的结果，更源于韦努蒂强调的尊重文化差异的翻译伦理。

4.《翻译、共同体、乌托邦》的时代意义

将《翻译、共同体、乌托邦》置于时代的坐标系中从纵向的历时角度和横向的共时角度与其他理论家的文章作比照，便可以看出韦努蒂的方案具有务实折衷性，蕴含了以协调、解决为目标的积极因素，对思考翻译如何帮助民族文学抵制霸权、寻求在世界文学体系中平等对话、平等交流的地位具有现实指导意义。

4.1 历时纬度：系统性、结构性与破坏性、解构性之对比

笔者注意到，由著名翻译家埃文·佐哈尔（Itamar Even-Zohar）所作的《翻译文学在文学多元系统中的位置》和韦努蒂所作的《翻译、共同体、乌托邦》都被选入了由大卫·达姆罗什、刘洪涛、尹星汇编的《新方向：比较文学与世界文学读本》（2010）一书中的"翻译"部分，这便提供了将两篇文章置于比较文学与世界文学体系中进行纵向历时对比的视角。

两篇文章写于不同的时代。一篇留下了深刻的形式主义烙印，另一篇则融合了解构式的后殖民思想。佐哈尔关注着翻译文学在世界文学多元系统中的位置，不过他对翻译文学是处于边缘还是中心已做结构主义的定性。具体而言，当一种文学处于"新兴"阶段，处于"边缘"或"软弱"或两者兼具的阶段，以及处于转折、危机或文学真空时，翻译文学便会占据中心位置，积极参与多元系统核心的建构。当文学多元系统没有发生重大变化，或者多元系统的变化不是以翻译为具现形式而实现时，翻译文学处于边缘位置。而翻译文学所处的地位决定了它在多元文学系统中的功能和作用。佐哈尔的理论是从系统性和定规性的角度出发的。一旦翻译文学的位置被界定，那么在一定时期内具有难以变更的被动的稳定性。

相比而言，韦努蒂则不甘于固守通行的翻译规范，他倡导的方案破坏和解构了现有的稳定体系，传递出一种务实性。这种务实性体现在为非英语国家的民族文学被欧洲中心主义话语主导的世界文学体系所接受提出了一套折中的翻译方案。说其折中，在于这样的翻译既一定程度地保留了原文本的文化历史元素，又适度释放了本土残余物，实现了国内外异质共同体对译文的互通共享，为向翻译乌托邦理想的趋近奠定了基础。因此，这种务实折中以解构和重建为手段和目标，蕴含着更多的主动性和积极性，既是推崇译者主体地位与主体意识的结果，也是对翻译在多元文化和文学体系中所处位置重构的结果。

4.2 共时纬度：单纯的批判与务实的建构之对比

从横向共时纬度来看，回首《翻译、共同体、乌托邦》发表的时代背景，尤其能看出此文对于文学翻译的现实指导意义。20世纪90年代，有关中国文学步入世界文学体系过程中所面对的西方文化霸权问题受到了广泛的关注。1990年，哈佛大学东亚语言与文明系教授宇文所安（Stephan Owen）发表了一篇有关北岛诗歌英译的文章（该文是为《新共和》所作的书评，无标题），将诗歌写作与翻译置于西方文化霸权与所谓"第三世界"对峙的视阈中，引发了极大的反响。十多年后，他发表《前进与后退，世界诗歌的问题和可能》一文，再次从诗歌的书写和翻译问题入

手,直指欧洲中心主义的评判标准。1994年,汉学家和翻译家安德鲁·琼斯(Andrew F. Jones)撰文回应了对于宇文所安的各种批评,他写道:"宇文所安指出世界文学的创作和消费背后隐藏的结构上的不对等,对于任何要解构持续影响中国文学在美国文学语境下的翻译、接受和销售的东方主义话语的人来说,都是至关重要的。"(琼斯,2013:219)安德鲁·琼斯引用尼采的"翻译即征服"说明了翻译中存在的话语霸权,而他在文末为"在美国语境里批评和翻译中国当代文学的人们"指出的方向是:"美国的中国文学批评家不仅要持续关注中国评论家的言论,还要开始思考促进对话甚至'共同行动'的方法,来避免加速系统在单一方向性的泥潭中沉陷。"(琼斯,2013:231)可见,琼斯在探讨当时中国文学如何步入世界文学体系,以及翻译在世界文学经济中发挥的作用时,对世界文学话语体系中包含的西方文化霸权提出了挑战。然而,他指望处于霸权国地位的批评家、翻译家从自身出发做出改变似乎有些一厢情愿。可见,无论是宇文所安还是安德鲁·琼斯,在讨论20世纪90年代的中国文学面对世界文学体系的问题时,都涉及了翻译发挥的作用的问题,更值得注意的是,他们的文章都被收录于大卫·达姆罗什等汇编的《世界文学理论读本》(2013)中,因此同样被赋予了在世界文学视野下对比研究的视角,然而在他们掷地有声的批判之后,似乎并没有给出有效且长远的解决方案。

韦努蒂虽未直接参与到这场论战中,但他在2000年撰写的《翻译、共同体、乌托邦》则提出了更为长远有效的方案。他的工作不只停留于批判归化翻译中所体现的西方文化的殖民霸权,也没有简单地通过引入差异,推崇异化去抵制霸权,而是在众多生动的翻译实践案例的基础上,提供了一个吸引异质共同体共同关注的建设性的务实折中方案,这样既可使译文尽可能地保留原文本的民族文化特性,又能使译本冲破霸权界限被世界文学体系所接纳。当然,寻求这个折中的平衡点,即在多大程度上释放本土残余物,培育本土兴趣共同体,又在多大程度上恢复外语文本中的历史语境,培育一个根源于原文本文化的共同体,是一个值得进一步探讨的技术问题。不过总体看来,韦努蒂的方案具有很强的现实指导意义。即便在21世纪的今天,对于综合实力快速发展的中国来说,也需无时无刻不思虑如何在世界文学霸权体系中寻求自身定位,这也包括探讨翻译发挥何等作用的问题。那么,对于中小国家和弱势民族的文学来说,韦努蒂的理论设想显得更具可行性。

5. 结语

《翻译、共同体、乌托邦》一文中,通过翻译交流引入差异是手段和策略,满足异质共同体的翻译是务实折中的方案,翻译乌托邦的构想则是具有指向意义的目标。

该文对于韦努蒂的翻译思想有继承也有发展,同时还具有很强的现实指导意义。笔者认为,韦努蒂的方案为翻译实践和翻译批评提供了参照性的标准。对于文学翻译而言,以兴趣共同体所含纳的阅读群体最大化为目标,最大限度地实现异质共同体对译本的共享;对于非文学翻译而言,最大限度地使处于不平等地位的异质共同体实现充分沟通。当然,这些不单纯是政治考量和市场决定的结果,更源于韦努蒂强调的尊重文化差异的翻译伦理。

总之,韦努蒂的方案在实践层面是务实折中的,在理论层面是具有理想性指向的,对于思考翻译如何帮助民族文学抵制霸权,寻求在世界文学体系中平等对话、平等交流的地位,对于探究翻译如何在解决社会问题和参与政治议题进程中发挥积极作用具有现实指导意义。

参考文献

[1] Bassnett, S. & Trivedi, H. *Post-colonial Translation: Theory & Practice*[M]. London: Routledge, 1999.

[2] Bhbaha, H. *The Location of Culture*[M]. London: Routledge, 1994.

[3] Robinson, D. *Translation and Empire: Postcolonial Theories Explained*[M]. 北京:外语教学与研究出版社,2007.

[4] Simon, S. & St-Pierre, P. *Changing the Terms: Translating in the Postcolonial Era*[M]. Ottawa: University of Ottawa Press, 2000.

[5] Spivak, G. C. *Of Grammatology*[M]. Baltimore/London: Johns Hopkins University Press, 1976.

[6] Tejaswini, N. *Sitting Translation: History, Poststructuralism and the Colonial Context*[M]. California: University of California Press, 1992.

[7] Venuti L. *The Translator's Invisibility — A History of Translation*[M]. London/New York: Routledge, 1995.

[8] 付仙梅.试论韦努蒂翻译理论的创新与局限[J].上海翻译,2014(3):75-77.
[9] 郭建辉.论翻译的复杂性及其意义[J].外国语文,2012(12):112-115.
[10] 郭建中.韦努蒂及其解构主义翻译策略[J].中国翻译,2000(1):49-52.
[11] 郭建中.韦努蒂访谈录[J].中国翻译,2008(3):43-46.
[12] 李红满.回眸西方翻译理论发展的百年历程——评韦努蒂的《翻译研究读本》[J].中国翻译,2001(9):65-68.
[13] 刘微.翻译与解释——劳伦斯·韦努蒂访谈录[J].外语与外语教学,2013(6):46-49.
[14] 琼斯·安德鲁."世界"文学经济中的中国文学[A].大卫·达姆罗什,刘洪涛,尹星编.世界文学理论读本[C].北京:北京大学出版社,2013:215-246.
[15] 曲卫国.剪不断、理还乱的西方中心主义情结——论后殖民翻译理论的局限[J].山东社会科学,2016(10):33-38.
[16] 王宁.解构、后殖民和文化翻译[J].外语与外语教学,2009(4):51-56.
[17] 王寅.基于体认翻译学重新解读直译与意译[J].翻译研究与教学,2021(1):1-6.
[18] 韦努蒂·劳伦斯.翻译、乌托邦、共同体[A].大卫·达姆罗什、陈永国、尹星编.新方向:比较文学与世界文学读本[C].北京:北京大学出版社,2010:187-205.
[19] 张万防.后殖民主义译论的"文化霸权"解构策略的反思[J].外国语文研究,2018(4):76-83.

雅各布森语言功能观指导下的翻译之言语重构本质研究

纪春萍[1]

(复旦大学 外国语言文学学院,上海 200433)

摘　要:以雅各布森语言功能观为指导,有助于认识翻译本质:翻译是言语重构,翻译中言语形态改变而功能不变。言语功能不变揭示了翻译的目的——传递言语功能;言语形态改变揭示了翻译目的的实现途径——改变言语形式或(和)内容。言语形态与言语功能并非截然对立,言语形式与言语内容也并非总是后者重于前者,言语形态与言语功能之间以及翻译中言语形式、言语内容的变与不变之间都是一种辩证关系。

关键词:翻译;言语重构;雅各布森;语言功能

Title: On the Nature of Speech Reconstruction in Translation Under the Guidance of Jacobson's Functional View of Language

Abstract: To be guided by Jacobson's functional view of language is helpful for understanding the essence of translation. Translation is essentially the reconstruction of speech, in which speech function remains unchanged although speech morphology changes. The invariance of speech function reveals the purpose of translation — the transmission of speech function, and the change of speech morphology reveals the way to achieve the purpose of translation — the change of speech form or (and) content. Speech morphology and speech function are not diametrically opposed and speech content is not always more important than speech form. There is a dialectical relationship between speech morphology and speech function as well as between the change and invariability of speech form and content in translation.

Key words: translation; speech reconstruction; Jacobson; language function

1. 引言

翻译是一种复杂的活动,涉及语言、思维、文化、心理、社会等多个层面,从不同的层面切入研究就会对翻译本质形成不同的认识。然而,不可否认的是,"翻译主要是语际之间的语言转换活动"(王克非,1997:47)。若将翻译视为双语转换,要揭示其本质,有两个核心问题还需要进一步探讨:一是翻译的目的到底是什么,二是翻译目的的实现途径是什么。

已有研究大多认为翻译的目的在于意义再生。翻译的对象是言语,即个人运用语言的产物,言语包含的意义往往是多种意义相互交织的产物,具有多层次性。笼统地说翻译的目的是意义再生不免使人纠结,很可能导致顾此失彼、不得真意。翻译目的的实现途径,即翻译是如何发生的,也是揭示翻译本质绕不开的问题。已有研究大多仅指出翻译中要进行语言转换,对于如何转换这一更为重要的问题却未谈及。

著名俄裔美国语言学家罗曼·雅各布森(Роман

---

[1] 作者简介:纪春萍,博士,复旦大学外国语言文学学院俄文系讲师;研究方向:翻译理论与实践、翻译教材与翻译教学研究。
基金项目:本文系2018年度上海市社科规划青年课题"基于错误分析的双语转换思维模式构建(2018EYY005)"的阶段性研究成果。

Якобсон,1975)在其名篇《语言学与诗学》(«Лингвистика и поэтика»)中阐明了意义生成与语言功能之间的关系,并对语言功能进行了系统、深入、动态的描写,他的语言功能观可以指导我们重新认识翻译目的。本文对翻译目的实现途径的研究也基于雅各布森语言功能观,并且深入到思维层面去揭示双语转换的原动力。基于对翻译目的的新认识和翻译目的实现途径的研究,可形成对翻译本质的新认识。需要说明的是,英译汉与汉译英的思维过程有所不同,但二者互为逆过程,本文仅以汉译英为例。此外,由于句子是最小的言语交际单位,也是翻译操作的基本单位,本文论述主要在句子层面展开。

2. 雅各布森语言功能观

雅各布森认为,任何言语交际行为都有"发送者"和"接收者",二者之间的"信息"沟通,既需要作为参照的"语境",又需要作为媒介的"信码",还需要使二者进入并保持在交际过程中的"接触"——二者之间的物质通道和心理联系(董学文,2013:429)。六要素中有两个要素极易引起误解,需要特别说明:一是"语境",它指的是"指示物",而非话语的环境;二是"信息",它指的是语言符号本身,或曰"能指",而非信息的内容(田星,2007:14)。

在具体的言语交际过程中,六大要素不是处于绝对的平衡状态,而是总有某个要素占支配性的主导地位。通常,信息的焦点集中于"语境",强调信息的内容,体现出语言的指称功能,但信息的焦点还可能集中在其他要素上,体现出语言的其他功能。若信息的焦点集中于"发送者",则表明说话人对所谈事物的态度,体现语言的情绪功能。若信息的焦点集中于"接收者",则是对听话人提出要求,体现语言的意动功能。若信息的焦点集中于"信息",即语言符号本身,则体现语言的诗性功能。若信息的焦点集中于"接触",即信息旨在开启、维持或结束交际时,则体现语言的交际功能。若信息的焦点集中于"信码",即信息旨在对语言本身做注解,则体现出语言的元语言功能。如此,雅各布森建构起了言语交际的功能结构体系(见图1)[①]。雅各布森(1975:198)强调,尽管他区分出了语言的六大功能,但实际上很难找到只实现某一种功能的语言信息,每个语言信息往往都是具有多功能性的复杂信息系统,并且在某一具体的交际活动中,总有一种功能处于主导地位,其他功能处于辅助地位,主导功能是语言主要体现的功能,决定了意义的生成。

```
                    语境(指称功能)
发送者(情绪功能)  信息(诗性功能)  接收者(意动功能)
                    接触(交际功能)
                    信码(元语言功能)
```

图1 言语交际行为的六大构成要素及语言的六大功能[②]

3. 翻译之言语重构本质

"重构"是计算机编程用语,指改动程序代码而不影响生成结果,现广泛用于各领域中,表示突破原形态、再立新形态。重构有变和不变两个方面:变的是形态,不变的是功能。翻译是言语重构,也有变和不变两个方面:变的是言语形态,不变的是言语功能。前者揭示了翻译目的的实现途径——改变言语形态;后者揭示了翻译的目的——传递言语功能。翻译本质上就是构建能够承载原文功能的译文形态的过程。

3.1 翻译的目的是传递言语功能

雅各布森的语言功能观认为,语言具有多功能性,同样的语言,在不同的语境中,其功能系统的等级序列可能不同,最终表现为言语意义的不同;具体语境中的言语意义主要取决于言语的主导功能。可见,就本质而言,翻译旨在传递言语功能,其基本目的是传递言语主导功能,终极目的是传递言语功能系统,而实现翻译目的的前提是具体语境中的言语功能系统分析,分清主导功能和辅助功能。

3.1.1 翻译的基本目的是传递言语主导功能

通常,指称功能为言语的主导功能,强调言语的内容。译者传递了言语的客观意义也就传递了其指称功能,以"译意"为翻译目的似乎并无不妥。但当主导功能并非指称功能时,以"功能传递"为翻译目的的较之以"译意"为翻译目的的优势便会显现出来。与后者相比,前者因揭示了问题的本质而更易使译者摆脱言语内容(言语客观意义)的束缚。

例1:高高兴兴上班去,平平安安回家来。

译文1:Go to work happily, and come back home safely.

译文2:Drive carefully! Come back soon!

译文3:Wish safe work!

译文4:Good Luck!

从意义角度看,译文1似乎最忠实于原文的意义,但外国人见到这样的译文会迷惑地问:"So what?"其他几种译文似乎背叛了原文意义,但在相应的语境中却是适宜的。从言语功能角度分析则可使纠结之处迎刃而解。

例1原文是一则常见的安全标语,最初用来提醒司机安全驾驶,现也用于提醒工人安全施工。显然,原文信息的焦点在于"接收者",意动功能为其主导功能。从语言符号本身来看,原文是由一对结构相同的句子构成的整句,每个分句皆由叠字领起,节奏明快,富于音乐美,具有诗性功能。此外,原文有所指,还具有指称功能。原文集意动功能、诗性功能、指称功能为一身,意动功能为主导功能,诗性功能和指称功能为辅助功能。

译文1着眼于指称功能的传递,但该功能并非主导功能,舍本逐末,让人不知所云。后三种译文虽未传递指称功能和诗性功能,但成功地传递了意动功能,而意动功能为主导功能。因此,后三种译文都有效地实现了翻译的基本目的。

当然,上述分析只是就通常情况而言,并不排除在某些语境中,指称功能为主导功能,这时译文1便是合适的了。

3.1.2 翻译的终极目的是传递言语功能系统

翻译中,为了传递原文主导功能,常常舍弃若干辅助功能。然而,这并不意味着辅助功能不需要考虑。相反,能够兼顾辅助功能更为理想,而最为理想的是传递原文功能系统,这是翻译的终极目的。

例2:不爱红装爱武装。

译文1:They love their battle array, not silks and satins.(钱钟书译)

译文2:They love to be battle-dressed and not rosy-gowned.(香港版译文)

译文3:(Most Chinese daughters have a desire strong.) To face the powder and not to powder the face.(许渊冲译)

例2原文出自毛泽东七言绝句诗《为女民兵题照》,其中"红妆"与"武装"构成同异修辞格,呈现出难得的音韵美和对称美,诗性功能是其主导功能。此外,该句有所指,也表达了作者对女民兵由衷的欣赏和赞美,因此,该句还有指称功能和情绪功能。

诗歌是极难翻译的,甚至是不可译的。对比三种译文,许译巧妙地运用了英语的同源修辞格,最大限度地传递了原文的诗性功能,做到了"以诗译诗"。有人因许译舍弃"红妆""武装"两个关键意象而对其诟病,实际上,这是许译为传递原文诗性功能而在原文内容上做出的"牺牲"。而且,许译创造出"面对硝烟"与"涂脂抹粉"这对新意象,意象置于句中同样表现出女民兵们斗志昂扬的精神风貌,全句具有与原文基本相同的指称功能和情绪功能。可见,许译不仅成功地传递了原文的主导功能,而且在很大程度上传递了原文的功能系统。即便如此,许译仍不能称为最好,也许还会出现更好地传递原文功能系统的译文。译文承载的功能系统可以无限接近原文承载的功能系统,却不可能等值。最好的译文是译者永远追求的终极目标。

当然,此处分析也只是就通常情况而言,并不排除在某些语境中,诗句的主导功能并非诗性功能。此时,译者应采取完全不同的翻译策略。例如,诗句用于渲染情绪时,情绪功能为主导功能,从译文接受性的角度考虑,就可能将其省略或改写。

3.2 翻译目的的实现途径是改变言语形态

美国翻译家玛格丽特·佩登(M. S. Peden)指出,翻译是一项"破旧立新"的"重建事业"(张增健,1998:10)。翻译释意理论强调翻译的关键在于脱离原语语言外壳(塞莱斯科维奇,2011:30-31)。许钧提出"去字梏""重组句""建空间"三个翻译原则(许钧,2009:99-103)。上述观点共同表明翻译要改变言语形态。

言语,作为语言的实际使用,有形式和意义两方面,两者共同表现言语形态。言语形式指言语的表达方面,即声音形式或文字形式。言语意义由主观部分和客观部分组成,前者即说话人意义,属于语用意义,现代语言学研究中,常常将其等同于功能,而功能在翻译中是需要传递的。因此,翻译中需要改变的言语意义主要是言语的客观意义,即言语内容。概言之,改变言语形态是为了传递原文言语功能且保证译文可读性而改变原文的形式或(和)内容。语言是思维的工具,改变言语形态看似是解决语言差异问题,本质上则是解决思维差异问题。不同民族在各自源远流长的历史中凝固了对客观现实的某些独特认知,其思想观念和思维方式存在差异。改变言语形式本质上是改变思维方式,改变言语内容本质上是改变思维内容。

3.2.1 改变言语形式

从句子层面看,改变言语形式即改变句子形式,主要涉及句法结构、语序、视点、措辞风格等方面。翻译中改变言语形式以忠于言语内容为前提,但并不排除发生内容的扩充、压缩、转换等可能。改变言语形式主要为传递指称功能服务,有时也为传递意动功能、表情功能或交际功能服务。诗性功能或元语言功能为原文主导功能时,言语形式是信息焦点所在,往往不能改变。

从思维层面看,汉英翻译中句法结构、语序、视点、措辞风格等言语形式的改变是整体思维与分析思维、曲线思维与直线思维、散点透视思维与焦点透视思维、主体思维与客体思维、形象思维与抽象思维等思维方式的转换。

3.2.1.1 改变句法结构

句法结构即句子的结构方式。"语言大同而大不同,大同在语用上,大不同在句法结构上。"(沈家煊,2012:414)对英语而言,形态制约是第一位的,语义和语用表达都受制于形态,句法结构主要反映语义结构;汉语无形态束缚,句法结构的形成和调整都可直接显示语用目的,句法结构主要反映语用结构(张伯江,2011:5-11)。语用句构与语义句构的对立本质上是东方整体思维与西方分析思维的对立。前者注重事物的相互关系和整体把握,后者注重事物的分析解剖和个体研究。汉译英时,要从整体思维转向分析思维,弄清句子的语义关系,将语用句构改为语义句构。

例 3:中国的改革开放取得了重大成果。

译文 1: China's economic reform and opening-up have made great achievements.

译文 2: China has made great achievements in its economic reform and opening-up to the outside world.

(陈宏薇等,2014:36)

例 3 原文的句法结构反映的不是"施事—受事"式的语义关系,而是"预设—焦点"式的语用关系,"中国的改革开放"是"话题",而非"施事"。由于汉语的句法结构主要反映语用结构,因此,汉语中非施事成分做主语非常普遍,也非常自然,但英语这样通常行不通,因为英语的句法结构主要反映语义结构,句子的组织要以语义关系为基础。译文 1 照搬原文句法结构而成误译,译文 2 根据语义关系对原文句法结构进行了调整,准确地传递了原文内容。

3.2.1.2 改变语序

语序是语言单位的先后顺序。金积令(1998:29)提出了汉语句子语序的前端重量原则和英语句子语序的末端重量原则。通俗地讲,汉语句子语序倾向头重脚轻,英语句子语序倾向头轻脚重。中国人说话比较委婉,往往先从外部说明,最后点出中心;西方人说话比较直接,往往开门见山,先说要点,再说明其余部分。汉语和英语句子语序的对立本质上是东方曲线思维与西方直线思维的对立。前者倾向于迂回曲折的思维方式,后者倾向于按照逻辑进行直线推理的思维方式。汉译英时,要从曲线思维转向直线思维,将汉语句子先长后短、头重脚轻的语序颠倒为英语先短后长、头轻脚重的语序。

例 4:每天下午四五点钟喝上一杯茶,吃一点烤面包或饼干,相互之间再闲聊几句,这种情景在英国到处可见。

There is a scene of afternoon tea to be witnessed everywhere in England at four or five p.m. when people enjoy a cup of tea, with toast or biscuit and with a bit of conversation.

(杨元刚,2012:160)

例 4 原文是汉语中运用频率很高的主题复句,前三个分句是其主脑成分,罗列了一些事实,最后一个分句才点出结论。英译时,要先结论后事实,译文颠倒了原文语序,并且将原文"大团块形态"的主脑成分译为带有两个介词短语的时间状语从句,将原文的语用句构转换成了译文的语义句构,符合英语的语言习惯,地道地传递了原文内容。

3.2.1.3 改变视点

视点即人们观察事物、表达思想的角度。杰肯道夫(R. Jackendoff)提出,人感知到的世界是人脑自动地、无意识地重新组织的世界,是真实世界在人脑中的投射(赵艳芳,2001:53)。因此,对同一事物的观察和表达,汉语和英语的视点并非总是相同,有时甚至会完全相反。汉英语句子视点流转与视点聚焦、主观视点与客观视点的对立最为突出。视点流转与视点聚焦的对立本质上是东方散点透视思维与西方焦点透视思维的对立。前者注重心理时间,后者注重物理空间。主观视点与客观视点的对立本质上是东方主体思维与西方客体思维的对立。前者强调主体意识,以"人"为思想的出发点;后者强调主客二分,"人"与"自然"相互对立。汉译英时,要转换思维方式,将流转的视点改为聚焦的视点,将主体视点改为客体视点。

例 5:这种杀虫剂效果很好,屡试不爽。

This new insecticide has proved effective every time it is used.

(刘宓庆,2008:202)

汉民族散点透视思维导致汉语句子不以某个动词为核心,而以句段散点展开,句中常常改变主语,视点流转。西方民族焦点透视思维则使英语句子以谓语动词为中心,各成分通过限定谓语动词明确彼此关系,视点聚焦。例 5 原文中"屡试不爽"义为"屡次试验都没有差错"(《现代汉语(第六版)》)。显然,试验的是人,而非杀虫剂,前后两个小句视点不同,译文通过调整视点,保持视点聚焦,地道而简洁地传递了原文内容。

例 6:我突然想到了一个主意。

An idea suddenly struck me.

汉民族主体思维在语言形式上表现为:常用主观视点,从自我出发来叙述客观事物,习惯人称主语。西方民族客体思维在语言形式上表现为:常用客观视点,强调物的重要性,常用物称主语。汉译英时,将主观视点改为客观视点常常是必要且有效的手段和技巧,例6即是通过调整视点而使译文准确且生动的。

3.2.1.4 改变措辞风格

措辞即说话或行文时的选词用句。潘文国曾讲:"中国人更具诗人的气质,西方人更具科学家的头脑。"(潘文国,1997:369)汉语和英语的措辞风格存在差异:汉语尚善,多用修饰词、四言类比、对偶结构等,以求言辞华美、行文工整、声律对仗;英语求真,措辞简洁平实、表达思维缜密、句子结构严整,追求自然流畅之美。汉语和英语这种措辞风格的对立本质上是东方形象思维与西方抽象思维的对立。前者以情动人,后者以理服人。汉译英时,要由形象思维转向抽象思维,将尚善风格改为求真风格。

例7:出阿里山火车站,稍走几步便可到达阿里山宾馆。每当黄昏之际,登上二万坪、慈云寺、阿里山宾馆或祝山观日楼极目远瞭,从山壑峰谷里冉冉升起云朵,愈积愈厚,将连绵起伏的群山之巅都藏了起来。**层层白云如同汪洋大海的波浪,波涛起伏,飘飘荡荡,又像莽莽雪原的银蛇蜡像,前呼后拥,奔腾不息。一会儿是万顷银光的云海,一会儿又是一片迷蒙的浓雾。茫茫云海,缥缈奇幻,犹如蓬莱仙岛,看着脚下的云雾,游人恍若变成了神仙,足登祥云,遨游在仙境之中。**

The Mount Ali Hotel is located within walking distance from the railway station known as Mount Ali. From the hotel when night is falling, or from any of the other three places: Er'wanping or Twenty Thousand Pings, Ciyun Temple, or the Sunrise Tower atop Zhushan Hill, casting the eye as far as one can, **he can enjoy a poetic and artistic conception: clouds, peaky mountains, which adds credit for its scenery.**

(刘金龙,2007:92-93)

例7原文是旅游宣传资料,其外译旨在唤起外国读者旅游的欲望和行动,意动功能为其主导功能,译文要符合外国读者的审美习惯。原文用了大量的叠词偶句及主观色彩较强的描述文字,这是典型的汉语措辞风格,这些内容难以译为英语,即使勉强译出,也必定冗长啰嗦。因此,译文顺应英语措辞风格,改主观抒情为客观描述,提炼了原文的主要内容,保证了译文意动功能的实现。

3.2.2 改变言语内容

从句子层面看,改变言语内容即改变句子内容,句子内容是句子所表达的命题③,即"人们认识或思维活动所形成的思想"(倪荫林,2000:29)。翻译中改变句子内容主要包括改动句子内容和完全改变句子内容两大类情况,前者忠于原文内容却又不完全等同于原文内容,后者则完全抛开了原文内容,两者均可为传递非指称功能服务,仅前者可为传递指称功能服务。句子内容改变时,句子形式可能改变,也可能不变。

从思维层面看,汉英翻译中改动句子内容或完全改变句子内容是改动命题或完全改变命题等思维内容的改变。

3.2.2.1 改动句子内容

改动句子内容指变动或更改句子内容,其基础是忠于原文内容,其目的是保证译文可读性,具体包括压缩句子内容、扩充句子内容及转换句子内容等三大类情况。例如,例7的译文在改变言语形式的同时带动了言语内容的压缩,原文的一个句群压缩为译文的一个句子。相反,有时要添加注释或补充说明性文字,扩充句子内容。此外,有时还要换一种说法表达相同的内容,即转换句子内容。从思维层面看,改动句子内容的三类情况分别是压缩命题、扩充命题和转换命题。学界对前两类情况已有过一些讨论,此不赘述,本文仅举例说明第三类情况。

例8:你不要班门弄斧了。

译文1:Don't display your axe at Lu Ban's door.

译文2:Don't teach a fish how to swim.

译文3:Don't teach your grandmother how to suck eggs.

译文4:Remain modest before an authority.

(杨元刚,2012:34)

句子可以用形象化的方式表达抽象内容,这是翻译中可转换句子内容的原因之一。例8原文是一种形象表达,表达了表层和深层两个命题,表层命题通过语句表达了出来,深层命题("你不要在行家面前卖弄本领了")则存在于人脑中。类似的例子很多,如"只许州官放火,不许百姓点灯""司马昭之心,路人皆知""各人自扫门前雪,岂管他人瓦上霜"等,人们理解或运用这类句子时通常只会想到深层命题,很少想到表层命题(王建平,1989:8)。换言之,深层命题才是该句的真正所指,传递了深层命题也就传递了该句的指称功能。

然而,用抽象表达还是形象表达传递深层命题?原文意象是否保留?这是译者面临的选择。译文1选择形象表达且保留原文意象,传递了表层命题,这类翻译首次出现时需要加注,以帮助译文读者在头脑中建立对应该表层命题的深层命题,该译文不涉及转换句子内容;译文2、3选择形象表达但转换意象,译文表达了表层和深层两个命题,两者表达的表层命题不同于原文,但其表达的深层命题皆与原文相同,这类翻译的思维路径为"表层命题₁—深层命题—表层命题₂";译文4选择抽象表达,译文只表达一个命题,接近原文表达的深层命题,这类翻译的思维路径为"表层命题—(深层)命题"。

又如,例2中,许译用"面对硝烟"与"涂脂抹粉"这对新意象替换原文的"红妆""武装"意象,转换了形象表达,但其真正所指未变,其翻译的思维路径就是"表层命题₁—深层命题—表层命题₂"。

可以推断,若相反,原文只表达一个(深层)命题,译文直接表达的命题不同于该(深层)命题,则译文表达两个命题,且深层命题与原文相同,这类翻译的思维路径为"(深层)命题—表层命题"。

3.2.2.2 完全改变句子内容

翻译中言语内容并非总是"不可侵犯"。实际上,若非指称功能为原文主导功能,且指称功能与主导功能无法同时传递,通常要舍弃前者,完全改变言语内容。完全改变句子内容,在语言上表现为在译语中寻找该语境下能够传递原文主导功能的习惯表达或合适表达,在思维上则是再立新命题。

例9:本句第一个字有五划。
译文1:The first word of this sentence has five strokes.
译文2:The first word of this sentence has three letters.

用来谈论语言自身的语句称为元语句,元语句既有指称功能,又有元语言功能(即自指功能)(于岚,1988:7-11)。例9原文是一个受限于具体语言的元语句,无法将其指称功能和元语言功能同时传递到译语中,只能根据具体语境中该句的主导功能而择其一进行传递。若该句的主导功能为指称功能,则可采用译文1,但需要通过加注等方式使读者明确所指对象,译文所指并非英语句子,而是汉语原文,否则它就成了假命题,该译文并未改变句子内容。若该句用来解释什么是元语句,即元语言功能为其主导功能,则可完全抛开句子内容,用英语重新表达类似的元语言功能,如译文2。

又如,"吃了吗?"被用作问候语时,发话人不是真正询问并不关心受话人是否吃饭,只是为了礼貌而相互致意,它没有实际意义,交际中却不可少。换言之,其指称功能几乎为零,交际功能才是其主导功能。因此,英译时可抛开原文内容,根据具体语境生成合适的译文,如"Good morning!""Good afternoon!""Good evening!""Hi!""Hello!""How are you?"等,甚至在一定场合下,可以译为"Nice day, isn't it?"(李春玲,2010:211)。再如,例1中译文2—4亦是为传递非指称功能而完全改变了句子内容。

4. 结论

基于"翻译主要是语际之间的语言转换活动"这一立场,借鉴雅各布森语言功能观,同时综合运用其他相关理论研究成果,本文提出了对翻译本质的新认识:翻译是言语重构,翻译中言语形态改变而功能不变。这一新认识表明:翻译的目的不是"译意",而是传递言语功能;翻译中不仅可以改变言语形式,还可以改变言语内容。此外,该认识还揭示了言语形态与言语功能之间,以及翻译中言语形式、言语内容的变与不变之间的辩证关系。言语形态通过言语形式和言语内容来表现,言语功能也由二者来承载。因此,二者时而是形态,时而是功能;时而需要改变,时而需要传递。通常而言,若原文主导功能是指称功能,则言语内容是功能,需要传递,而言语形式是形态,若后者有碍前者的传递,则需改变;若原文主导功能是诗性功能或元语言功能,则言语形式往往是功能,需要传递,若言语内容有碍言语形式的传递,往往可以改变;若主导功能是交际功能、意动功能或表情功能,则言语形式和言语内容可能都成了形态,都要改变。

注释

① 本段上述内容是对雅各布森《语言学与诗学》(«Лингвистика и поэтика», 1975)198—206页俄文原文的译述。
② 表名为笔者所加。
③ 传统逻辑学认为只有陈述句表达命题,但现代逻辑学认为疑问句、感叹句和祈使句也表达命题,本文赞同后一种观点。

参考文献

[1] Nida, E. A. & Taber, C. R. *The Theory and Practice of Translation*[M]. Leiden: E. J. Brill, 1982.
[2] Якобсон Р. Лингвистика и поэтика [A]. Е. Я. Басина и М. Я. Полякова. Структурализм: «За» и «Против» [C]. Москва: Издательство «Прогресс», 1975: 193-231.
[3] 陈宏薇等.新编汉英翻译实践(第2版)[M].上海:上海外语教育出版社,2014.
[4] 董文学.西方文学理论名著提要[M].南昌:江西人民出版社,2013.

[5] 蒋绍愚.两次分类——再谈词汇系统及其变化[J].中国语文,1999(5):323-330.

[6] 金积令.汉英词序对比研究句法结构中的前端重量原则和末端重量原则[J].外国语(上海外国语大学学报),1998(1):29-36.

[7] 李春玲.从奈达的翻译对等理论看招呼语"吃了吗?"的翻译[J].成功(教育),2010(3):211.

[8] 刘金龙.从功能翻译理论看旅游资料翻译的原则——以《中国文化胜迹故事》英译为个案研究[J].山东教育学院学报,2007(5):89-94.

[9] 刘宓庆.翻译基础[M].上海:华东师范大学出版社,2008.

[10] 倪荫林.语句、命题、判断及其关系辨析[J].社会科学辑刊,2000(1):26-30.

[11] 潘文国.汉英语对比纲要[M].北京:北京语言文化大学出版社,1997.

[12] 塞莱斯科维奇.口译训练指南[M].北京:中国对外翻译出版公司,2011.

[13] 沈家煊."零句"和"流水句"——为赵元任先生诞辰120周年而作[J].中国语文,2012(5):403-415+479.

[14] 田星.论雅各布森的语言艺术功能观[J].外语与外语教学,2007(6):13-16.

[15] 王建平.语句的表层命题与深层命题[J].逻辑与语言学习,1989(5):6-10.

[16] 王克非.关于翻译本质的认识[J].外语与外语教学,1997(4):45-48.

[17] 王瑞东.关于翻译本质和定义的若干哲学问题与逻辑学问题[J].外语研究,2011(1):80-85+112.

[18] 许钧.翻译论[M].武汉:湖北教育出版社,2003.

[19] 许钧.翻译概论[M].北京:外语教学与研究出版社,2009.

[20] 杨元刚.新编汉英翻译教程[M].武汉:华中师范大学出版社,2012.

[21] 杨自俭.对翻译本质属性的认识——《自由派翻译传统研究》序[J].上海翻译,2008(1):1-5.

[22] 于岚.漫谈元语言与翻译[J].教学研究(外语学报),1988(3):7-12.

[23] 张伯江.汉语的句法结构和语用结构[J].汉语学习,2011(2):3-12.

[24] 张增健.从"戴着脚镣跳舞"谈起——浅谈英汉翻译中的词句处理[J].中国翻译,1998(1):18-21.

[25] 赵艳芳.认知语言学概论[M].上海:上海外语教育出版社,2001.

儿童文学翻译中的文体风格再现
——以《汤姆·索耶历险记》译本为例

董芳源[1]

(上海外国语大学 英语学院,上海 201620)

摘 要:本文在语域分析视域下,以《汤姆·索耶历险记》译本为例,探究儿童文学翻译中的文体风格再现。研究发现,《汤姆·索耶历险记》的文体风格通过对不同语域中语音变异、词汇变异、句法变异和修辞手段的翻译得以再现,并且译文中的语域同样能够暗示人物身份、塑造人物性格、表现作品的幽默讽刺。结果表明,译本对于把握《汤姆·索耶历险记》的文体风格具有重要意义,对今后儿童文学翻译研究具有一定的参考价值。

关键词:儿童文学翻译;文体风格;《汤姆·索耶历险记》;语域分析

Title: Reproduction of Linguistic Styles in the Translation of Children's Literature: A Case Study of the Translation of *The Adventures of Tom Sawyer*

Abstract: This study explores reproduction of linguistic styles in the translation of children's literature via a case study of the translation of *The Adventures of Tom Sawyer* from the perspective of register analysis. The present study finds that linguistic styles in *The Adventures of Tom Sawyer* are reproduced through the translation of phonological, lexical and syntactic deviations, and rhetorical devices in different registers, and that registers in the translation can equally serve as social indicators, vehicles for characterization and markers for humor and irony. The findings demonstrate that the translation is of great significance to fully understanding linguistic styles in *The Adventures of Tom Sawyer*, which may offer insights into further research on the translation of children's literature.

Key words: translation of children's literature; linguistic styles; *The Adventures of Tom Sawyer*; register analysis

1. 引言

著名作家冯骥才说过:"艺术就是将瞬间化为永恒。"(冯骥才,2005:118)美国幽默大师马克·吐温的代表作《汤姆·索耶历险记》就是一部传世久远、经久不衰的儿童文学名著,特别是小说幽默诙谐、戏谑讽刺的语言风格,彰显着永恒而独特的艺术魅力。这部长篇小说以主人公汤姆·索耶的冒险经历为主线,展开了童年生活的一幅幅画卷,让我们看到童年的纯真、自然、大胆、浪漫。可以说,全书集中体现了童年的冒险这一伟大主题。同时,小说塑造出汤姆、哈克等栩栩如生的人物形象,显示出作家驾驭各类方言土语的非凡功力。

俞东明、陈海庆所译的《汤姆·索耶历险记》堪称译作之典范。译作的成功主要来源于两位译者对作家文体风格的了解和感知:"作者讽刺与幽默的语言特色在这部小说中表现得淋漓尽致。"(俞东明、陈海庆,2014:10)这是作家本人的写作风格,也是两位译者的翻译感言。正因"文如其人",两位译者,特别是俞东明教授是文体学领域的知名学者,所以在他们翻译的《汤姆·索耶历险记》中,字里行间处处可

---

[1] 作者简介:董芳源,上海外国语大学英语学院博士生;研究方向:语用学、文体学。

以感受到译者对马克·吐温文体风格的准确把握、对作品本身主题和人物的有力表现，并且译文的语言表达个性十足又非常得体，更具地方色彩和时代气息，生动地再现了原作的文体风格。我们通过比较，可以发现原文和译文在文体风格上的一致性，从而更好地发现这部文学作品的本质、内涵。

2. 研究背景

近年来，多位学者的研究证明文体学理论可以应用于翻译批评：封宗信（1999）提出多层次的文体学分析和比较将是文学翻译批评和翻译研究的方向；申丹（2002）论述了文学文体学在翻译学科建设中的重要作用；王东风（2004）分析了文学翻译中的文体转换失误。就儿童文学翻译中的文体风格研究而言，徐家荣（1991）探讨了儿童文学翻译中如何再现原作的人物形象；徐德荣（2004）指出儿童文学译者应具有强烈的文体意识，实现"译作与原作的功能对等"；李宏顺（2014）对国内外儿童文学翻译研究进行了综述与评价，认为未来可将更多的文学和语言学理论用于儿童文学翻译研究。此外，学者们对《汤姆·索耶历险记》的翻译研究层出不穷。严维明（1998）分享了翻译《汤姆·索耶历险记》的四点体会，特别强调了译出童味的重要性。阿罗西纳（Aloshyna，2014）从风格再现的角度比较了《汤姆·索耶历险记》和《哈克贝利·芬历险记》的俄语、乌克兰语和波兰语译本。伊卡萨尼（Ekasani，2016）对比分析了《汤姆·索耶历险记》原文和印度尼西亚语译文中的感叹句。赵丽华（2017）采用目的论分析了《汤姆·索耶历险记》，并讨论了小说的艺术价值。

由此可见，国内外相关研究成果颇丰。然而，从研究视角来看，这些研究主要集中于功能对等、目的论等角度，却很少关注语域分析视阈；从研究对象来看，多数研究倾向于比较张友松、彭嵋森等译者的译本，但缺少对俞东明、陈海庆译本的探讨。以文体学为切入点，可以拓宽和加深人们对儿童文学的理解（亨特，2019）。因此，本文运用语域理论，以俞东明、陈海庆译《汤姆·索耶历险记》为例，分析儿童文学翻译中的文体风格再现，力求实现文学、语言学与翻译学的有机融合。

3. 研究框架

语域分析作为系统功能语言学的一个重要理论，对儿童文学文体风格的观照有着深远的指导意

义。语域（register）通常定义为"a variety of language according to use"，即"在不同的场合说不同的话"。这一概念与方言（dialect）相区分，后者指"a variety according to the user"，可以分为地域方言和社会方言。语域由三个情景特征构成：话语范围（field of discourse）、话语基调（tenor of discourse）和话语方式（mode of discourse），它们分别与概念功能、人际功能和语篇功能相对应（Halliday & Hasan，1985）。在日常交际中，人们应当根据语境需要恰当地选择语域，有时甚至会从一个语域转到另一个语域，形成语码转换（code-switching）。依据语域的变化幅度，我们可以把语体分为五个等级：超正式体（hyper-formal）、正式体（formal）、普通体（normal）、非正式体（informal）、超非正式体（hyper-informal）。其中，普通体属于语言的共核部分（the common core）；正式体中经常出现书面语、礼貌语和标准语；非正式体中则经常出现口语、熟稔语和方言（侯维瑞，1988）。语域分析已被成功运用于诗歌、戏剧和小说的文体风格研究。语域分析最终应落实到语音、词汇、句法等语言子系统的文体特征分析，以此可以推断作者选用特定语域的原因和动机，如暗示人物身份、塑造人物性格、表现幽默讽刺（俞东明，2002；俞东明、曲政，2005；侯维瑞，2008；何兆熊、俞东明等，2011）。由于《汤姆·索耶历险记》中包含大量偏离常规的方言土语，本文主要聚焦语言各层面的变异现象，同时关注作品中常见的修辞手段。下面就在语域分析框架下，从语音变异、词汇变异、句法变异和修辞手段四个层面，详细探讨俞东明、陈海庆译《汤姆·索耶历险记》的文体风格再现，并论证译文的语域可充分发挥以上三大功能。

4. 俞东明、陈海庆译本的文体风格再现

《汤姆·索耶历险记》译本的文体风格通过以下四个方面得到有效体现：语音变异的翻译、词汇变异的翻译、句法变异的翻译、修辞手段的翻译。

4.1 语音变异的翻译

例1："Can't, Mars Tom. Ole missis, she tole me I got to go an' git dis water an' not stop foolin' roun' wid anybody. She say she spec' Mars Tom gwine to ax me to whitewash, an' so she tole me go 'long an' 'tend to my own business — she 'lowed *she'd* 'tend to de whitewashin'."[①]（Twain，2007：18）

译文："不行，汤姆少爷。老太太告诉我要我把水打回去，不要停下来跟别人鬼混。她说她料到汤

姆少爷会叫我刷墙的,所以她告诉我只要管自己的活儿。她说过的,刷篱笆墙的活儿由她管。"(俞东明、陈海庆,2014:12)

汤姆因为逃学,受到波莉姨妈的惩罚——在周末刷篱笆墙。他看到黑奴吉姆去镇上打水,提议两个人交换工作。例1是吉姆拒绝汤姆的要求时说的话,含有很多缩写和简化形式。比如,他把标准英语中的told说成tole,and说成an',get说成git,fooling说成foolin',round说成roun',with说成wid,going说成gwine,ask说成ax,attend说成'tend,whitewashing说成whitewashin'。刘全福指出,"民族文化背景参照或标示性极强的方言土语不宜运用于文学作品的翻译中",否则会影响译文宏观上的"风格再现效果"(刘全福,1998:4)。译者把上述这些不标准的发音用"汤姆少爷""老太太""把水打回去""鬼混""管自己的活儿"等口语化表达来代替。虽然这些词语和原文中发生语音变异的词语并不完全对应,但也体现了原文的文体风格。吉姆说出的这些话真实地反映出黑人英语的语音特征,并且符合黑人处于美国社会底层的身份。

例2:"O, I didn't know what I was a-doing. I wish I may die this minute if I did. It was all on account of the whisky and the excitement, I reckon. I never used a weepon in my life before, Joe. I've fought, but never with weapons. They'll all say that. Joe, don't tell! Say you won't tell, Joe — that's a good feller. I always liked you, Joe, and stood up for you, too. Don't you remember? You *won't* tell, *will* you Joe?"(Twain, 2007:67-68)

译文:"哦,我那时不知道自己干了些什么。如果知道的话,我愿意马上就死。这都怨那该死的威士忌。我以前从来没有用过真家伙,乔。我打过架,但从来不用武器。这谁都知道。乔,别告诉别人!你说你不会告诉别人的,乔,那才是一位好伙计。我一直喜欢你,乔,也总是站在你这一边。难道你都不记得了?你不会告诉别人的,乔,是吗?"(俞东明、陈海庆,2014:78-79)

这是老穆夫·波特在发现罗宾逊医生尸体时向印江·乔的求告。他把标准英语中的"weapon"说成"weepon","fellow"说成"feller"。译文中也同样用了"真家伙""好伙计"来代替不标准的发音。这些词语能够对应原文中发生语音变异的词,使用这些口语化表达在一定程度上体现出原文的语音特征和语言特色。此例说明译者善于把握原文的语域,以此反映出说话人的社会地位和受教育程度都不高。同时,一个憨厚、诚实、胆小、善良的老穆夫·波特形象

地出现在读者面前。

例3:"Then they went on, and you —"

"Follered 'em — yes. That was it. I wanted to see what was up — they sneaked along so. I dogged 'em to the widder's stile, and stood in the dark and heard the ragged one beg for the widder, and the Spaniard swear he'd spile her looks just as I told you and your two —"(Twain, 2007:169)

译文:"然后他们继续往前走,你就……"

"跟着他们。对,就是跟着他们。我想弄个水落石出。他们是那样的鬼鬼祟祟。我一直跟随他们到了道格拉斯太太门前的石级那儿,站在黑暗的地方,听见那个穿破烂衣服的家伙替道格拉斯太太求情,还听见那个西班牙人发誓要毁了道格拉斯太太的面容,就像我告诉您和您那两个……"(俞东明、陈海庆,2014:221)

这是琼斯先生向哈克详细询问两个强盗的事。原文中哈克把"followed"说成了"follered","them"说成了"'em","widow"说成了"widder","spoil"说成了"spile"。译文中"跟着他们""道格拉斯太太""毁了"虽然不能完全替代原文中的语音变异词,但可见翻译中的灵活变通,能够说明哈克没有受过良好教育。特别是将"widder"译为"道格拉斯太太"既符合汉语文化中的礼貌概念,又充分表达出原文的情感色彩,体现出原作的文体风格。

4.2 词汇变异的翻译

例4:"You're a fighting liar and dasn't take it up."

"Aw — take a walk!"

"Say — if you give me much more of your sass I'll take and bounce a rock off'n your head."

"Oh, of *course* you will."(Twain, 2007:15)

译文:"你是一个爱打架的说谎大王,却又不敢真的打架。"

"屁!去你妈的!"

"听着!你要再对我无礼,我就用石头砸你的头。"

"哼,你当然会啰。"(俞东明、陈海庆,2014:7)

这是汤姆对镇上新来男孩的警告。原文中的"take a walk""sass"是美国俚语,"say""oh"是语用标记,均用于非正式语体,可以看作词汇变异。译文中翻作了"去你妈的""无礼""听着""哼"等词,非常接近原文语域,比较符合儿童直率的说话方式,生动形象地再现了两个小男孩争吵的激烈场面,体现出汤姆的怒气冲天,为打架的发生和汤姆的胜利做好充分铺垫(如下文所示)。这样,汤姆争强好胜的性

格特征以及马克·吐温幽默讽刺的文体风格更加突出。

例5:"I'd never 'a' thought of the towel, I bet!"
"Well, *I* would. My aunt would make me mighty sick if I lost it."(Twain, 2007: 158)

译文:"要是换了我,我哪还顾得上想起那条毛巾!"
"唉,我可不能忘了,要是丢了毛巾,我姨妈保准会把我给揍扁了。"(俞东明、陈海庆,2014: 206)

汤姆和哈克正在谈论去旅馆寻找宝藏的冒险经历。原文中的语用标记"well"译成"唉",美国俚语"mighty sick"译成"揍扁"。这样语域鲜明的翻译,既能引起读者高度的阅读兴趣,切合儿童童言无忌的讲话特点,又体现出汤姆的机智、勇敢、豪爽、乐观和开朗,言语间流露出热爱冒险的英雄气概,突显原文轻松幽默的语言风格。因此,译文的语域可以发挥三重功能:表明人物身份、体现人物性格、达到幽默效果。

例6:"Tom," said he, "Auntie has been waiting for you all the afternoon. Mary got your Sunday clothes ready, and everybody's been fretting about you. Say—ain't this grease and clay, on your clothes?"
"Now, Mr. Siddy, you jist 'tend to your own business. What's all this blowout about, anyway?" (Twain, 2007: 195)

译文:"汤姆,"他说,"姨妈等了你一个下午,玛丽把你礼拜天穿的衣服也准备好了,大伙都一直为你操心。咦,你的衣服上怎么沾满了蜡油和黏土呢?"
"好了,锡德先生,你就别瞎搅合了。不过今天举行这样隆重的宴会是怎么回事?"(俞东明、陈海庆,2014: 257-258)

这是在参加道格拉斯太太的家宴前锡德和汤姆的对话。文中的语用标记"say"和"now"在这里分别被译为"咦"和"好了",非常贴切,能够表现汤姆和锡德对彼此的轻视和不满,也符合原文的语言特点。交际双方把语码转换作为一种语用策略进行博弈,调节说话人和听话人之间的心理距离,让语调变换富有生气和活力。具体来讲,锡德由"fretting about"等标准语过渡到"say""ain't"等方言,以波莉姨妈的口吻教训汤姆;汤姆则由"now""jist 'tend"等熟稔语过渡到"Mr. Siddy""your own business"等礼貌语,故意无视锡德的嘲讽,并抛出另一个问题回应对方。这样的回敬方式,充分表现出汤姆对锡德的极度讨厌。译文趣味盎然,使行文更加波澜起伏,小说的文体风格浑然天成。

4.3 句法变异的翻译

例7:"Say! Why, Tom, I *know* she is. She witched pap. Pap says so his own self. He come along one day, and he see she was a-witching him, so he took up a rock, and if she hadn't dodged, he'd a got her. Well, that very night he rolled off'n a shed wher' he was a layin drunk, and broke his arm."(Twain, 2007: 48)

译文:"哎!汤姆,我知道她是个巫婆。她在我老爸身上施过巫术。老爸亲口这么说的。有一天,他在路上走着,看见她在对自己施巫术,于是他就捡起一块石头,如果不是她躲得快,他肯定砸着她了。哎,就在那天晚上,他睡在棚屋顶上,由于喝醉了酒,从上面摔了下来,摔断了胳膊。"(俞东明、陈海庆,2014: 52)

这是哈克对汤姆讲的话,是听汤姆讲霍普金斯太太是个巫婆后发出的感慨。原文中"his own self""He come""he see"等都不符合英语语法习惯,属于句法变异。这里译者并没有被句法变异所限制,而是考虑到了哈克本人的流浪儿身份和受教育水平,译得巧妙又符合哈克的心理特征,突出了哈克对巫术的迷信,称得上是大家手笔。译文既保持了原作的语域,又体现出原作的语言风格,字字珠玑,耐人寻味。值得一提的是,译者还将"pap"一词译为"老爸",采用了当代儿童对父亲的称呼,亲切自然,符合儿童心理,让译文更加与时俱进,更能满足目标受众,特别是儿童读者的信息需求,从而更好地突显儿童文学的文体特征。

例8:"Oh, don't *I*!" said Joe. "Why, I bet you Johnny Miller couldn't any more do this than nothing. Just one little snifter would fetch *him*."
"'Deed it would, Joe. Say — I wish the boys could see us now."(Twain, 2007: 102)

译文:"啊,我也一样想看看!"乔说,"约翰尼·米勒可没有那个能耐,只要闻上一点烟味就会把他给呛倒了。"
"真是这么回事,乔。告诉你们吧,我真想那两个家伙现在就能看见我们呢。"(俞东明、陈海庆,2014: 129)

乔·哈珀和汤姆得意地夸耀自己学会了抽烟,调侃伙伴的语气中都充满了自豪、骄傲和对冒险的渴望。原文中"couldn't … nothing"是一个双重否定句式,但仍然表示否定意义。这种语法不规则的现象是黑人英语等美国方言的句法特点。乔·哈珀和汤姆哈克身为儿童,用语比较随意,所以译者把句子中的双重否定灵活地译作了具有否定意义的"可没有那个能耐",体现出原文轻松、幽默和欢快的风格。这也进一步证明了译者"尽量遵照作品原本的语言特点、语言结构和谋篇布局来进行翻译"(俞东明、陈海庆,2014:10)。

例 9:"And grub comes too easy — I don't take no interest in vittles, that way. I got to ask to go a-fishing; I got to ask to go in a-swimming — dern'd if I hain't got to ask to do everything. Well, I'd got to talk so nice it wasn't no comfort — I'd got to go up in the attic and rip out a while, every day, to git a taste in my mouth, or I'd a died, Tom."(Twain,2007:200)

译文:"还有,吃的东西张口就来,那吃起来真是没胃口。想钓鱼要请示,想游泳要请示,他妈的,干什么事我都得先请示。哼,连说话都得那么斯文,真是活受罪!我只好每天躲到阁楼上大骂一阵子,让嘴过过瘾。要不我就难受死了,汤姆。"(俞东明、陈海庆,2014:264-265)

这是哈克回答汤姆时对自己备受约束的"悲惨经历"的叙述。原作中"don't ... no"和"wasn't no"均为用双重否定表达否定含义的不规则句式,且句子结构相对复杂,用了逗号、分号、破折号来连接各个短句。译文尊重原文,译成了"真是没胃口""真是活受罪",并适当把长句拆分为短句,通顺自然,衔接严密,明白如画。同时,把脏话"dern'd"译为"他妈的",不但暗示了哈克没受过良好教育的身份,刻画了哈克反传统、反规矩、反文明、顽皮又叛逆的性格特征,强调了哈克对文明社会各种繁文缛节的厌恶甚至否定、对自由生活的热切向往,还在一定程度上实现了翻译中的功能对等,讽刺了当时虚伪教条的社会习俗。

4.4 修辞手段的翻译

例 10:He worshipped this new angel with furtive eye, till he saw that she had discovered him; then he pretended he did not know she was present, and began to "show off" in all sorts of absurd boyish ways, in order to win her admiration.(Twain,2007:24)

译文:汤姆偷偷地崇拜着这位新天使,直到他看出她已经发现了自己。然后他装作自己并不知道她在眼前似的,开始用各种孩子气十足的方式耍帅给她看,以赢得她的赏识。(俞东明、陈海庆,2014:22)

这是关于汤姆对贝琪一见钟情的描写。原文把汤姆的爱慕对象比喻成"angel",译文也很贴切地译作了"天使"。值得注意的是,译者还把"show off"一词译为"耍帅"二字,让人读后忍俊不禁,回味无穷。汤姆调皮捣蛋、胆大爱冒险的儿童形象跃然纸上,如见其人、如闻其声。译文的语域也更加新奇有趣、与时俱进,非常巧妙地再现了原作的文体风格。

例 11:"Hyro — which?"

"Hy'roglyphics — pictures and things, you know, that don't seem to mean anything."(Twain,2007:141)

译文:"像……像什么来着?"

"象形文字。一些图画之类的东西。你知道吗?就是乍看上去弄不明白是什么意思的东西。"(俞东明、陈海庆,2014:182)

这是哈克和汤姆的对话。原文中哈克只听清了"hy'roglyphics"一词的前半部分,就发出了疑问。在译文中,译者为了体现出原文的文体风格,把哈克的话译作"像……像什么来着?",同样表示只听清了部分内容。同时,译者还利用汉语的同音异形字"像"把此例译为双关,巧妙地利用话轮转换,形象直观地表现出哈克的无知和作者幽默诙谐的语言特色。这使译文与《雷雨》中鲁妈对周萍说的"你是萍,——凭——凭什么打我的儿子?"(曹禺,2009:98)有着异曲同工之妙。

例 12:One day Tom was in the act of dosing the crack when his aunt's yellow cat came along, purring, eyeing the teaspoon avariciously, and begging for a taste. Tom said:

"Don't ask for it unless you want it, Peter."

But Peter signified that he did want it.

"You better make sure."

Peter was sure.(Twain,2007:80)

译文:一天,汤姆正在用药填补地板缝时,他姨妈的大黄猫彼得跑了过来,嘴里喵喵地叫着,眼睛贪婪地盯着汤匙,看起来它很想尝尝。汤姆说:

"你不需要这东西,快别要了,彼得。"

但是彼得的神色表明,它确实想要。

"你最好拿定主意。"

彼得拿定了主意。(俞东明、陈海庆,2014:96-97)

这里描述了汤姆捉弄大黄猫彼得的过程。马克·吐温(2017:39)在个人自传中也记述了他童年的类似经历,这里的汤姆实际上就是作者自己。原文运用了拟人的修辞手法,表现彼得想喝止痛药的急切神态,惟妙惟肖。译文也赋予彼得人格化特征,形象地描摹出大黄猫对止痛药的向往。译者还增加了"看起来""神色"二词,使文义更加具体、明确,同时,也从侧面刻画出汤姆调皮活泼的人物性格,体现了作者幽默诙谐的写作风格。

5. 结语

著名翻译家王佐良认为:"翻译本来就是一种调和的、辩证的艺术。"(王佐良,2016:56)本文基于语域理论,以俞东明、陈海庆译《汤姆·索耶历险记》为例,分析了儿童文学翻译中的文体风格再现。不难发现,《汤姆·索耶历险记》的文体风格通过对不同语域中语音变异、词汇变异、句法变异和修辞手段的翻译得以再现,并且译文中的语域同样能够暗示人物身份、塑造人物性格、表现作品的幽默讽刺。因此,俞东明、陈海庆译本真实地再现了《汤姆·索耶历险记》的文体风格,是一部难得的儿童文学翻译佳作。"文学家、诗人最富于想象、最善于创新,他们的语言是形象思维的产物,除了具有全民语言共有的语义,还包含了作者独有的形象意义、表情意义、修辞意义、风格意义。作者独有的那些意义都是语言的偶有意义。他们不能按约定俗成的规则和逻辑推理的方法去理解,只能靠研究作者的语体风格、玩味作品的感情意境来领会。"(钱兆明,2018:96-97)儿童文学翻译要求译者不仅具有相当的文字水平和文学修养,具有了解儿童、把握儿童特点的热情和专注,更要具有儿童一样的童心、儿童一样的语言表现力。只有在翻译中再现儿童文学的文体风格,才能译出让儿童喜闻乐见的经典作品。这样,儿童文学的翻译会更具广阔前景,儿童文学的发展会更加百花争艳、更加欣欣向荣。

注释

① 例句中斜体为原文固有标记

参考文献

[1] Aloshyna, M. Comparative Analysis of the Reproduction of Style in Ukrainian, Russian, and Polish Translations of *Tom Sawyer* and *Huckleberry Finn*[J]. *Respectus Philologicus*, 2014(30): 200-210.

[2] Ekasani, K. A. The Analysis of English and Indonesian Exclamative Clauses in the Novel Entitled *The Adventures of Tom Sawyer* by Mark Twain and Their Indonesian Version Entitled *Petualangan Tom Sawyer* Translated by Djokolelono[J]. *International Journal of Linguistics, Literature and Culture*, 2016(1): 24.

[3] Halliday, M. A. K. & Hasan, R. *Language, Context, and Text: Aspects of Language in a Social-Semiotic Perspective*[M]. Victoria: Deakin University Press, 1985.

[4] Twain, M. *The Adventures of Tom Sawyer*[M]. Oxford: Oxford University Press, 2007.

[5] 彼得·亨特著.韩雨苇译.批评、理论与儿童文学[M].上海:华东师范大学出版社,2019.

[6] 曹禺.雷雨·日出[M].北京:人民文学出版社,2009.

[7] 冯骥才.冯骥才散文[M].北京:人民文学出版社,2005.

[8] 封宗信.文学文体学——文学翻译批评的试金石——评介《文学文体学与小说翻译》[J].中国翻译,1999(5):40-42.

[9] 何兆熊,俞东明等.语用学[M].上海:上海外语教育出版社,2011.

[10] 侯维瑞.英语语体[M].上海:上海外语教育出版社,1988.

[11] 侯维瑞.文学文体学[M].上海:上海外语教育出版社,2008.

[12] 李宏顺.国内外儿童文学翻译研究及展望[J].外国语(上海外国语大学学报),2014(5):64-72.

[13] 刘全福.文学翻译中的方言问题思辨[J].天津外国语学院学报,1998(3):1-4.

[14] 马克·吐温著.俞东明,陈海庆译.汤姆·索耶历险记[M].上海:华东师范大学出版社,2014.

[15] 马克·吐温著.姜桂梅,楚春礼译.马克·吐温自传[M].北京:中国书籍出版社,2017.

[16] 钱兆明.若谷编 钱兆明1980年代论文集[M].北京:外语教学与研究出版社,2018.

[17] 申丹.论文学文体学在翻译学科建设中的重要性[J].中国翻译,2002(1):11-15.

[18] 王东风.变异还是差异——文学翻译中文体转换失误分析[J].外国语(上海外国语大学学报),2004(1):62-68.

[19] 王佐良.译境[M].北京:外语教学与研究出版社,2016.

[20] 徐德荣.儿童文学翻译刍议[J].中国翻译,2004(6):33-36.

[21] 徐家荣.儿童文学翻译中形象再现的艺术手法[J].外语学刊(黑龙江大学学报),1991(6):49-53.

[22] 严维明.谈谈儿童文学作品的翻译——新译《汤姆·索耶历险记》点滴体会[J].中国翻译,1998

(5):52-54.

[23] 俞东明.Register Variation and the Study of Literary Characters[A].朱永生编.世纪之交论功能[C].上海:上海外语教育出版社,2002:308-319.

[24] 俞东明,曲政. The Role of Register Analysis in a Functional & Pragmatic Approach to the Stylistic Analysis of Dramatic Texts[A].黄国文,常晨光,丁建新编.功能语言学的理论与应用:第八届全国功能语言学研讨会论文集[C].北京:高等教育出版社,2005:272-283.

[25] 赵丽华.目的论视角下《汤姆·索亚历险记》翻译研究[J].语文建设,2017(15):73-74.

翻译教学

AI 时代口译教学改革的进路：
从单模态到多模态再到跨模态

王洪林[1]

(浙江万里学院　外语学院，宁波　315100)

摘　要：人工智能时代数字技术的发展不仅使得翻译的界限变动不居，也使得翻译学科内部以及与其他相邻学科之间的边界渐趋模糊。鉴于此，本文立足 AI 时代的新兴口译形态，从多模态视角出发，提出口译实践由单模态到多模态再到跨模态的转变理据。据此思考 AI 时代口译教学改革路径，进而提出采用多模态口译教学内容、多模态口译教学方式以及多模态口译质量评估方式。通过对如上三方面的思考，以期对新时代口译教学改革进行有益探索。

关键词：口译教学；单模态；多模态；跨模态

Title：Forwarding Studies on Reforming Interpreting Teaching in AI Era：From Mono-modality Toward Multi-modality to Trans-modality

Abstract：The development of digital technology in the AI era has blurred not only the boundaries of translation, but also those between subdisciplines of translation, and the exterior border with other adjacent disciplines. In the view of this, based on the emerging interpreting form of AI era, this paper proposes the rationale for the interpreting practice moving from mono-modality toward multi-modality and then to trans-modality. Based on this, the author attempts to discuss the reform path of interpreting teaching in the AI era, and points out the application of multi-modal teaching materials, the multi-modal teaching mode as well as the multi-modal evaluation mode. By addressing the above three aspects, it is hopeful to conduct beneficial exploration on the path of reforming interpreting teaching.

Key words：interpreting teaching；mono-modality；multi-modality；trans-modality

1. 引言

　　AI 时代口译实践发生诸多变化，远程口译、机器口译、机助人译等新兴口译形式以及多模态口译逐步成为常态。口译实践在空间、主体、媒介、符号模态方面都发生了重要变化。远程口译、机器口译、机助人译、人机交互等新兴口译形式逐渐成为主流。数字技术的发展不仅使得翻译的界限变得移动不居，也使翻译学科内部以及与其他相邻学科之间的边界逐渐模糊。有研究指出，信息化时代的交际逐步从静态文本转移到电脑屏幕、手机短信、电子邮件再到各类同步文本与语音聊天，从而使翻译研究关注的重点"由语词转移到更为复杂的符号体系"(Bassnett，2014：126-127)。有学者提出现代翻译研究有必要结合读图时代，突破固有语际翻译界限，给予符际翻译应有的关注(王宁，2015，2018)。有研究采用可视化及量化研究方法，对 2008—2018 中国口译研究热点问题进行分析，并对研究趋势进行前瞻。该研究指出，通过可视化及量化手段"呈现当下研究热点及

---

[1] 作者简介：王洪林，博士，浙江万里学院外语学院教授、硕士生导师；研究方向：翻译学、符号学、应用语言学。
基金项目：本文系 2020 年宁波市与"一带一路"沿线国家国际教育合作重点项目"后疫情时代'中国—中东欧'国际教育合作项目"的阶段性成果，得到浙江省属高校基本科研业务费资助。

未来发展趋势,分析及结论更客观、更科学"(任文、黄娟,2019:37)。

关于翻译边界问题,达姆(Helle V. Dam)等学者在专著《翻译研究移动的边界》(*Moving Boundaries in Translation Studies*)中,强调当下"翻译的外部边界逐渐拓展,内部边界日渐模糊"(Dam et al., 2019:231)。就翻译界限内部而言,不同翻译形式之间的界限日渐模糊,比如雅各布森提出的语内、语际与符际翻译之间不再泾渭分明。与此同时,口译与笔译之间的界限逐渐模糊。就翻译界限外部而言,翻译与改写,翻译活动与其他类型的跨文化传播活动之间的界限也不再明显。对于口译研究边界的移动,弗朗兹·波赫哈克(Franz Pöchhacker)从时间、空间两个层面展开深入分析。比如,远程口译使得口译活动本身虚拟"在场"。介于口、笔译之间的视译不仅难以界定口语与书面语之间的界限,也很难区分视觉与听觉模态(Dam et al., 2019:46)。事实上,从近年翻译研究范围的拓展来看,除语言符号之间的转换外,视觉与听觉之间的转换也逐步受到关注。除视听翻译之外,针对听力和视力障碍人士的声音描述、图片描述等研究逐步引起国内外学者的关注。

口译边界的变化离不开技术的介入,人工智能(AI)时代技术对口译实践带来前所未有的影响,无论在影响范围还是在影响的深度方面都是如此。鉴于此,有必要系统思考口译实践、口译形态以及口译本质所发生的变化,进而有效应对口译教育所面临的问题。AI 时代口译实践发生了何种变化?口译学习方式发生了哪些主要变化?口译实践以及学习方式的变化对口译学习的影响何在?口译教育改革的重点何在?如何改革?为何必须这样改?是应然、或然还是必然?还是三者兼而有之?所有这些问题都有待深入研究与有效解答。针对这些问题,下文从多模态研究视角切入,对口译活动的模态转移问题展开讨论,进而根据口译模态转移,对口译教育改革的进路展开讨论。

2. AI 时代口译研究的进路:从单模态到多模态再到跨模态

近年来,跨越不同符号体系的符际翻译逐步受到重视。尤其是技术发展带来了翻译形态的变化,以及人们接收信息方式的变化。比如,"读图"时代翻译形式逐步突破语际翻译的界限,符际翻译变得越来越重要(王宁,2015)。从符际翻译视角看待口译与口译教育,有助于厘清口译与笔译之间的边界,也有助于厘清口译教育改革的方向与路径。从符本身来看符际翻译与多模态翻译的话,两者具有诸多相通之处,有交叉与重叠,甚至可以将两个概念替换使用。就符际翻译而言,可能涉及一个符号系统向另一个符号系统的转变,也可能涉及不同符号系统之间的转变。只要涉及超过一个符号体系,就会涉及多模态符号体系之间的转变与不同符号体系之间的配合。本文所讨论的多模态与跨模态翻译同符际翻译具有相通之处。下文从模态概念切入,多模态文本、多模态翻译以及多模态口译几个方面展开讨论。

2.1 单模态、多模态与跨模态概念界定

要厘清单模态(mono-modality)、多模态(multi-modality)与跨模态模态(trans-modality)几个概念,首先需要对模态概念进行界定。

从当前研究来看,对模态的界定主要从感官渠道与符号资源两个视角切入。张德禄认为:"多模态话语指运用听觉、视觉、触觉等多种感觉,通过语言、图像、声音、动作等多种手段和符号资源进行交际的现象"(张德禄,2009:24)。也有学者指出,视觉、听觉、嗅觉、味觉和触觉五种感知通道对应五种交际模态,即视觉模态(visual modality)、听觉模态(auditive modality)、触觉模态(tactile modality)、嗅觉模态(olfacotry modality)和味觉模态(gustatory modality)(朱永生、严世清,2011:118-119)。而冈瑟·克雷斯(Gunther Kress)从社会符号学视角出发,指出多模态主要涉及不同符号资源的分配问题(Kress, 2010)。

2.2 多模态文本与多模态翻译

关于多模态翻译概念,有研究指出,"多模态翻译(multimodal translation),即多模态话语意义的翻译"(王红芳、乔孟琪,2018:100)。可以看出,多模态翻译对象是多模态话语,而多模态翻译的关键在于多模态话语意义的转换。佩雷斯-冈萨雷斯(Pérez-González)在专著《视听翻译:理论、方法与问题》(*Audiovisual Translation: Theories, Methods and Issues*)中,将多模态分为核心模态(core modes)与子模态(sub-modes)。前者包括声音、音乐、图像和语言(Pérez-González, 2014:192);后者子模态包括语言子模态(language sub-modes)、声音子模态(sound sub-modes)、音乐子模态(music sub-modes)、图像子模态(image sub-modes)(ibid.:198)。根据此研究,语言模态与声音、音乐、图像等非语言模态并列为核心模态。不过,即便在核心模态中,声音与音乐都属于听觉模态,而图像属于视觉模态。语言模态作为核心模态,既包含以口语为主的声音语言,也包含以

书写为主的视觉语言。作为语言子模态的口语则涉及声音高低、声音质量、声音之间的衔接、连贯与停顿等。

可以看出，多模态翻译主要涉及对多模态文本的翻译。多模态文本主要指包括语言符号与视觉、听觉等非语言符号并存的文本，也就是包括至少两种模态的文本（Kaindl, 2013：257-258）。佩雷斯-冈萨雷斯认为"视听文本通常被认为是多模态文本"（Pérez-González, 2014：187）。克劳斯·坎德尔（Klaus Kaindl）提出视觉（图像与图表）、听觉（声音与音乐）以及语言并存的书面与口头文本属于多模态文本。不过，即便是只有语言符号的所谓"纯语言文本"，同样包含语言符号之外的字体、排版等多模态非语言符号（Kaindl, 2013：257）。也就是说，包括至少两种模态的文本就是多模态文本。需要指出的是，语言符号本身属于语言模态，只要语言模态与非语言模态并存就属于多模态文本。

如果说语言模态和非语言的视觉、听觉、嗅觉以及触觉等模态并存的话，就构成了多模态文本。从模态视角来看雅各布森提出的语内、语际和符际翻译的话，前两者属于多模态翻译，而后者属于跨模态翻译。原因是符际翻译涉及不同模态体系之间的转换。不过，如果将符际翻译看作一种元符号行为的话，符际翻译本身又涉及多模态。也就是说，既然符际翻译涉及一种模态到另一种模态的转换，那么符际翻译作为整体符号表意活动涉及至少两种模态。从这个角度来看，符际翻译既属于跨模态翻译，也属于多模态翻译。数字化时代的口译涉及视觉语言符号与听觉语言符号之间的转换问题，因而属于多模态翻译范畴。

2.3 多模态口译

萨拉·蒂瑟托（Sara Dicerto）将多模态文本分为静态与动态两类，前者侧重图像与书面等视觉文本，后者侧重移动的视觉图像以及听觉元素，包括各类声音资源（Dicerto, 2018：3）。就口语而言，语言符号属于动态多模态，而就书写而言，属于静态多模态。就口译活动而言，主要涉及听觉语言模态，但同时，包括发言人与译者的表情、身体语言、目光交流等在内的非语言视觉模态也辅助意义的传递。根据佩雷斯-冈萨雷斯（Pérez-González, 2014）对核心模态和子模态的分类，语言模态本身也涉及多种子模态。从这个角度看，口译面对的文本属于动态多模态文本，因而可以将口译看作动态多模态口译。

口译作为特殊的翻译形式，除涉及语言符号转换外，发言人以及译者的声音模态、视觉模态等也参与意义建构。然而，从研究视角以及研究方法来看，以往口译研究大多关注语言符号的转换，对非语言符号或者对非语言模态，如视觉、听觉、触觉以及身体运动模态关注较少。随着科技的发展，口译活动中涉及的模态日益增多。比如，语音识别过程中，文字转换成语音就涉及语言符号模态、视觉模态与听觉模态间的转换。包括扫图翻译或解说在内的其他各类口译软件都涉及图片到文字、视觉语言符号到听觉语言符号的转变或者多模态符号并存的翻译转换。

多模态理论对分析口译中包括注视、面部表情、身体方向、姿势等在内的非语言符号（肢体语言）具有重要作用。从符号学与多模态视角切入，可以对口译活动进行更加全面的分析，可以将语言符号、副语言符号以及非语言符号连接起来，进而将口译研究的语言结构、语用交际以及社会文化路径融合起来（Wang, 2018：156）。可以看出，该研究从多模态视角分析口译活动，聚焦注视、面部表情、身体方向、姿势、字体语言等视觉模态，对拓展口译研究具有重要意义。不过，鉴于口译活动本身的特点，听觉模态在口译活动中同样发挥重要作用。比如，信息发出者和译者的声音模态，包括语音语调、语速、音高、音量以及音质等同样影响意义传达。此外，发言中不同语言符号之间的空白，如停顿等都值得关注。

严格意义上来讲，不存在单模态文本，也不存在单模态翻译，更不存在单模态口译。根据尤金·洛弗雷多（Eugenia Loffredo）的观点，所有类型的文本都是多模态文本，压根就不存在单模态文本。文字文本除包含语言符号之外，语言符号的字体、字号、颜色及排版等副语言符号也参与意义的传递与表达。因而文字文本也不是单模态文本（Loffredo, 2019）。有学者认为："从符际翻译视角看，从源语口语文本转换到目标语书面文本总是带来语域方面的挑战。"（Ellender, 2015: 2）就近年来逐步受到重视的视听翻译而言，涉及源语口语到目标语的字幕书面语的转换。即便将同一语言系统内的口语直接转写为书面语（语内翻译的一种），也会涉及声音语言和视觉语言之间的转换，可能会面临语言声音模态的丢失或者变化，以及声音符号所表达意义的缺失或者变异。此外，视听翻译中，口语到书面语的转换涉及语域的双重变化：一是口语到书面语的转换，即听觉语言模态到视觉语言模态的符际转换；二是跨语言与跨符号的多模态意义转换。

无论是从声音模态到声音模态的口译、从声音模态到手语的跨模态口译，还是从声音模态到文字模态的视听字幕翻译，无一不涉及多模态甚至跨模态转换,不超越语言符号之间转换的范畴。在此背景下,新时代口译研究有必要,事实上也正在逐步从单模态转移到多模态,进而转移到跨模态研究。从模态转变视角开展口译研究有助于认清口译活动的多模态与跨模态本质,也有助于厘清新兴口译实践的形态、类型以及不同口译形态之间的关联。口译形态的变化对口译教学与口译教育带来新的机遇与挑战,口译教育需要作出有效应对。鉴于此,后文将对 AI 时代口译教育改革方法与路径展开研究。

3. AI 时代多模态口译教学改革的进路

AI 时代口译实践发生的主要变化包括如下四个方面。(1) 口译方式逐步实现从现场到远程的转变。从以人为主(即以译员现场口译为主)向译员远程在场(如看似不在场的远程口译、视频口译)转变。(2) 口译媒介发生变化。由机器辅助到人机交互,即从机助人译到人助机译再到人机交互。(3) 口译模态发生变化。口译对象从单一语言文本逐步转向多模态视听文本。(4) 译员主体发生变化。逐步由人工译员转移到人译机助或机译人助再到人机深度交互式口译。在此基础上,口译职业整体发生变化,译员逐步由精英为主的职业译员向人人参与的大众译员转变,口译职业由人与人在同一场域进行面对面现场口译向人面对或借助屏幕进行跨越时空的远程口译转变。在此背景下,口译教学如何顺应口译实践的变化?口译教学如何应对 AI 时代新兴口译形式带来的挑战?口译研究如何在理论层面回应新兴口译实践?所有这些问题都需要系统梳理与解答。

技术的发展带来口译形态的变化,口译实践的变化对口译教育提出新的挑战。在此背景下,口译教育与口译教育研究该何去何从?口译教育如何有效回应新兴口译实践带来的口译形式变化,以及由此带来的口译能力框架改变?口译教育研究如何立足新兴口译实践,在理论层面做出有效应对?鉴于此,本文立足 AI 时代的新兴口译实践,从口译边界视角出发,聚焦翻译模态尤其是口译模态变化,提出 AI 时代口译教育改革从单模态到多模态再到跨模态转变的研究路径。下文将从口译教学内容、教学方式与口译质量评估几个方面对口译教育改革进路展开讨论。AI 时代口译教育改革体现在口译教学内容、教学方式以及评估方式的多模态性以及跨模态特点。

3.1 多模态口译教学内容

口译教学内容的多模态特点体现在从语言文本到视觉、视听等多模态文本的转变。语言符号与听觉、视觉等非语言符号之间的配合以及相互转换问题都值得关注。就职业化口译人才培养而言,要实现学校教育与口译职业之间的无缝对接,需要将真实口译活动引入口译课堂。这里不单指口译教师自身从事的口译现场活动素材、录音、录像等视觉、听觉或者视听资料,还包括在教学素材选择中有效补充远程口译、在线口译、线上与线下口译活动等多模态素材。总之,口译教学的内容应有效呈现口译职业中真实出现的主要口译类型,以便学生的口译学习可以与口译职业实践有效过渡与对接。

为有效实现口译教学与口译职业之间的对接,教学内容需要与真实口译素材保持一致。比如,传统口译活动主要面对的是真人话语,而技术时代的口译素材不仅有真人话语,还有人工智能支持的机器人话语。就口译空间距离而言,如果传统的电话口译作为一种远程口译形式存在,那么数字化时代的远程视频口译不仅进一步有效拉近了时空距离,在呈现模态上也由单一声音模态过渡到声音和视觉模态并存的多模态形式。除此之外,虚拟仿真口译系统淡化或者模糊了机器之间的界限。针对口译形式或者口译内容在时间、空间、模态以及信息发出者方面所发生的变化,口译教学内容融入多模态口译元素成为必要。

3.2 多模态口译教学方式

就口译教学方式而言,随着口译实践活动自身、口译教学环境,以及口译学习者学习习惯、学习风格、学习需求发生变化,在传统以语言转化为主的口译教学方式中,应有效融入多模态元素,开展多模态口译训练。将面对面教学与远程教学有效结合,线下与在线学习有效融合,加强虚拟现实技术(virtual reality)与情景训练(occasioning)。其中,线上教学需增强在线即时反馈以及同步训练的力度和强度。口译教学方式的多模态化一方面体现在口译教学重点从语言向符号转变,另一方面体现在口译学习方式从单一线下空间向线上、线下混合以及网络虚拟仿真空间转变。

口译教学方式的多模态特点体现在教学空间与符号域的变化。就教学空间而言,传统口译教学以课堂物理空间为主,AI 时代的口译教学不仅包括物理空间,还兼顾物理与虚拟结合的混合教学空间,包括 MOOCS、SPOC 以及其他类型的线上平台课程和公开课等。除此之外,虚拟现实(VR)技术将视觉体验与嗅觉、触觉体验融合,最大化学习者的学习体验。总之,AI 时代线上虚拟教学与线下教学融合形成混合式教学，教学场域逐步从课堂教学空间过渡到虚拟教学空间与真实物理空间相融合的多模态空间。从真实物理空间到虚拟空间再到仿真与 VR 学习空间的变化，体现学习空间从视觉与听觉双模态到融合视觉、听觉、嗅觉以及触觉等多模态的转变。教学空间的多模态在一定程度上为口译教学带来了便利，但也对口译教育提出了新的挑战。

教学方式的改变还体现在由语言模态向包括语言模态在内的符际模态转变。随着技术的发展，口译呈现形式更加多元，比如，在演讲者发言时配有 PPT 展示的交传与同传变得更为普遍。口译活动除现场展示之外，语言符号与非语言符号融合的远程会议变得更为常见。另外，为现场演出及听力和视觉障碍人士提供的口译服务是在视觉符号与听觉符号之间进行的转换，也成为多模态口译发展的一个重要分支。具体形式包括听觉描述等，涉及从语言转换到多模态符号转换的转变。

3.3 多模态口译质量评估

在口译质量评估方面，除关注语言符号转换质量、信息完整度、表达流畅度等核心内容之外，还需要对译者的听觉呈现、声音质量、表情、姿态等视觉要素等进行更为综合、全面的评价。以往口译教学研究除关注语言转换、信息完整度、表达流畅度之外，对学生译员的语音语调等问题也有所关注，然而关注的焦点始终是语言符号。要全面衡量口译质量，有必要加大对非语言符号及非语言模态的关注力度。换言之，口译质量评估除关注语言转换外，也需加强对视觉与听觉等多模态元素的关注。近年来，从口译研究文献来看，口译评估中译员的声音质量逐步成为衡量口译质量的主要标准之一。译员的听觉和视觉模态逐步受到关注。

口译评估方式的多模态体现在对语言转换之外的其他视觉与听觉模态的关注。学界已逐步意识到，对语言模态和非语言模态的口译质量评估不可偏废。比如，有研究在口译质量评估中强调注视、面部表情、身体方向、姿势、肢体语言等非语言符号的重要性（Wang, 2018: 156）。既然从严格意义上讲，不存在单模态文本，也不存在单模态翻译，更不存在单模态口译，那么口译教学与研究有必要突破单模态界限，关注口译的多模态与跨模态特色。然而，总体而言，目前口译质量评估依然更多关注语言符号之间的转换，重心依然在信息完整度、信息准确度等方面，对语言符号与非语言符号之间的转换以及非语言符号在意义传达中的作用关注较少。如果从模态视角来看，当下口译质量评估较多关注语言模态，对非语言模态，比如视觉、听觉、触觉以及身体运动模态关注较少。

4. 结语

AI 及其他数字化技术发展带来了口译实践与口译形态的变化，要求口译教育作出有效应对。在此背景下，本文从多模态与跨模态视角切入，对口译教育改革进路进行分析与前瞻，提出多模态口译教学中多模态口译教学内容、方式以及评估的具体实施方法。这对开展数字技术时代口译教学改革具有重要借鉴与启示意义。

数字化时代，口笔译实践界限模糊，新兴口笔译形式出现，为口译教育带来了新机遇与新挑战。比如，数字技术带来的翻译本地化趋势对口译实践产生影响，如何从本地化视角切入讨论口译问题是未来口译教育需要思考的问题。另外，就研究方法而言，口译语料库建设为口译教学与研究带来便利，口译语料库建设中多模态符号，尤其非语言多模态符号的标注及其与语言符号之间在意义生成中的配合问题需引起更多关注。值得一提的是，视听翻译作为新兴翻译形式，已超出传统字幕翻译范畴，与口译活动的界限不再清晰。随着 4D、IMAX 等观影技术的发展以及观影体验的提升，对电影配音与电影字幕的研究有必要从身体工程学以及多模态感官体验视角切入，展开多模态研究。

总体而言，口译研究与翻译研究之间的界限逐渐模糊，口译研究需增加对语言符号、视觉与听觉多模态非语言符号的综合考量。口译教育研究需要关注口译实践以及最新口译研究发现，即时应对与调整。而真正提升口译教育改革效果，需要一线口译教师、口译教育研究者、口译研究者以及其他学科专家之间的跨学科与跨界合作研究。

参考文献

[1] Bassnett, S. *Translation* [M]. London/New York: Routledge, 2014.

[2] Dam, H. V., Brøgger, M. N. & Zethsen, K. K. *Moving Boundaries in Translation Studies* [C]. New York/London: Routledge, 2019.

[3] Dicerto, S. *Multimodal Pragmatics and Translation: A New Model for Source Text Analysis* [M]. Cham: Palgrave Macmillan, 2018.

[4] Ellender, C. *Dealing With Difference in*

Audiovisual Translation: Subtitling Linguistic Variation in Films[M]. Bern: Peter Lang, 2015.

[5] Kaindl, K. Multimodality and Translation[A]. In C. Millán & F. Bartrina (Eds.) *The Routledge Handbook of Translation Studies*[C]. Oxon/New York: Routledge, 2013: 257-269.

[6] Kress, G. *Multimodality: A Social Semiotic Approach to Contemporary Communication*[M]. London/New York: Routledge, 2010.

[7] Loffredo, E. Incarnating a Poem in Images: An Intersemiotic Translation of "Tramonto" by Giuseppe Ungaretti[A]. In M. Campbell & R. Vidal (Eds.) *Translating Across Sensory and Linguistic Borders: Intersemiotic Journeys Between Media*[C]. Cham: Palgrave Macmillan, 2019: 37-62.

[8] Pérez-González, L. *Audiovisual Translation: Theories, Methods and Issues*[M]. London/New York: Routledge, 2014.

[9] Wang, B. H. Exploring Approaches to Interpreting Studies: From Semiotic Perspectives to Multimodal Analysis[J]. *Chinese Semiotic Studies*, 2018(2): 149-161.

[10] 任文,黄娟.中国口译研究热点与趋势探析(2008—2018)[J].中国翻译,2019(6): 37-47.

[11] 王红芳,乔孟琪.视听翻译、多媒体翻译与多模态翻译:辨析与思考[J].外国语文研究,2018(6): 95-104.

[12] 王宁.重新界定翻译:跨学科和视觉文化的视角[J].中国翻译,2015(3): 12-13.

[13] 王宁.翻译与国家形象的建构及海外传播[J].外语教学,2018(5): 1-6.

[14] 张德禄.多模态话语分析综合理论框架探索[J].中国外语,2009(1): 24-30.

[15] 朱永生,严世清.系统功能语言学再思考[M].上海:复旦大学出版社,2011.

中国典籍英译思考路径模式下翻译课程中翻译方式的实证研究

彭晓娟[1]

(盐城师范学院 外国语学院,盐城 224002)

摘 要:中国典籍英译思考路径模式缺乏实证性研究和实践检验,而该模式的实证研究缺乏对不同翻译形式的对比研究,故有必要就此继续进行拓展研究。根据前期在"翻译理论与实践"及"译作欣赏"两门课程中对76名本科生进行历时逾四个月的实证研究,通过本质不同的讨论合作及独立翻译的翻译方式,采用视频录制、有声思维问卷调查、研究论文反思、采访调查的研究手段,收集受试学生翻译形式的各项相关数据进行定量、定性分析。实验的数据对照和图表比较分析显示,不同翻译小组方式对翻译产出结果有不同的影响,而这些操作执行方式也各有优越之处,有助于翻译课堂讨论形式的改进,而该模式亦从不同层面反映提升了学生的翻译赏析能力。

关键词:实证研究;中国典籍英译思考路径;翻译方式;定量与定性分析

Title: An Empirical Study on Translation Ways in Translation Courses by Thinking Path Schema of English Translation for Chinese Classics

Abstract: It's necessary to develop previous studies based on the insufficiency for the comparison of diverse translation forms in present empirical study, in view of lacking more empirical study and practical investigation for thinking path schema of English translation for Chinese classics (TPSETCC). According to the empirical study over four months on 76 students in two courses "Translation Theories and Practices" and "Translation Criticism," it collects the various relevant data of translation ways and adopts in qualitative and quantitative analysis, through different discussion ways to cooperate and the independent translation way, by means of video recording, think-aloud questionnaires, research paper reflection and interview. By the comparison of experimental data and diagram analysis, it shows disparate influences to translation output for different translation ways with respective advantages, which are beneficial for improvement of translation discussion forms, and the schema reflecting to promote students' translation criticism abilities from multifaceted aspects.

Key words: empirical study; thinking path schema of English translation for Chinese classics; translation ways; qualitative and quantitative analysis

1. 引言

翻译实证研究以产品、功能、过程为导向,而翻译过程研究聚焦于翻译行为本身,即译者头脑中的"黑匣子",研究视角多以心理学为主。这种视角的翻译过程研究经历了实验心理学方法、计算机辅助技术和神经科学方法为基础的三个阶段,三者在方法论层面相互交叉重合,促进了翻译学的跨学科性,也提高了翻译研究的客观性和科学性(黄立波,

---

[1] 作者简介:彭晓娟,硕士,盐城师范学院外国语学院讲师;研究方向:翻译理论与实践。
基金项目:本文得到"江苏省社科应用研究精品工程(19SWC-045)"外语类课题及"2017年度盐城师范学院校级人文社科项目(17YCSK014)"的资助。

2018)。但这种跨学科的翻译学研究方向并不能取代对翻译文本自身的研究。

对于翻译过程模式的研究,罗杰·贝尔(Roger Bell)以语言学为指导,借助心理学和认知科学的研究成果,建构了微观的翻译过程模式,将翻译过程、翻译活动因素,包括分析程序、综合程序、文本再现、合成程序在内的具体翻译步骤,意义与意义关系,意义的生成,文本信息处理,文本处理技巧等作了直观的展示(廖七一,2001:214-231)。其研究从语言学的角度详细展示了翻译分句的程序,对文本进行了线性分割,但句子并不是单一的翻译单位。奈达(Nida)译《圣经》时曾系统提出十个方面的基本程序,又提出了翻译的一般程序和特别程序,涉及狭义和广义的翻译程序(许钧,2014:57)。但对翻译中国典籍并不具备普遍适用性(ibid.:2018)。针对中国典籍英译中的突出特点,与其他过程模式相区分,从宏观概括角度总结其思考路径所涉及的各过程要素,提炼译者、源语、目标语、受众四个层面可能存在的相互作用关系,形成中国典籍英译思考路径模式(TPSETCC)。而在探究翻译认知加工的研究方法层面,克林斯(Krings,1986)及洛尔施(Lörscher,1991)采用有声思维法对翻译进行研究,对语言学习者进行测试。张倩(2010)对有声思维翻译教学进行了尝试;徐彬、李书仓(2018)运用有声思维录制翻译过程视频以用于翻译教学。有声思维法虽然不能将译者翻译时大脑的微观活动过程完全呈现出来,但是仍然不失为一种切入翻译过程认知加工本质的研究方法。

将典籍翻译理论模式、翻译课堂教学与实证研究结合起来,有益于对 TPSETCC 的进一步检验。理论指导翻译实践,教学促进实践并检验理论,实证研究可进一步验证理论的适用性。中国典籍英译思考路径模式在前期研究中经过理论总结及实践初步检验,具有一定操作性及实用性,但对其实验数据分析尚需深入对比,尤其需要探讨不同翻译小组形式对翻译产出的影响。

2. 研究设计

2.1 研究目的

通过对前期实验研究和实验数据的对比,分析不同的讨论性翻译小组形式,比较并对照以组员整合翻译思想为核心、以组长翻译理念为核心,以及以组员分工协作式翻译的产出情况。与此同时,将讨论性翻译小组与独立翻译同学运用 TPSETCC 的过程进行对比。

2.2 研究对象

本研究对象为笔者所在大学三年级英语翻译专业及英语教育专业的两个班级,分别为 25 人及 51 人,研究对象均有一定的英语基础和翻译基础,并且两个班级学时相当。实验过程分别教授 32 课时的"译作欣赏"与 64 课时的"翻译理论与实践",课程过程均需介绍古今中外相关典籍翻译理论,辅以相对应内容的典籍翻译分析、讨论、练习与阅读任务,除此之外,翻译专业学生会系统学习 TPSETCC 并对文本进行适量应用分析。

2.3 研究方法及材料

本研究采用视频录制及有声思维问卷的研究手段进行翻译实验,利用研究论文和采访调查的辅助手段开展实证研究。收集实验数据并将其量化,按照翻译产出性质进行各项归类,进一步做定性分析。实验材料涉及四部分内容:其一要求学生以三种小组讨论模式对欧阳修的《生查子·元夕》(后文简称为《生》)中文进行限时 40 分钟的讨论,并将之译为英文;其二要求学生将李华的《春行寄兴》(后文简称为《春》)四个英译本独立回译为中文,限时 20 分钟;其三要求学生将伍尔夫的《黛洛维夫人》英文选段翻译为中文;其四要求学生将中文杂文老舍的《狗》翻译为英文。本实证研究主要讨论一、二部分中国典籍翻译的产出情况,三、四部分的内容在此不做讨论。

3. 实验过程

在培训阶段,教师向教育班(B 班)系统介绍翻译定义、翻译标准、翻译的意义与地位、翻译过程、翻译家等基础翻译知识,并具体介绍著名翻译理论,尤其是典籍翻译及翻译过程方面的理论,如奈达、许渊冲、汪榕培、柯平等人的翻译思想。而后在此基础上进行阅读、翻译实践与分析。而翻译班(A 班)除需习得以上内容外,还需受训 TPSETCC 相关的翻译理念并应用于赏析实践。

历时四个月的翻译训练结束之后,教师对学生展开两次封闭式实验。实验在划分小组后开展,共有三种小组形式。

第一种小组形式为每位组员先翻译,然后依次提出翻译理据,针对自己的翻译进行反思、讨论、润色,由记录人整合最终版本。第二种小组形式要求每组选出值得信赖、翻译水准较为出众、阅读基础较好的同学担任组长,组员在自行翻译之后提出翻译理据,以组长的译本为蓝本进行修改润色,记录人记录最终版本。第三组小组形式采用分工协作方式,小组选出三分之一比较擅长分析评论的组员提供建议,三分之一擅长笔译的组员进行翻译,三分之一组员查阅各类纸质材料为笔译者提供便利。笔译员译好初稿后,由建议组员进行修改润色,记录员记录最终版本。

在《生》的中英翻译中,A 班划分为 5 组,每组 5 至 7 人,1 组采用第一种讨论小组形式,另外 4 组各有两组分别采用第二种、第三种讨论小组形式;B 班被划分为 7 组,每组 7 至 8 人,3 组采用第一种讨论小组形式,另外 4 组各有两组分别采用第二种和第三种讨论小组形式。实验进程中只允许查阅纸质材料,不允许查阅电子资料。

翻译过程均有摄像,所有翻译草稿和笔记均被保留作为翻译过程参考记录。在《春》的英中翻译中,受试对象仅允许独立翻译,草稿需要保留。实验结束之后,受试对象需要根据实验具体回忆并书写有关实验过程的问卷调查,并于两周之内提交关于实验内容的研究论文,对其翻译过程进行深入反思与总结。针对实验结果中模糊之处,采取采访调查方式补充完善。

4. 数据收集与分析

根据收集的实验视频、实验答卷、问卷调查、研究论文及后期部分采访问答,将所有的信息进行分类整理。翻译产出划分为五大类:作者、源语、译者、译语、读者。例如,在第一项翻译内容中,译者类划分为译者源语知识背景、译语知识背景、译者翻译意图、翻译目标、拟采用的翻译策略、翻译技巧、翻译方法、翻译理论、翻译标准、对文化负载词的思考过程、翻译时所受影响、翻译时倾向性因素。在第二项翻译内容中,读者类划分为原诗翻译风格处理、原诗构想意境处理、原诗构想美感处理。每一类根据程度划分为四个等级:极为清晰/详细、较为了解/理解、不甚了解/理解和毫不了解/理解。每一等级对应相应分值,每一翻译过程总分 100 分。翻译过程统计中的译者及译语类别表述较为清晰,所占比重较高,而作者及读者的表述较为模糊,所占比重较低,对于最终的数据呈现会有一定幅度差影响。

从第一种小组整合翻译《生》的情况及视频资料综合来看,B 班整合译本出现个别基本的语法及拼写错误,翻译讨论过程缺乏翻译理论的支撑,而且忽略了对应宋词韵律的翻译标准约束,行文略显随意。相比之下,A 班整合译本考虑并讨论了作者的可能性创作背景以及其对译语本身情感表达的影响,对其源语中文化负载词的渊源有一定了解,将其充分体现于对词牌名"生查子"的翻译上。整合译本中,译语长短句相互搭配、主从架构交错嵌入,采用了归化的翻译策略。整合呈现结果详见图 1。

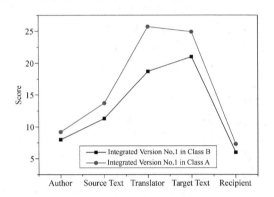

图 1 Integrated Versions of Groups No.1 for Translation Process Comparison

在第二种小组的翻译讨论中,A 班其中一组最后的翻译产出仅对组长(编号为 A13)的翻译作了部分细微修改。其视频材料中讨论过程及其他有声思维纸质材料显示,在词汇选择方面,如翻译"元夜",该组学生的意见是,"考虑到题目和上一联已经翻译过,而且'Lantern Festival'未免太长且多余,出现一次、点名时即可,所以只翻译了 this year 和上文 last year,对比鲜明。同理,月与灯依旧、仍旧是去年之物,所以只保留意思翻译成 'all the same',而且运用辅音音素/m/,营造凄凉氛围。由音素/m/得到启发,下半联全部采用/m/音素",如"moonlight""made""man",并且都用到头韵。在句式方面,根据源语内容为要,形成鲜明对比,"突出物是人非的悲凉心境,努力营造译文悲凉的氛围,最好做到凝练,简明扼要",如"今年元夜时……泪湿春衫袖。"译为:"This year, all the same, but the man. All is the young man with tear."其翻译依据为"在翻译过程中还原作者心中对于物是人非的凄凉心境。重在通过英语语言勾勒原诗的意境,而不重在形象刻画,担心'以形害境'"。其翻译策略为"归化(domestication)策略,降低英文读者对于中国诗歌的理解鸿沟。只翻译本体,不赘述形体,重在释意"。其翻译技巧为"将动词转换为名词,把握英语名词中心(noun-centered)"的特点。在翻译理论的选择方面,学生选用"钱钟书的'化境(transmigration)',重在对意境勾勒,淡化中文诗歌形象翻译"。除此之外,最终译文充分考虑到了宋词给读者带来的音韵美感,译文用词"shinning""like""daylight"使用间韵/aɪ/,用词"date""dusk"使用头韵/d/,措辞注意上下对应形成呼应,格式工整,达到"形美"的基本翻译标准。

在后期的论文反思中,A13 详细阐述了作者的写作背景、知识背景以及其与源语的可能性关系、对译语的潜在影响,也再次对自己的版本做了进一步的更新改进。

相比之下,B 班对应组最终译本对组长(编号为B26)译本作了少量词汇及措辞修改。但是,可能由于誊写问题,又出现个别词汇拼写错误。另外,从对词汇本身细致考究的角度考虑,学生个别用语虽含义接近,但表意过于夸张,不适用于该语境。从视频资料及 B26 所在组的翻译过程材料整体来看,在对部分文化负载词的理解上,最终译文仍不失翻译理论的支撑,如元夜,"元宵之夜,农历正月十五为元宵节,元宵节我们一般挑花灯,故又称'灯节'。因此将'元夜'直译为'the night of the 15th of the first lunar month',意译为'Lantern Festival'。根据许渊冲的译诗六论之'译者依也',即译文要接近原文,保留诗歌的意向。除此以外,根据诗歌语言的特点,英译诗歌的语言更加偏爱短小精练,切忌冗长,因此更加符合读者对翻译的需求。"译语的总体翻译思考更加倾向于对句式的转变进行分析,个别词汇的选择偏向以译者为中心,微观翻译过程缺乏深入的加工阐释,而后期的论文中将该诗的不同译本作了详尽的对比分析,运用许渊冲的诗歌翻译理论对宏观翻译过程作了些许分析总结。第二组组长对比情况如图 2 所示。

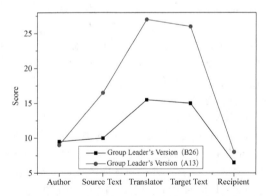

图 2 Group Leaders' Versions of Groups No.2 in Two Classes for Translation Process Comparison

在第三种小组中,根据 A 班两位同学(A16、A17)处理翻译核心加工的结果,生成最初版本,经由组员协助后,再通过有批判性思维的组员修改,去除了个别无语法性错误,但稍显重复的瑕疵。从视频录制和其他纸质材料来看,讨论过程中,组员对源语宋词的词牌名采用了音译的翻译技巧和归化的翻译策略;考虑到作者情感因素对词汇选择的影响,如组员并不清楚作者所描述的约会关系究竟是指情侣关系还是指夫妻关系,但考虑到"couple"既可以指情侣,也可以指夫妇,为了避免情感关系理解错误,最后选择了"date";而且诗中"昼""头""后"押尾韵,"旧"与"袖"押尾韵,为了在译文中也体现音韵美,目标语中尾词分别译为"midnight""daylight""willows""fellows""still""sleeves",遵循 aabbcb 的韵尾规律,虽然部分措辞有些牵强,但总体而言,仍是顾及了读者的审美需求。

而根据 B 班第三种小组两位仅处理翻译核心加工过程的学生(B8、B10)经由协助后的版本可知,B8 在翻译"不见去年人"时,联系上文"人约黄昏后",采用意译的翻译策略及省略的翻译技巧,贯穿上下文,参照''信、达、雅'的要求,尽量做到遵循原文的意思,使读者通达,并且尽量给人以情感的共鸣"。语言风格方面,"力求清新隽永。在目标语中力求简练达意"。但是,在实际的翻译产出中,仍然出现个别时态、标点符号等语法错误。优点是整体风格简明,语句通顺。B10 对少许源语词汇有所考量,如"翻译'人约黄昏后'的'约'字时,在'make an appointment''meet''date'三词间进行比较,'make an appointment'一词意思上有了,但过于正式,缺乏情感上的内容,且用词太长不够简洁凝练;'meet'一词只有见面的意思,却没有相约的意思;'date'一词则形神兼备,故而选择用'date'。"其语对个别词汇考究颇多,整体行文篇幅较长,更似散文。两者根据所提建议在后期版本中对此作出了修正,但是问题在于整体行文及篇幅过于意译。双向平行比较参差不齐。第三种小组协作译本对比情况如图 3 所示。

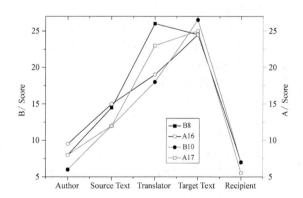

图 3 Versions of Groups No.3 of Two Classes with Main Translation Task for Translation Process Comparison

从非小组讨论的个人翻译《春行寄兴》来看,A1—A5 在译者层面产值全部超过 B2—B6,在译语及受众层面也有部分略微胜出 B 班受试者,但在作者及源语层面的差距表现,不甚明显。如 A3 在对比此诗的四首英译文时表示,"无法找出对应诗歌时,可以大体翻译出它的意思,再通过其中的意象、情感来斟酌字眼,可以联想、想象所学诗歌中的意象,根据作者的情感基调描写诗中的景象。"A3 将诗的最后一句翻译成"无人知晓鸟哭啼","一开始想的词语有'哭泣''低鸣',但用'低鸣'表达不出全诗怅然的情感基调,'哭泣'二字虽然能渲染氛围,但因为读起来不朗朗上口,于是把它改为'哭啼'。这样既押韵,又能渲染氛围"。虽然受试者没有原诗的知识储备,但是结合译语知识体系的认知基础,整体翻译切合诗韵。"春日即兴诗/宜阳城下芳草萋,溪流婉转东向西。一树繁花渐凋零,无人知晓鸟哭啼。"恰如其分地还原了原诗的精髓。

5. 结果与讨论

在以组员整合翻译思想为核心的第一种小组合作翻译《生》的过程中,每位组员有均等的机会去表达自己的译本及翻译观点,不存在任何译本一定超越其他译本的先存观念。整合译本其实是一种翻译观点的彼此分享、张力相互作用的制衡结果。在两班第一种小组每位组员源语类别的单向平行比较中,A 班 A21—A25 的翻译过程产出值均高出 B 班 B1—B5 14%—35%;而在以译者类别的比较中,A 班 A21—A25 的翻译过程产出值均高出 B 班 B1—B5 33%—53%。如 A22 在源语类别就对文化负载词的理解作了详细的翻译过程阐释,"元月:起初认为是春节(Spring Festival),后在通读全文后确定该诗为元宵节(Lantern Festival)","花市:在翻译过程中,思考该词是否应直译。个人认为花市即是集市、市场,但若是译为'market'便失去其'花'的韵味,最终采用了'flower-market'一词。后又在字典中查询到该词的释义,就是'flower-market'。'春衫'一词,纠结良久。'spring clothes'首先出现在脑海里,但若以此来作译本,会显得很奇怪。仔细推敲一下,结合古人的生活特点,古代人思想保守,注重仪表,都会穿三层以上的衣物,而且衣服多为衣袍,所以认为'gown'更为合适。"在源语的理解单位与语言的对应关系上对仗更加工整,符合源语的表述习惯。而在另一平行对比中,B2 的有声思维问卷表达得较为简略,而且虽然采用直译,但是源语的理解与语言的对应不到位,缺乏对源语美感的解读与理解。单向平行对比中,A 班整体在源语与译者方面的产出更加突出,并不代表 B 班缺乏产出优异者,B 班在作者类别的同组单向平行对比表现中有五分之二的翻译产出更胜一筹,在目标语和受众类别的同组对比中有

五分之一的受试者较之 A 班更为突出。如 B1 在宏观翻译过程作者类别的考量中,于反思论文中详细介绍了欧阳修的写作背景、知识背景、家庭背景、个人情感史与此诗的关系,"欧阳修自幼丧父,身居亲属之家,耳濡目染受到良好的教育,性情刚正,声名远扬,由于丧失所爱之人,因景受感,睹物思情,寓情于诗",理解所要传递的意象以及其中所透露的文化底蕴。除此之外,同组其他对比中,A 班受试成员总体展现出明显的优势。

在以组长翻译理念为核心的第二种小组合作翻译中,讨论轴心由组员转向组长,所选组长需要在翻译见解上比其他组员更加深刻,并且平时翻译表现常常更为突出,能够得到众人普遍认可,可以组织组员对其译本展开订正、修改及润色。同时,能虚心接受不同意见。这种小组形式将翻译讨论集中于对组长译本的思考与评价。两班第二种小组每位组员译语产出的双向对比和比较中,A10—A15 中 64% 的组员在译者及目标语层面的翻译过程产出值明显高于 B 组,而 32% 的组员在作者、源语层面的翻译过程产出值明显高于 B 组。虽然此组采取主要针对 A13 组长的讨论,但是统计各成员未经讨论前各个版本的翻译过程,普通组员 A12 的翻译过程产出表现在译者、目标语层面均有较高分值,甚至超出组长的产出表现。如对于"月上柳梢头,人约黄昏后"这一句,其译为"Up the willow, the moon climbed; Our date was late after the sunset"。"采用了词序调整(inversion)的方法,将'柳梢头'译在了'月上'后面。因为注意到原诗压了尾韵。所以,为了照顾到和'sunset'押韵,将'climbed'放在了后面,将句序做了微调,这样的话,就能够照顾到原文尾韵的韵律美。"而对于"今年元宵时,花与灯依旧"这一句,其译为了"Time flies to the fifteenth night this spring; Lights and the moon remain glowing","运用了增译的翻译手法,增加了'Time flies'这一部分,原文只是简单地陈述了时间,而这样翻译,会有一种时间飞逝的感觉。因为在翻译中文古诗词的过程中,总会遇到一个问题,那就是难以表达原诗的意蕴美,于是,采取了增译的方法,适当地加以修饰,以求能表达原文的韵味。同样地,下一句中,在'moon'前加了'the',而'Lights'前并没有。因为考虑到,月亮是永恒不变的,而灯相比起去年肯定是焕然一新的。这样翻译有一种自然永恒、人世苍茫之感,与原文的时光飞逝、故人不在之感情基调相衬。"A12 翻译产出并不亚于组长未经讨论的版本,并且其翻译过程显示了较为明显的以译者及目标语为中心的考量。参照图 2 对比情况可知,如果第二种小组(以针对组长译本讨论为中心的小

组)所选组长在微观翻译过程中某一或两个层面的翻译思考较其他组员有微弱差距,但是经由小组讨论、修改、润色之后,组长译本亦显示出明显产出优势。两班第二种小组组间对比情况如图4所示。

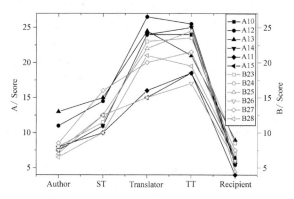

图 4 Translation Process Comparison of Sheng Zha Zi in Inter-group No.2 of Two Classes

采用组员分工协作式翻译协同操作的第三种小组,将翻译过程中检索信息、筛选信息的翻译步骤与翻译核心加工过程分离,交由不同组员完成并相互协助,再由较有批判性思维的组员提出建议进行修改,提高翻译产出效率,个体翻译转为群体协作。如A班第三种小组A1—A3经由组员协助与建议后的译本在译者、受众层面有67%优于B班成员。但由于翻译观念直接相左的情形发生相对可能性较低,翻译理念在译本中的体现较为统一,翻译协作有利于翻译效率的提高。B班在目标语层面亦有67%优于A班成员的产出呈现,且在宏观翻译过程后期,由于B班译员在翻译论文中的反思较多考虑了作者的因素,亦有67%超出A班翻译产出值。即便A班前期具备较B班更多的翻译理论学习及翻译实践练习,但在翻译协作性小组中,整体优势趋向平均化。与此同时,A班第三种小组倾向于译者、受众为中心的翻译,而B班同组表现出以目标语、作者为中心的思考倾向。这些翻译的思考倾向并不能作为衡量典籍翻译过程模式是否直接对产出值有积极影响的标准,只能作为标记不同思考路径,从而进行较为全面、系统的翻译评价的标准。

除去小组分工为翻译产出带来的优势之外,《春日即兴》的个人翻译可以将个人翻译过程的微观及宏观特点尽显无遗。总体看来,A班以译者为中心的翻译视角更为突出,B班倾向以译者、译语为中心。两班除去一名B班受试者对原诗有知识储备,在翻译过程中思考较为简略,其他受试者基本遵循了翻译的基本思路,对源语进行回译。而在典籍英译过

程模式的作用下,A班受试者即便缺乏译语的相关记忆储备,仍不乏产出贴近原诗的译本,且翻译过程详实有据。可见,翻译产出的情况与翻译宏观、微观思考过程并不能等量齐观,正确的翻译产出并不代表翻译过程的确实可依。同样,翻译过程的繁复思考并不代表翻译产出的绝对相应,然而却有利于催生多样化的翻译产出。

6. 结语

经过对TPSETCC的实验检验,不同的翻译小组形式和翻译方式对翻译产出的影响不尽相同,但总体来看,受训该模式的成员产出值普遍高于未受训成员。以组员整合翻译思想为核心的小组形式难以产生具有核心凝聚力的产出版本,小组译本倾向以个人思路为主导,出现各种翻译路径;以组长翻译理念为核心的小组形式易产生具有普遍认同及统一思路的产出译本,但最终译本并不一定代表该过程模式中各要素分析都一定具有最佳产值;组员分工协作式翻译协同是较高效的翻译操作方式,整体优势趋向平均化;而个人翻译方式的产出表现为百花齐放,译本的呈现结果未必反映翻译过程,翻译过程的繁复亦不代表译本产出的绝对优势。这对翻译课程课堂教学的小组形式或许有一定借鉴意义,而实验也从多层面反映了中国典籍英译思考路径模式的课堂应用有效性,以及对学生赏析水平提高的增益性。

参考文献

[1] Dicerto, S. *Multimodal Pragmatics and Translation* [M]. Switzerland: Springer International Publishing AG, 2017.

[2] Hansen-Schirra, S. & Nitzke, J. Translation, the Process-Product Interface and Cognition[A]. In F. Alves & A. L. Jakobsen (Eds.) *The Routledge Handbook of Translation and Cognition* [M]. New York: Routledge, 2021.

[3] Lörscher, W. *Translation Performance, Translation Process, and Translation Strategies: A Psycholinguistic Investigation* [M]. Tübingen: Gunter Narr, 1991.

[4] Peng, X. J. The Exploratory Study on Thinking Path Schema of English Translation for Chinese Classics — Exemplified by *The Analects* in English Versions [J]. *International Journal of Applied Linguistics and Translation*, 2018(2):

40-45.

[5] Volkova, T. Translation Model, Translation Analysis, Translation Strategy: An Integrated Methodology [J/OL]. *Procedia-Social and Behavioral Sciences*, 2014: 301-304. www.sciencedirect.com, 2014-10-22.

[6] 郭薇,辛红娟.哲人译哲:中国哲学典籍英译路径探析——安乐哲教授访谈录[J].外语与外语教学,2020(5):139-147+151.

[7] 黄立波.实证翻译研究的发展及趋势[J].外国语,2018(6):104.

[8] 廖七一.当代英国翻译理论[M].武汉:湖北教育出版社,2001.

[9] 刘立香.翻译过程研究综述[J].集美大学学报,2007(4):51-55.

[10] 谭业升.论域依赖的认知翻译教学模式——以应用型本科翻译专业实验教学设计为示例[J].外语电化教学,2019(5):62-68.

[11] 吴宜涛.翻译过程有声思维教学设计及实证研究[J].河北农业大学学报(社会科学版),2019(5):116-120.

[12] 徐彬,李书仓.翻译过程视频资源在翻译教学中的应用[J].外语电化教学,2018(5):13-17.

[13] 许钧.翻译论[M].南京:译林出版社,2014.

[14] 杨静.中国典籍英译过程中译者的认知模式研究[J].河南广播电视大学学报,2011(1):57-58.

[15] 曾丽沙.体验—建构融通式教学模式探索——本科笔译教学创新实验报告[J].外语界,2013(1):62-71.

[16] 张情."有声思维"教学:一种新的翻译教学尝试[J].西安外国语大学学报,2010(4):84-86.

[17] 周领顺.译者行为批评:路径探索[M].北京:商务印书馆,2014.

■ 译介研究

"麦家现象"对中国文学译介海外传播模式构建的启示与思考

焦 丹　贺玲玲[1]

(河南工业大学　外语学院,郑州　450000)

摘　要：文学译介本质是跨文化传播。麦家作品是中国文学走出去的典型代表,成功的译介促使其实现从民族文学到世界文学的跨越,"麦家现象"成为当代文学领域的热点议题。本文基于译介学与传播学理论,以麦家文学译介作品《解密》《暗算》《风声》为研究对象,从译介学视角剖析麦家作品译介主体、途径、内容、受众和效果五要素,探究麦家作品海外译介的翻译与传播过程中的现象与问题,旨在给中国文学作品的海外译介与传播模式构建以启示。

关键词："麦家现象";译介学;文化走出去;译介与传播模式;麦家作品

Title: The Enlightenment and Thinking of "Maijia Phenomenon" on the Building of Overseas Communication Mode of Chinese Literature Translation and Introduction Studies

Abstract: The essence of literary translation is cross-cultural communication. As a representative of Chinese literature going abroad, the successful translation and introduction of Maijia's works helped realize the leap from national literature to world literature, and the "Maijia phenomenon" has become a popular topic in the field of contemporary literature. Based on the medio-translatology theory, this study takes *Decoded*, *In the Dark*, and *The Message* as research objects to analyze the gain and loss in the process of translation and communication from the perspectives of who translates, what to translate, in which channel, to whom, with what effect, hoping to offer inspirations for the Chinese literature translation and communication models.

Key words: Maijia phenomenon; medio-translatology theory; Chinese culture to go out; translation and communication models; Maijia's works

1. 引言

中国文化走出去已上升为国家战略,其中,中国文学译介是促进中国文学走出去的重要方式之一。在中国文学译介方面,我国启动了"中国文学海外传播""中国文化著作翻译出版工程"和"经典中国出版工程"等,但海外接受中国文学作品的效果不佳,并未达到预期。从1900年到2010年的110年间,中国翻译西方书籍10万多种,而西方引入中国书籍却不到500种;近年来,中国年均引进美国图书150种左右,而美国输入中国文学作品不到10种(鲍晓英,

---

[1] 作者简介：焦丹,博士,河南工业大学外语学院教授、硕士生导师;研究领域：翻译理论与实践、武术翻译研究。
贺玲玲,河南工业大学外语学院硕士生;研究方向：翻译理论与实践。
基金项目：本文系国家社科基金"中国武术外译话语体系构建研究(20BYY074)"、河南省高等教育教学改革研究与实践项目"人类命运共同体视域下融入式和平教育在外语课程思政中的应用研究(2019SJGLVX269)"的阶段性成果,得到了"2021年度河南省高校科技创新人才支持计划(人文社科类)"和"河南工业大学社科创新基金支持计划(2021-SKCXTD-09)"的资助。

2013：43）。蒋方舟曾提到，日本村上春树的作品在挪威可卖到十几万册，相比之下，中国作家作品却无人问津（刘莉娜，2012：34）。由此可见，中国文化走出去的效果远低于预期。

"麦家现象"是指麦家小说创作、出版取得了巨大成功，从而形成麦家本人"走红"的现象（徐婧，2017）。目前，麦家的两部长篇谍战小说《解密》和《暗算》已在英国出版，其中，《解密》入选史上最杰出的 20 本间谍小说和"企鹅经典"文库。麦家成为继鲁迅、钱钟书、张爱玲之后被收入"企鹅经典"文库的中国当代作家第一人。第三部英文版小说《风声》也已被宙斯之首（Heads of Zeus，英国独立出版社）获取出版权。麦家热的出现除去作品本身魅力之外，更归功于文学传播过程中的译介。基于此，本文从译介学和传播学理论视角，根据译介五要素分析麦家作品在海外广泛传播的影响，通过探究麦家作品海外译介传播效果透视中国文学作品海外译介传播模式。

2. 中国文学作品海外译介传播现状与问题

中国文化走出去进程中，文学作品的对外传播至关重要。20 世纪 80 年代，中国政府推出一系列政策促进文学作品的海外传播：杨宪益主编的"熊猫丛书"出版了 195 部文学作品，但并未获得预期效果；《大中华文库》已出版 180 册，但除个别选题被国外相关出版机构购买版权外，绝大多数出版的选题均停留在国内发行圈，尚未真正走出国门。中国文学作品的对外传播中，有莫言、贾平凹、余华、刘震云、王安忆、金庸、格非、沈从文等中国现当代不同风格及流派的代表性领军作家，在文学作品对外传播过程中取得一定成绩。例如，莫言在 2012 年获得诺贝尔文学奖；莫言的《生死疲劳》、王安忆的《纪实与虚构》、朱天文的《第七天》获得美国纽曼文学奖，该奖项是美国设立的第一个华语文学奖。可见，中国文学正在从边缘地带向中间地带过渡，显现出正向发展态势。

然而，中国文学作品译介过程也存在诸多问题。首先是国外市场的制约。金介甫（2000）、葛浩文（2000）等认为，对于西方媒体及读者而言，中国文学译介多介绍其历史、政治作品，文学性作品较少，是导致读者兴趣缺乏的原因之一。许钧（2013）指出，在西方主流社会接受中国现当代文学的过程中，文学作品非文学价值受重视的程度远远大于其文学价值。其次是译介受众对中国文学的偏见。长期以来，在国外读者眼里，中国文学就是枯燥的政治宣传教育资料，被贴上社会主义、现实主义标签。对外传播过程中，在译介内容的选择上下功夫、采用灵活的写作方式和主题、提高中国文学的可读性和文学性是改变这一偏见的可行性方案。葛浩文（2001）提到，国外读者更喜欢幽默轻松的作品，即使故事是一个悲剧，也应该以幽默的方式叙述。而大部分中国文学作品往往忽视国外读者的兴趣爱好，导致译介效果不佳。最后是专业文学代理人的缺乏。大部分文学作品译介是作者与国外媒体直接联系，而作者在出版和宣传等方面不够专业、了解不深，知识差导致传播效果大打折扣。因此，总体来说，中国文化译介整体上仍处于弱势阶段，传统海外译介模式在译介五要素维度存在不足。译介主体方面，主要是中国本土译者参与翻译的译介主体模式；译介内容方面，主要是国家机构赞助下的译介内容模式，由译者自主选择译介内容，目的性不强；译介途径方面，主要是本土出版社、大众传媒等单一译介途径；译介受众方面，主要关注中国传统的文化习俗，较少关注中国现实社会的观念与价值；译介效果方面，存在盲目宣传、忽视译介效果、缺乏反馈机制的短板。因此，探索中国文学译介模式的构建对中国文化走出去具有实际意义。

3. 从"麦家现象"探究中国文学作品海外译介传播模式构建

拉斯韦尔传播模式认为传播由"谁""说什么""对谁说""通过什么渠道""取得什么效果"五大基本要素组成，即传播主体、传播内容、传播途径、传播受众和传播效果。文学译介也是文化传播行为，将拉斯韦尔传播模式应用到文学译介，即是包含译介主体（国外汉学家、翻译家）、译介内容（作品本身的可译性、容易被译入语读者接受的作品）、译介途径（出版社）、译介受众、译介效果五大要素的译介模式，以下分析如何通过中国文学的译介主体、内容、途径、受众和效果五个维度构建有效的中国文学译介模式。

3.1 发展汉学家队伍，构建中西合译模式

传播主体是指由"谁"进行传播，译介主体研究的是"谁"翻译的问题，即译者应该是"谁"的问题（鲍晓英，2014）。中国文学译介发起人主要是国家机构，译者主体大多是国内本土译者。长期以来，通晓中文的外国人极为有限，中译外的任务只能落到中国本土翻译工作者的肩上（黄友义，2011）。

麦家三部作品的译者米欧敏（Olivia Milburn）是英国汉学家、翻译家，因其父亲是土耳其语教授，母亲是波斯语教授，她从小生活在多语言环境中。随家人赴世界各地学习、教学的经历更是塑造了米欧敏的国际视野。在中文教育背景方面，她从小学习中文，在牛津大学攻读博士时的研究方向是先秦文化和吴越古汉语，目前在韩国首尔国立大学教授中文。米欧敏是《晏子春秋》全本在西方世界的首位英译者；作为麦家小说《解密》的英文译者，造就了国际出版界的"麦家神话"。2014年，《解密》英文版便在21个英语国家推出，之后不仅入选了仅有鲁迅、钱钟书和张爱玲三位现代中文作家在列的英国"企鹅经典"文库，更是被近700家图书馆收藏，成为世界图书馆收藏量第一的中文作品。米欧敏认为，西方从未全面了解中国的当代文学，而麦家作品中对解密和国家命运的描写让他们体验到不一样的中国，这也是《经济学人》会在其入围2014年度十大虚构类好书时盛赞《解密》的原因。2018年，米欧敏因翻译麦家作品《解密》《暗算》《风声》，荣获第十二届"中华图书特殊贡献奖"的青年成就奖，被《经济学人》杂志评价为"翻译界的瑰宝"。

米欧敏的译者特点并非个例，她的经历与阅历使她成为中国文学作品外译的理想译者。谢天振（2014）认为，国外翻译家对译入语国家细微的用语习惯、独特的文字偏好以及微妙的审美品位等方面的把握要优于只是作为第二语言且生活在国内的翻译家。理想的译者，应是有中国背景且在国外久居的人，既能很好理解中国文化，又兼具西方的思维模式（牛玉栋，2017）。众多华裔或国外汉学家将中国文学作品译为英文，取得了良好效果，如刘宇昆和葛浩文。刘宇昆是美籍华裔，他翻译的科幻小说《三体》《北京折叠》两部作品分别获得2015、2016年雨果奖；知名美国汉学家葛浩文是2012年诺贝尔文学奖得主莫言的英文译者，他的译介帮助莫言在英语世界得到关注与认可（孙宇，2017）。由此看来，译介主体在整个译介过程中有着举足轻重的地位，如何巧妙且充分地发挥译介主体的重要作用是文学译介模式构建的关键。因此，最理想的模式就是国外汉学家与中国学者合作翻译，以达到效果最大化。

3.2 规避文化冲突，契合受众审美

目前的中国文化走出去工程注重选择含古代文化典籍内容的作品，但由于中西文化交流存在文化间性，现阶段西方读者，尤其是大众读者，对中国文化了解不深，对经典、高深内容接受水平不高，这是不争的事实（谢天振，2011）。新时代背景下，是选择"曲高和寡的小众严肃文学"作为向外传播的文学类型，还是选择可读性更强而受众更广的通俗文学，俨然成为中国对外译介中的一个难题（刘云虹，2015）。因此，对中国文学作品版本和类型的选择也是影响外译效果的重要因素之一。

米欧敏与麦家作品的结缘实属偶然。2010年，米欧敏在上海参观世博会，在返韩的机场书店里偶遇《解密》，被其中情节深深吸引。《解密》中，数学天才容金珍在制造密码和破译密码之间辗转；《暗算》中，一群天才在幽闭空间中表现神奇；《风声》中，人们在庄园宾馆中送出情报……小说中的人物都处于一种隔离状态，他们因特殊的工作性质隔离在情报部门、庄园宾馆、大山上等。三部小说也都有谍战因素，都是关于间谍和情报的解码。在《解密》英文版推出时，正值"棱镜门"事件发生，作品的主人公与"棱镜门"事件的主人公斯诺登颇为相似，因此出版之初《解密》就引起了轰动。

如何在外译过程中规避文化冲突、契合受众审美是译者必须考虑的。选择哪类作品译介、如何翻译等都体现了意识形态的背后操纵，都包含各式各样、或隐或显的意识形态动机，可能来自国家机构借翻译塑造民族国家意识的需要，也可能源自译者本人为实现自我身份建构的需求。但无论是在国家层面还是个体层面，翻译与意识形态的关系始终交织在一起（耿强，2010：15）。传统的译介模式忽视译介受众的喜好，导致南辕北辙，效果大打折扣。因此，在译介内容的选择上应避免与译入语意识形态产生正面冲突，在不失民族特色的同时适应世界文学的大趋势。上述小说正是因其谍战元素迎合了西方读者的阅读兴趣才获得成功。因此，对外传播过程中，规避文化冲突、契合受众审美是译本选择所需考虑的关键因素。

3.3 以译介受众为导向，关注受众反馈

译介受众是一个复杂群体，涉及国别、种族、性别、年龄、职业、水平、心理状态、审美要求等多种因素（杨自检，2002：10）。在推动中国文化走出去的过程中，要正视中西文化存在的时间差和语言差，充分考虑译介读者的文化背景，分步骤培养受众对中国文学文化的接受度（谢天振，2011）。大部分中国现当代文学被译成英文，多是因为作品在中国获奖，或出于研究目的。但是，很多时候译者并未考虑读者感受。米欧敏说："我选择把麦家的作品翻译成英文，是因为我觉得英美的读者对谍战题材很熟悉，已经有读者在看同样的小说，如果能向他们介绍中国的谍战小说，应该也会受到欢迎。"在译介内容选择上，米欧敏作为译介主体，充分了解了译介受众的喜

好以及对中国文学作品的接受度。

中国文学走出去过程中,由于对西方受众的偏好等研究不够充分,导致一厢情愿地向海外传播作品,使传播效果大打折扣。倘若要使文化交流真正影响广大受众的精神生活,首要问题是要研究译介的内容是否具有可读性,是否会受到读者的欢迎,归根结底还是要看读者的实际需求。目前,中国文学对外译介尚处于中国文化走出去的初步发展阶段,充分考虑译介受众对中国文化的接受度及态度、关注受众反馈实有必要。

3.4 拓宽译介途径,实现多元化发展

译介,可分为"译"和"介"两个重要的因素(谢天振,2019),而目前国内外语行业大多关注"译",如翻译策略、翻译方法、翻译理论的研究;关于"介"的研究却寥寥无几。"介"可以理解为介绍、传播。对于推动中国文学在海外的传播,"译"是基础,"介"是关键因素,两者在中国文学海外传播过程中的作用都不可或缺。鲍晓英(2014)认为,译介途径主要包括出版社、大众传播媒介以及书展、文学代理人。

3.4.1 充分发挥国外主流出版社价值

《解密》的海外版本由国外主流出版社出版,其中美国版本由法拉、斯特劳斯与吉鲁科斯(Farrar, Straus and Giroux, or FSG)出版社于2014年3月18日出版;英国版本由企鹅(Penguin)出版社同日出版;西班牙版本由橘子行星(Planeta)出版集团在2014年6月3日出版。2019年3月初,麦家小说《解密》在其海外译本家族中又增添了波斯语版本。这些出版社都是国内外知名出版社,具有强大的社会影响力,对麦家作品海外传播起到了关键作用。

3.4.2 大力培养和打造代理人专业团队

在国外,文学代理人、作者、出版社三方合作是保证作品成功推介的关键要素。海外版权代理人谭光磊在"麦家热"的出现中扮演重要角色。从版权代理角度谈及麦家作品的海外传播之路时,谭光磊认为,要推介一位作家,应该从最易引起目标读者共鸣的作品开始,有成果后再继续推进。中国作家走向海外时,如果希望有真正的市场影响力,就必须找到适合国际市场的作品,作为开路先锋。中国出版集团原总裁聂振宁认为,目前我国了解当代文学作品和国家市场的专业代理人才十分紧缺。中国文学作品的成功译介离不开文学代理人的努力。因此,中国文学走出去亟须建立专业的文学代理人制度,培养专业素质过硬的文学代理人。

3.4.3 合理利用书展加大宣传力度

近年来,麦家作品《解密》《暗算》《风声》在各大国际书展的展出与宣传也是其作品成功推广至海外的重要原因之一。德国率先发起"麦家之夜"活动。德国时间2018年10月9日晚,两千多人参加法兰克福书展的开幕式,这也是法兰克福书展上第一次举办中国作家的个人主题活动。出席的出版人来自美国、法国、意大利、德国、俄罗斯、捷克、匈牙利、西班牙、罗马尼亚、瑞典、芬兰、土耳其、以色列、瑞士等国家,目的都是为争夺即将发布的麦家第三部长篇小说《风声》的国际版权。最后,宙斯之首(英文版《三体》的出版方,英国最佳独立出版社)获得英文版发行权。当晚,《风声》的英语、意大利语、葡萄牙语等五个版权确定发行时间,德语、法语、荷兰语、韩语等十多个语种也达成出版意向。除了《风声》的国际版权推广,法兰克福书展还邀请麦家登上世界思想论坛。可以说麦家作品海外译介的成功离不开国际化推广策划。

3.5 重视译介效果,打通传播渠道

文学译介是文化传播行为,译介作品如果没有对译介受众产生影响,译介效果就无从谈起,译介行为也是徒劳(鲍晓英,2014)。2014年,《解密》英译本在伦敦、纽约同时出版,企鹅出版社为《解密》的宣传精心策划了一系列推广活动。英国企鹅出版社和美国FSG出版社在全球征订宣传,相比于一般图书3到4个月的宣传期,《解密》的宣传时间长达8个月。上市仅24小时便引起了巨大轰动,创造中国文学作品排名最佳成绩,位居世界文学图书榜第38位。海外主流媒体争相报道。主要媒体评价如表1所示。

表1

时 间	评价机构	评 价 内 容
2014年2月2日	英国《卫报》	"不出意外,当你看完《解密》,一定会让你想阅读更多麦家的作品。"
2013年12月23日	美国《书单》	"才华横溢的作者给英语读者展现了一块中国文化瑰宝。"
2014年4月4日	美国《华尔街日报》	"中国小说家麦家誉满世界,打破海外出版的窘境,掀起全球阅读狂潮。"
2014年3月24日	英国《经济学人》	"终于出现了一部伟大的中文小说。"

截止到2021年,《解密》已累计出版33种语言的版本。主流媒体评价和出版社强力宣传都充分展现了《解密》的海外热度及宣传策略的重要性。只有科学规划、重视效果、打通传播渠道才会达到预期译介效果。在传播过程中,应以译介效果为导向深入分

析受众市场,及时调整译介传播战略。

4. 结语

"麦家现象"为中国当代文学走出去提供了一个很好的案例,使更多英语世界的读者关注中国当代作家作品,也为中国当代文学在英语世界的译介、传播、接受与研究提出新的机遇和挑战。本文通过译介学理论视角研究麦家作品在海外的传播,发现除了翻译策略、方法与技巧等外,成功的译介对文学作品的海外传播也至关重要。基于此,本文以麦家英译作品为案例,分析其在译介主体、内容、途径、受众、效果五个维度成功实现海外传播的原因与特点,梳理总结中国文学作品海外传播的构建模式。

在译者方面,应更多地鼓励精通汉语并久居国外的翻译家、汉学家翻译中国文学作品,采取中外译者合作的翻译模式。在译介内容方面,切忌从一开始便选择大而空且难以为西方读者所理解的作品。应以西方读者的阅读兴趣为切入点,采取规避文化冲突、契合受众审美的作品选择模式,促进中国文学作品的海外传播。在译介途径方面,应与影响力强的出版社合作,尤其是把握作品在海外的宣传时机,加强对中国文学作品在海外的宣传力度,采取拓宽译介途径、多元化发展的宣传模式。在译介受众方面,要充分考虑受众的期待对于提高译本接受效果的重要作用,采取以译介受众为导向、关注受众反馈的信息模式。在译介效果方面,译介主体要科学制定译介策略,打通传播渠道,切忌忽视译介效果,盲目进行译介活动。

参考文献

[1] Catford, J. C. *A Linguistic Theory of Translation* [M]. London: Oxford University Press, 1965.
[2] Goldblatt, H. Howard Goldblatt at Home: A Self Interview [J]. *Chinese Literature Today*, 2011 (2): 9-12.
[3] 鲍晓英.中国文学"走出去"译介模式研究[D].上海:上海外国语大学,2014.
[4] 鲍晓英.译介学视野下的中国文化外译观——谢天振教授中国文化外译观研究[J].外语研究,2015(5):78-83.
[5] 陈月红,代晨.信达很重要,灵活不能少:以米欧敏英译《解密》为例[J].当代外语研究,2016(1):78-83.
[6] 葛浩文,林丽君.中国文学如何走出去[N].文学报,2014.
[7] 耿强.文学译介与中国文学"走向世界"——"熊猫丛书"英译中国文学研究[D].上海:上海外国语大学,2010.
[8] 何明星.由《解密》的海外热销看欧美对于中国当代文学的接受屏幕[J].对外传播,2014(11):9-11.
[9] 何绍斌.译介学:争论·反思·展望[J].上海翻译,2020(1):38-44.
[10] 黄友义.中国特色中译外及其面临的挑战与对策建议——在第二届中译外高层论坛上的主旨发言[J].中国翻译,2011(6):5-6.
[11] 刘莉娜.译者,是人类文明的邮差[J].上海风采,2012(12):34-35.
[12] 刘云虹.中国文学对外译介与历史翻译观[J].对外教学理论与实践,2015(4):13-15.
[13] 马会娟.英语世界中国现当代文学翻译:现状与问题[J].中国翻译,2013(1):64-69.
[14] 麦家.解密[M].北京:北京十月文艺出版社,2014.
[15] 王侃.中国当代小说在北美的译介和批评[J].文学评论,2012(5):166-170.
[16] 谢天振.译介学[M].上海:上海外语教育出版社,1999.
[17] 谢天振.中国文化走出去:理论与实践[A].上海市社会科学界联合会编.中国梦:道路·精神·力量——上海市社会科学界第十一届学术年会文集(2013年度)[C].上海:上海市社会科学界联合会,2013:313-321.
[18] 谢天振.译介学:理念创新与学术前景[J].外语学刊,2019(4):95-102.
[19] 谢天振.从《译介学》到《译介学概论》——对我的译介学研究之路的回顾[J].东方翻译,2019(6):4-11.
[20] 谢天振,王宁.向世界展示中国当代翻译研究的前沿成果[J].东吴学术,2015(2):155-158.
[21] 徐婧.基于布迪厄场域理论的麦家现象探析[J].浙江师范大学学报,2017(5):6-13.

文化外译·文明互鉴
——援外培训项目翻译传播的路径

崔 翠[1]

(武汉城市职业学院 外语学院,武汉 430064)

摘 要:文明互鉴体现在中外民族交往和合作过程中,作为合作形式之一的援外培训,既为受援国培养了各方面专业人才,也借助翻译行为助力文明互鉴。本文借助"翻译传播过程示意图",阐明援外培训项目中翻译传播的路径。翻译行为贯穿于翻译传播全过程,要获得好的翻译传播效果,需要传播过程中各个要素积极配合。在援外培训工作中,要注意研究受援国的文化来设置培训课程,在平等相待、虚心学习的基础上提高中国国际影响力。

关键词:文明互鉴;援外培训;翻译传播;路径

Title: Mutual Learning Among Civilizations Through Translation — The Path of Communication Through Translation in China-Aid Training Projects

Abstract: The mutual learning among civilizations may be embodied in the cooperation between China and foreign countries. China-aid training projects, a kind of cooperation, not only cultivates professionals in all aspects, but also promotes mutual learning among civilization with the help of translation. This paper tries to clarify the path of communication through translation in China-aid training projects according to the Diagram of Translational Communication Process. The translation behavior plays roles in the whole process of the translational communication. The good effect requires the cooperation of elements in the whole process of communication. In the work of China-aid training projects, the organizer should study the culture of the recipient country while planning training courses, so as to enhance China's international influence on the basis of equality and open-hearted learning.

Key words: mutual learning among civilizations; China-aid training projects; communication through translation; path

1. 引言

笔者所在单位承担了武汉市与乌干达恩德培市友好交流项目"中乌友好交流武汉市与恩德培市职业教育培训项目"。该项目从 2016 年持续到 2019 年,每年一个月,累计培训了近一百名学前教育、汽车维修、互联网新技术、旅游服务、木工(模板)、农业种植、矿产检测、手工艺品制作等领域的学员。若不是受疫情影响,该项目还将持续到 2020 年,完成一个五年培训计划。参训学员回国后学以致用,极大地带动了当地的经济发展。

此外,2018 年 11 月,笔者在单位推荐下参与了山东外贸职业学院承办的商务部援外培训斯里兰卡医药物流培训班翻译工作,负责培训班的部分讲座、开幕式、闭幕式、考察参观及日常生活的口译。在服务学员学习生活的过程中增进了解,培养了跨越肤色和语言的友谊。

---

[1] 作者简介:崔翠,硕士,武汉城市职业学院外语学院副教授;研究方向:口译教学、英语教育。
基金项目:本文系 2018 年湖北省教育厅人文社科项目"援外培训联络口译人才的能力诊断与提升策略研究(18G187)"的成果。

由此思考中国政府开展的援外培训项目将如何借助翻译传播实现文明互鉴？

2. 文化、文明与文明互鉴

"文化""文明"两词是外来词，最早使用"文化（culture）"一词的很可能是古罗马政治家、学者西塞罗。摘取两条《现代汉语词典》对"文化"的定义："（1）人类创造的物质财富和精神财富的总和，特指精神财富。（2）特指某一领域或某一范畴体现的思想、观念、道德和行为规范以及风俗习惯等。"可以理解为，文化不属于个人，而属于人类群体；文化不是某方面，而是各方面生活之总和；文化非一时性，而是有历史维度的；文化承载着国家或民族的历史，是国家或民族的生命（李安山，2018）。

文化与文明是一对互通的概念。文化一般指人创造的活动成果，文明一般指人使用成果的方式和水平。学术界最初将文明一词用于区分不同于石器时代的金属工具时代。6 000多年前，人类开始进入文明时代，古巴比伦文明、古埃及文明、古印度文明、中国文明、古希腊罗马文明等相继出现。各种文明之间，大多存在相互交流与传播。文明可以向外传播与接受，而文化则是由群体内部精神积累而成。

文明互鉴是指不同民族在交往中吸收其他文明成果并运用到实践之中，使之成为自身价值体系或社会生活的一部分。这是目前的中国方案、中国观念，向世界贡献的中国智慧（王艺潼、王铭玉，2020）。习近平主席在2014年、2017年、2019年三个不同场合先后提出这个理念。2014年3月27日，习主席在巴黎联合国教科文组织总部发表演讲时提出，"文明因交流而多彩，文明因互鉴而丰富。文明交流互鉴，是推动人类文明进步和世界和平发展的重要动力"。2017年5月14日，习近平主席在"一带一路"国际合作高峰论坛开幕式上发表演讲时强调，"'一带一路'建设要以文明交流超越文明隔阂、文明互鉴超越文明冲突、文明共存超越文明优越，推动各国相互理解、相互尊重、相互信任"。2019年5月15日，习主席在亚洲文明对话大会开幕式发表演讲时表示，"文明因多样而交流，因交流而互鉴，因互鉴而发展"。

文明互鉴是个理想状态，一定要经过国际交往比如援外培训等活动形式，通过翻译行为实现包容→理解→文明互鉴的进阶。

3. 援外培训的翻译传播路径

援外培训是我国和受援国人文合作的纽带，也是讲好中国故事（tell true stories of China），传播中国声音（make China voice better heard）的重要阵地。很多援外培训定点单位在培训过程中需要借助翻译来实现授课和交流，这个过程中译者的传播作用就凸显出来了。

传播学鼻祖拉斯韦尔于1948年提出了经典的"5W"理论，即谁（Who）→说什么（What）→通过什么渠道（in What channel）→对谁（to Whom）→取得了什么效果（What effects）。湖南师范大学翻译传播研究所尹飞舟和余承法教授在此基础上加入译者（Who interprets）构建了翻译传播过程示意图。笔者认为，口译过程可理解为主体（说话者）说出源语（原语信息），经过译员的参与，译成目标语（译语信息），通过声音（媒介），把原语意思表达给听众（受体），听众接受译语信息后有所表现（效果：附和、赞同、反对、倾听等），主体则继续传播，以此形成循环模式。实际生活中，翻译传播的主体和受体的角色是交替互换的，因此，翻译传播是个双向过程。

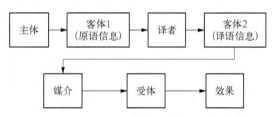

图1　翻译传播过程示意图（尹飞舟、余承法，2020）

说起听众表现的肢体语言，斯里兰卡学员摇头表达的含义很特别。他们在聊天过程中经常会表情欢快、快速摇头，这表示赞同或兴奋。但如果表情困惑，慢慢摇头，则表示不认同。学员们在和工作人员交谈时，有时点头、有时摇头，神情专注，这说明他们在认真交流。点头不一定是yes，摇头也不一定是no。在了解了斯里兰卡学员摇头的内涵后，课间学员们与授课教师交流时，作为译员的笔者通常会给中方教师简要说明一下学员的摇头动作。受体摇头表明在认真倾听，主体理解了这一点，那么他们之间双向传播的过程就可以循环进行。

3.1　培训课程设置有利于文化交流互鉴

3.1.1　文化传播

社会文化因素是文化传播语境的重要组成部分。只有把翻译传播放在一定的社会文化环境中，即放在人们的社会关系、社交网络的相互作用中进行理解，才能把握它的发展方向。

中方工作人员由一位班主任、两名学生志愿者和作为译员的笔者组成。20名斯里兰卡医药物流班学员是来自该国卫生部、各地医院的领导、医生和护士,接受过良好教育,对中国历史文化接受度高。课余时间,他们主动要求中方工作人员教他们学说中国话、学写中国字。有一个学员甚至拿来笔记本请译员写一些常见的汉语口语,同时用英文注释,便于理解。他们购物需求旺盛,通常会找到学生志愿者帮忙网购一些物品。在中方工作人员的陪同下,他们体验了滴滴打车出行和扫码支付购物。培训日程里也安排了去北京参观天安门广场、长城、鸟巢、北京科技馆,体验同济堂的中医问诊和推拿、秀水街的砍价购物,参观济南大明湖、青岛城市规划馆等。在参观山东省博物馆以了解中国历史时,有一位学员和笔者提到,他很喜欢《孙子兵法》,觉得这本书有大智慧,随后从手机转发了几张英文版《孙子兵法》计谋图片,笔者惊讶于外国人对中国传统文化的了解。青岛—北京—济南一路上的交通让学员们体验了飞机、高铁,学员们对于科技给生活带来的便利感到非常惊讶。

很多学员是第一次来中国,课后会主动教培训班中方人员说写简单的斯里兰卡的僧伽罗语,而笔者对此也很感兴趣,了解了僧伽罗语口头语和书面语的明显区别。斯里兰卡盛产红茶,学员们带了煮茶工具,邀请笔者去品尝他们现煮的奶茶。女学员甚至热情邀请笔者和一名女志愿者试穿她们的民族服装沙丽(saree),并合影留念。沙丽是印度、斯里兰卡、孟加拉、缅甸等南亚国家妇女的传统服饰,一般在盛大的正式场合穿着,女学员们在开班仪式和结业典礼上都穿了沙丽。中方人员对斯里兰卡习俗和服装的包容态度,对培训工作的开展产生了积极影响。国之相交在于民相亲。

3.1.2 培训和考察中国医药物流企业创新

传播行为是否被受体所接受?信息是否符合受体心理期待?怎样才能规划出符合受体(斯里兰卡学员)满意的培训和体验内容?其中,社会文化因素对翻译传播主体决策的影响表现得最突出。

在前期了解学员组成和接洽医药物流相关企业的基础上,培训班从宏观到微观设置了中国医药物流发展现状、医药仓储与配送、冷链运输发展与创新、冷链物流综合服务平台建设与创新、医药销售现状及发展、医药物流一体化运营、中国冷链物流技术及发展趋势、"互联网"背景下中国医药物流变革、信息技术与中国物流行业的发展等医药物流领域的课程。此外,培训班也安排了相关机构和企业参观考察。在青岛疾控中心考察时,疾控中心主任和学员们在讲座后展开了热烈讨论,提到了登革热、疟疾、水痘、预防接种、慢性病防治、妇幼保健等话题。译员的医学专业知识缺乏,现场口译翻出这些术语较困难,所以疾控中心主任在关键时刻用英语作答,实现了主体受体直接传递信息。

在济南的山东福瑞达医药集团参观时,主讲方介绍了企业的主要医药产品,一位女学员讲座结束后跟笔者说起,近日她的腿有些疼,想问问公司是否有药医治。于是,译员引领该学员到企业方负责人,讲明学员的诉求,负责人当即手探患处,后打开一盒膏药,边撕开胶布边介绍用法,笔者同步做口译。负责人随后送了两盒药膏给学员,学员非常感谢笔者的引领、翻译,以及负责人的帮助。此过程中,译者是翻译的主体,考虑到受体学员的心理期待(期待问诊和用药),便热心传译了正常培训交流之外的信息,达成了中外双方的友谊赠药。在青岛培训期间,学员们非常期待能够安排他们到本地的医院参观,而培训议程里本没有这项安排。笔者将学员们的诉求反映给培训承办单位,单位负责人非常重视,给了笔者培训基地附近青岛大学附属医院某科室主任的联系方式,嘱笔者沟通。联络顺利,医院准备妥当,学员们如愿参观了医院,从化验室、皮肤科、骨科到妇产科,与各科室医护人员热情交流。借助笔者的翻译,学员们参观中国医院的心理期待得以满足。

可见,翻译传播效果主要通过受体反馈来决定。因此,社会文化因素对翻译传播效果的影响就体现在对受体的影响上。

3.2 以人为本有利于提高中国国际影响力

3.2.1 深刻了解中斯两国交往历史

中国在援外培训的同时,不仅期望学员们通过研修班了解中国,成为"知华、友华"的中坚力量,也期待着同发展中国家团结合作,做真诚朋友和可靠伙伴。其实,学员们在来中国之前已经做了许多功课,对中斯交往非常熟悉。斯方团长在开幕致辞中提到"中斯友好关系源远流长。长期的宗教文化交流和商贸交流,为中斯建立和发展长期友好关系奠定了历史基础。中国著名僧人法显在公元5世纪前往斯里兰卡学习佛教,还有中国明朝的航海家郑和在15世纪先后三次抵达斯里兰卡,这是两国交流历史上的两个里程碑事件。1952年,随着中国与斯里兰卡(旧称锡兰)政府签署第一个《中国与锡兰关于橡胶和大米的五年贸易协定》(下文简称《米胶协定》),双方经贸关系翻开了新的篇章。1957年,两国正式建立外交关系。斯里兰卡著名的班达拉奈克国际会议大厦是中国无偿援建的。2005年4月,时任中国国务院总理温家宝访问斯里兰卡,两国宣布建立中斯全面合作伙伴关系,守望相助,友谊绵长。在过去十年中，中国向斯里兰卡提供了经济、军事和技术援助。汉班托塔港、内卢姆波库纳艺术画廊，是中国与斯里兰卡友谊的象征。进入21世纪以来，国际体系和世界格局正在发生深刻变化，中斯双边友好关系在地区和全球更具有深远意义。"斯方团长的发言给主办方留下了深刻印象，正是他提到中斯交往历史，培训班的中方工作人员才了解到原来中斯友谊真是跨越千年。"文化非一时性，是有历史维度的；文化承载着国家或民族的历史，是国家或民族的生命。"（李安山，2018）

这次发言给译员留下了深刻的印象。译前准备工作除了讲座内容外，还要了解双方的文化、历史以及双边交流情况。斯方团长致辞中提到的法显和尚，在公元410年到达斯里兰卡（狮子国），听天竺道人诵经，取得经本，对推动佛教在中国的传播作出了重要贡献。佛教从印度传入中国，到了法显时代，进入关键时期。作为佛学家、翻译家和旅行家，他写的《法显传》对世界的影响远远超过了他的翻译对中国的影响。西行求法加深了中国人对古印度的了解，其引进真经的行为正是文明借鉴的典范（薛爱华，2016）。

团长致辞中提到的中斯《米胶协定》是指1952年，中国与斯里兰卡从各自的需求出发，签订了以大米换橡胶为主要内容的政府贸易协定，不仅开创了新中国同尚未建交、社会制度不同的国家签订政府贸易协定的先河，而且建立了新中国与斯里兰卡间的贸易关系，促进了两国贸易额的迅速增长。新中国成立之初，中国急需从国际社会进口包括橡胶在内的多种物资。彼时，斯里兰卡刚从殖民统治中独立，作为出口支柱的橡胶价格暴跌，而需要进口的大米一日三涨。在此背景下，1952年12月18日，中斯双方签署了《米胶协定》，为推动两国社会经济恢复和发展发挥了重要作用。

翻译传播一方面受社会因素制约，另一方面又对社会产生反作用。翻译传播影响着社会的发展，对原语社会和译语社会都产生影响（尹飞舟、王佳娣，2021）。

3.2.2 组织"一带一路"职业教育国际合作论坛

斯里兰卡医药物流培训班日程中后期，适逢山东外贸职业学院组织山东省"一带一路"职业教育国际联盟成立大会暨"一带一路"职业教育国际合作论坛。联合院校和行业企业发挥各自在援外培训、校企合作和国际交流与合作等方面的优势，共同开展与"一带一路"沿线国家的交流与合作。该联盟接受省教育厅的指导，旨在发挥和协调全省职业院校国际化办学优势和资源，推动职业院校与"一带一路"沿线国家开展以下重要工作：（1）在"一带一路"沿线国家设立人才培养、职业培训、技术研发等各类相关基地；（2）与"一带一路"沿线国家的职业院校联合举办职业技能竞赛；（3）面向"一带一路"沿线国家招收留学生；（4）向"一带一路"沿线国家输出山东省职业教育的专业教学标准、课程标准、教材等优质教学资源；（5）配合山东企业"走出去"，牵线承揽海外大型工程的企业与职业院校联合建立国际化人才培养基地，加快培养适应企业走出去要求的技术人才；等等。

与会者包括从北京来的"一带一路"沿线国家驻华使馆代表、各对外交流企业和院校，还有同期参加培训的伊拉克、巴巴多斯和斯里兰卡培训班。论坛中设立了商贸合作座谈环节，借助翻译，国内相关企业有了推介和交流平台，国外研修学员也了解了中国的产业政策并与中国企业直接对话。座谈会增进了相互理解和信任，促进了交流合作，助力中国企业走出去，为扩大中国国际影响力奠定了良好基础（周丽、董鸿安，2020）。翻译传播影响着社会的政治、经济、教育、科技等领域，也促进了文化交流与文化传承。

文明互鉴有两种情况：不同文化相通和不同文化互补。中非合作论坛是互补的结果（李安山，2012）。而山东外贸职院组织的"一带一路"职业教育国际联盟是山东省与"一带一路"沿线国家职业教育合作领域架起的一座"桥梁"，是将行业企业等有关方面与职业教育界联系起来的"纽带"，也是不同国家的文化相通和互补。

4. 结语

文明互鉴在民族交往和发展过程中具有强大的生命力，必然体现在中外合作之中。作为合作形式之一的援外培训，既为受援国培养了各方面的专业人才，也借助翻译行为促进了文明互鉴。翻译行为贯穿于翻译传播全过程，要获得好的翻译传播效果，需要传播过程中每个要素积极配合。此外，在设置培训课程时，要注意研究受援国的文化，在平等相待、虚心学习的基础上提高中国国际影响力。

参考文献

[1] 蒋梦缘,辛红娟.在援外培训中讲好中国故事——"孟加拉国新闻媒体从业人员研修班"活动分析[J].对外传播,2019(7)：70-72.

[2] 李安山.论中非合作论坛的起源——兼谈中国

非洲战略的思考[A].北京大学非洲研究中心编.中国非洲研究评论(2012)[C].北京:北京大学非洲研究中心,2013:23.

[3] 李安山.释"文明互鉴"[J].西北工业大学学报(社会科学版),2018(4):42-50.

[4] 李晶.文明互鉴·文明互译——第五届"中央文献翻译与研究论坛"嘉宾对谈录[J].天津外国语大学学报,2020(2):149-156.

[5] 王艺潼,王铭玉."一带一路"倡议下中央文献对外翻译与传播的机遇与路径——访天津外国语大学王铭玉教授[J].天津外国语大学学报,2020(5):146-153.

[6] 习近平.习近平在二十国集团领导人特别峰会上的重要讲话[EB/OL].https://www.yidaiyilu.gov.cn/xwzx/xgcdt/121101.htm,2020-03-27.

[7] 薛爱华.撒马尔罕的金桃:唐代舶来品研究[M].北京:社会科学文献出版社,2016.

[8] 尹飞舟,王佳娣.中华文化走出去的理论新视角:翻译传播过程的四种模式[J/OL].求索,2021(2):44-50.https://doi.org/10.16059/j.cnki.cn43-1008/c.2021.02.004,2021-03-23.

[9] 尹飞舟,余承法.翻译传播学论纲[J].湘潭大学学报(哲学社会科学版),2020(5):170-176.

[10] 周丽,董鸿安.援外培训对外传播与展示中国形象的思考——以2019安提瓜和巴布达商业模式创新研修班为例[J].对外传播,2020(6):46-48.

外语学术研究的新使命与新视野
——"国际国内期刊发表和硕博论文写作"高端论坛暨研修述评

李夏青　康志峰[1]

（复旦大学　外国语言文学学院，上海　200433）

摘　要：随着高校双一流建设的推进，国家外语类高校教师及硕、博研究生论文发表的需求日益增加，对其论文写作水平质量要求亦愈来愈高。在此大背景下，本文以拓宽硕士生、博士生的学术研究新视野，了解外语学术研究的新使命，提升其论文写作水平和论文质量为宗旨，围绕"国际国内期刊发表和硕博论文写作"高端论坛暨研修主题，就口笔译理论与实践、文学翻译、应用语言学、语言学以及文学等领域展开述评。来自世界各地的顶级专家和期刊主编介绍了各自的期刊要求，向研修学员分享了其论文写作及成果发表之经验。通过学员与专家的研修互动交流，学员既拓宽了视野，又明确了学术研究的新使命，可谓收获颇丰。

关键词：期刊发表；硕博论文写作；新使命；新视野

Title: New Session and New Vision of Academic Research on Foreign Languages: Review on the High-Level Forum and Training of "International and Domestic Paper Publication and Dissertation Writing for Postgraduates"

Abstract: With the development of the Double First-Class initiative in colleges and universities, the requirements for the publication of papers by teachers and postgraduates in colleges and universities of foreign languages, and for the quality of their writing are increasing day by day. Against this background, this paper aims to broaden the new vision of academic research of postgraduates for their master's or doctor's degrees, understand the new mission of foreign language academic research, and improve their writing level and quality of papers. Focusing on the high level forum and research theme of "publication of international and domestic journals and postgraduates' thesis and dissertation writing," this paper focuses on reviewing theories and practice of interpreting and translation, literary translation, applied linguistics, linguistics and literature and so on. Top experts and editors-in-chief from all over the world introduced their own periodical requirements and shared their experiences in writing and publishing their papers to the trainees. Through the interaction with experts, the trainees have gained a lot, broadened their vision, and clarified the new mission of academic research.

Key words: publication in journal; writing of theses and dissertations; new session; new vision

---

[1] 作者简介：李夏青，博士，复旦大学外国语言文学学院博士后；研究方向：口译理论与实践、英汉语言对比、应用语言学。康志峰，博士，复旦大学外国语言文学学院教授、博士生导师、博士后合作导师；研究方向：口译理论与实践、翻译学、应用语言学。
基金项目：本文系国家社科基金项目"基于现代技术的中国高校学生口译认知灵动性及译效研究（21BYY007）"、上海市哲学社会科学规划项目"认知口译学视阈下的学生译员认知灵动与译效研究（2020BYY011）"和中国博士后科学基金第69批面上项目"基于眼动实验的口译行为与绩效贯连研究（2021M690704）"的阶段性研究成果。

1. 引言

近年来,随着我国不断加快高校"双一流"建设,提升高校教育实力和国际竞争力,学术论文写作与发表等科研能力也逐渐成为评估教师职业发展和硕、博研究生学术能力的重要指标。这样的发展趋势不仅赋予了外语学术新使命,而且赋予了外语学术新视野;不仅要求学术界专家学者了解外语研究的前沿动态,更要求其进一步提升科研素养及学术论文写作能力。

2. 背景与目的

应广大外语研究者论文写作及成果发表的迫切需求,中国翻译认知研究会与复旦新学术、复旦大学出版社、河南工业大学外语学院于2021年4月17、18日联合主办了"国际国内期刊发表和硕博论文写作"高端论坛暨中国翻译认知研究会第二届研修会议。本次研修会议有幸邀请到《外语教学与研究》编辑部主任陈章云教授、《上海翻译》主编傅敬民教授、《中国科技翻译》顾问李亚舒教授、《翻译研究与教学》主编康志峰教授、《当代外语研究》主编杨枫教授、SSCI国际期刊 System 联合主编新西兰奥克兰大学张军教授、日本国立东京电气通信大学史杰教授等国际国内外语界知名专家、教授与期刊主编作主旨发言,并与参会者展开交流互动,有针对性地解答老师和同学们提出的在期刊论文和学位论文撰写过程中遇到的问题,帮助参会者提升学术写作能力和在国内外期刊发表学术论文的能力。

3. 研修进程

2021年4月17、18日,由中国翻译认知研究会与复旦大学出版社、复旦新学术、河南工业大学外语学院联合举办的"国际国内期刊发表和硕博论文写作"高端论坛暨中国翻译认知研究会第二届研修会议成功举办。17日上午9时,会议在与会专家、学者的期待中拉开帷幕。中国翻译认知研究会会长、《翻译研究与教学》主编、复旦大学博士生导师康志峰教授主持会议开幕式,宣布大会隆重开幕。中国翻译认知研究会名誉会长、中国科学院李亚舒教授和复旦大学出版社李华总经理分别代表中国翻译认知研究会和复旦大学出版社致欢迎辞,预祝大会成功举办,对与会来宾表示热烈欢迎。

开幕式后,专家主旨发言开始。傅敬民教授做了题为"国内翻译研究学术论文写作与发表"的首场主旨发言,中国翻译认知研究会常务理事、上海理工大学倪锦诚教授主持,陈章云教授点评。而后,康志峰教授、杨枫教授也发表了主旨演讲,分别由鲁东大学徐德宽教授和中国翻译认知研究会常务理事、南京晓庄学院汪壁辉教授主持,杨枫教授和李亚舒教授作专家点评。内容涵盖"国内翻译研究学术论文写作与发表""硕博学位论文写作及规范""外语论文题目与摘要的写作"等精彩专题,专家们的研究内容不仅颇具深度,而且颇有广度。讲授过程精彩纷呈,获得了与会研修学员的一致赞誉。

17日14时始,特色专题论坛分别在四个分会场举行。在上海理工大学倪锦诚教授、鲁东大学徐德宽教授、浙江工商大学谌莉文教授、河北师范大学张素敏教授的主持下,研修学员代表宣读了论文。主题涵盖翻译研究、口笔译理论与实践,以及应用语言学研究等。中国科学院李亚舒教授、复旦大学康志峰教授、北京外国语大学陈章云教授、上海大学傅敬民教授、上海交通大学杨枫教授、新西兰奥克兰大学张军教授、东京电气通信大学史杰教授、南京晓庄学院汪壁辉教授、长治学院刘满芸教授、浙江金融职业学院朱慧芬教授等专家在四个专题会场作了精彩点评。

4月18日上午,在中国翻译认知研究会常务理事、浙江工商大学谌莉文教授,中国翻译认知研究会副秘书长、河北师范大学张素敏教授,浙江金融职业学院朱慧芬教授等的主持下,陈章云教授、张军教授、史杰教授先后围绕"外语学术的新使命与新视野""Understanding Complementary Roles of Teachers as Researchers: Getting Ready to Publish Your Work in System""Decoding International Academic Publication: The Genre Approach"等主题进行了主旨发言。期间,康志峰教授、史杰教授、张军教授三位专家先后对主旨发言作了精彩点评。

4月18日14时许,研修学员论坛四个特色专题会场主持人对4月17日下午的分会场研修学员论坛情况分别作了详细汇报,汇报人分别是倪锦诚教授、徐德宽教授、谌莉文教授和张素敏教授。而后,大会进入到研修人员与专家互动问答、专家答疑解惑的环节。该环节由杨枫教授主持,康志峰教授、陈章云教授、傅敬民教授、杨枫教授、张军教授、史杰教授等期刊主编分别向与会学员介绍了各自期刊的办刊宗旨、录用情况、关注热点、发表周期等,希望与会学员产出高质量科研成果,并对青年学者的科研发展提出了建议,寄予厚望。随后,学员们踊跃向各位专家请教了学术论文写作及发表的前沿热门话题,得到

■ 述评 外语学术研究的新使命与新视野——"国际国内期刊发表和硕博论文写作"高端论坛暨研修述评

了满意答复。期间,康志峰会长详尽地介绍了其主编的《翻译研究与教学》特色栏目,如认知口译学(康志峰,2018:12-18;2020)、认知翻译学(文旭,肖开容,2019)、口译研究、翻译研究、纵横论译、典籍翻译、界面研究、翻译教学、翻译述评、中华外译、对比研究、书评等,表示欢迎各位专家、学者踊跃赐稿、订阅,在编辑部全体人员的共同努力和专家学者的大力支持下,争取尽早将该刊打造成C刊集刊。康教授发言得到了与会全体的赞扬。

会议闭幕式由傅敬民教授主持。首先,陈章云教授对国内论文发表进行了学术总结。随之,张军教授对国际论文发表进行了学术总结。

最后,康志峰会长致闭幕词,对"国际国内期刊发表和硕博论文写作"高端论坛暨中国翻译认知研究会第二届研修线上会议作了总结,对出席高端论坛会议的所有专家、研修学员、工作人员以及默默无闻的支持者表达了诚挚感谢,尤其对专家们细致、深刻的学术讲授以及主持人认真负责的态度表示赞赏。期刊发表、硕博论文、高端论坛、顶级专家、主编指点、学术研修,硕果累累、学术盛宴是本次会议的关键词。会议在康志峰会长的闭幕词中落下帷幕。

4. 研修述评

草树之春不久归,百般红紫斗芳菲。东风劲吹洒雨露,群英荟萃天地春。本届高层论坛暨研修会议从开幕式、专家讲座、特色论坛、主持点评、小结汇报、学员与主编互动,到国内学术总结和国际学术总结,每个环节都十分出彩,与会全体赞不绝口。

新冠肆虐,改变世界;物换星移,云端会议。本届高层论坛暨研修云端会议专家云集,别有一番洞天。正如康会长在闭幕词中所言,本届研修具有"三高""三多"的特点。"三高"指专家声望高、热情高、学术水准高;"三多"指互动多、论文多、获益多。本届高端论坛邀请的如李亚舒教授、康志峰教授、陈章云教授、傅敬民教授、杨枫教授、张军教授、史杰教授等专家均为国内外顶级专家,具有很高的学术声望。这些专家及研修学员对本届高层论坛热情颇高。这些专家作为期刊主编皆有很高的学术水准。故而称之为"三高"。在本届高层论坛暨研修的两天活动中,学员在与专家多次互动。会议收到学员论文较多,主题涉及口译、翻译、应用语言学、语言学、文学、论文推介等领域和方向。中国翻译认知研究会精选出其中30篇在特色论坛中宣读。通过为期两天的研修活动,学员们均表示受益匪浅、收获颇丰。故而称之为"三多"。

日月光华,旦复旦兮。百年复旦,一流出版。国家一级出版社复旦大学出版社的经典作品乃是研修学员的精神食粮和学术保障。复旦大学出版社出版的精品之作《翻译研究与教学》将发展得更加辉煌。

阳春三月沐东风,研修飞歌划彩虹。两天的研修时间虽短,但效率高、收获大。复旦旦复旦,巍巍学府文章焕。康会长在闭幕词中祝愿研修学员撰写出更多高质量的文章,发表更多高质量的论文,创出更多辉煌的学术成果。

5. 结语

学术竞争力在我国双一流建设高校教育质量提升中起着举足轻重的作用,亟须高校外语教师及研究生提升论文写作水平,产出高质量成果。基于此,本文围绕"国际国内期刊发表和硕博论文写作"研修主题,从举办目的、研修背景、研修进程、专家与学员互动交流、研修评价等方面展开述评,来自世界各地的顶级专家和期刊主编对各自的期刊现状进行了介绍,向青年教师、硕士生和博士生等研修学员分享其论文写作及论文发表之经验,经过学员与专家的研修互动交流,拓宽了其学术视野,明确了其学术研究的新使命,从而促进了论文写作水平和论文质量的提高,对提升论文发表率和硕博论文通过率亦具有积极作用。本次研修对与会者在外语领域论文写作知识之增长、论文写作技能之提升具有重要意义,对该领域其他学者的期刊论文发表和硕博论文写作亦具有积极的带动作用。

参考文献

[1] 康志峰.认知口译学:范式与路径[J].翻译研究与教学,2018(1):12-18.
[2] 康志峰.认知口译学[M].上海:复旦大学出版社,2020.
[3] 康志峰,徐佳朋.认知口译学:理论构念与应用前瞻[J].翻译研究与教学,2019(1):15-22.
[4] 文旭,肖开容.认知翻译学[M].北京:北京大学出版社,2019.

英文版《〈玛纳斯〉论》述评

王 瑜[1]

(黑龙江大学 应用外语学院,哈尔滨 150080)

摘 要:《〈玛纳斯〉论》是我国《玛纳斯》研究专家郎樱教授的学术著作,是我国"《玛纳斯》学"领域的重要著作之一。英文版的《〈玛纳斯〉论》于2019年出版。在翻译过程中,为了向全世界更好地展现中国文化和民族精神的优秀成果,译者对原作的结构和内容进行了调整,采用了深度翻译的方法,从微观到宏观,以精湛的翻译水平让国际史诗界学者听到了中国学者的声音。该译著的出版有助于推动中外学者关于史诗《玛纳斯》的交流与对话,提高中国史诗研究在国际史诗研究领域中的影响力。

关键词:《〈玛纳斯〉论》;深度翻译;语篇意识;中华文化

Title: A Review of *A Study of the Kirgiz Epic "Manas"*

Abstract: The Chinese-version academic book *A Study of the Kirgiz Epic "Manas"* written by Professor Lang Ying is one of the most inflential works in the field of *Manas* study. Its English version was published by Liaoning Normal University Press in 2019. In order to better introduce the excellent work of Chinese culture, the translators adjusted the structure and the content of the original work; meanwhile, adopting "thick translation" strategy, they translated the book with an exquisite skill both from micro and macro levels. The publication of the English-version *A Study of the Kirgiz Epic "Manas"* is helpful to promote the exchanges between Chinese and foreign scholars, and to enhance the influence of the studies of Chinese epics in the field of international epic studies.

Key words: *A Study of the Kirgiz Epic "Manas"*; thick translation; discoursal awareness; Chinese culture

1. 原作及译著的介绍

《〈玛纳斯〉论》是我国《玛纳斯》研究专家郎樱教授的学术著作,于1999年由内蒙古大学出版社出版,共计40余万字。全书分为上中下三篇,上篇主要论述史诗《玛纳斯》的特点,流传变异情况,在柯尔克孜族人们精神生活中的地位,以及玛纳斯奇和听众在史诗传承中的作用等;中篇是对史诗中主要人物和情节的分析,总结了史诗的美学特征和叙述结构,探讨了史诗与柯尔克孜民间文学的关联;下篇主要运用比较文化学、比较文学的理论把史诗《玛纳斯》与突厥语民族史诗以及西方著名史诗进行比较,并在最后一章中探讨《玛纳斯》中的宗教文化。《〈玛纳斯〉论》曾于2001年获得由中国文联、中国民间文艺家协会举办的首届民间文艺"山花奖"学术著作一等奖,是目前我国"《玛纳斯》学"领域的重要著作之一,已经成为该学科具有重要学术指导性的文献,把《玛纳斯》研究推向了一个高峰(冯骥才,2015:717)。

将这样一本具有重要意义的研究著作推向国际,让世界《玛纳斯》学者了解中国学者的研究成果,听到中国学者的声音,是十分必要并且具有深远意义的。2017年,包括《〈玛纳斯〉论》(*A Study of the Kirgiz Epic "Manas"*)在内的《中国少数民族史诗研

---

[1] 作者简介:王瑜,博士,黑龙江大学应用外语学院副教授;研究方向:应用语言学、心理语言学。

究著作翻译文库》（五卷本）获得国家出版基金项目资助，让这一著作走向国际成为可能。

2. 译著在篇幅与内容上的调整

由大连民族大学梁艳君教授主编，郑丹和马慧芳老师翻译出版的英文版《〈玛纳斯〉论》(*A Study of the Kirgiz Epic "Manas"*) 于 2019 年 6 月由辽宁师范大学出版社出版。该英文版著作包含了中国社会科学院荣誉学部委员郎樱教授和美国俄亥俄州立大学马克·本德尔 (Mark Bender) 教授分别作的序言、译者前言、原作者介绍、《〈玛纳斯〉论》介绍、正文、译者后记等内容，共计 58.5 万字。

译著在最大限度地保留原作的结构和内容的基础上，也对原作进行了部分调整。例如，原作第一章第三节中，"《玛纳斯》的版本及研究历史的回顾"部分分别调整至附录 1 和 2 中；第五章第三节中，除"居素甫·玛玛依"和"艾什玛特·曼别特居素甫"的介绍外，其余内容调整至附录 3 中。此外，一些原来出现在正文中的内容调整至文内注中。例如，第七章第四节"玛纳斯的汗王与勇士"关于阿勒曼特和楚瓦克儿子的介绍部分调整至文内注。经过这样的调整，一方面更加符合英文读者的阅读习惯，另一方面也使得文本内容更加紧凑，便于阅读。

除了调整原作的内容外，译者还在个别章节的开头或结尾处添加了概括性或总结性的语言。例如，第五章中，在关于国内著名玛纳斯奇的介绍前，加入："this section closes with a description of the lives of two great manschis ..."第十三章最后也添加了新的段落。这些内容的出现使得每一章节的内容更加完整，更符合英文的写作习惯。

3. 翻译策略

3.1 深度翻译策略

深度翻译于 1993 年由翻译学者克瓦米·安东尼·阿皮亚 (Kwame Anthony Appiah) 提出，指的是"以评注或附注的方式力图把译文置于背后的语言和文化背景中的翻译"(Appiah, 1993: 810, 转引自蒋辰雪, 2019: 113)。作为一种翻译方法，深度翻译为目的语读者了解源语文化提供了一条新的路径。《〈玛纳斯〉论》中，尤其在上篇中，涉及对柯尔克孜民族历史和文化的介绍，因此在英译过程中，应用深度翻译策略是十分必要的。例如，在"《玛纳斯》与柯尔克孜民族生活"一章中，译者加入了对相关地名、人名、习俗等的解释说明，如"漠北""西域""匈奴""卫拉特""鲜卑""坚昆都护府""李克用""䝙面"等，便于西方读者更好地了解柯尔克孜民族的历史和文化。在第三章"《玛纳斯》的生成年代"第二节的介绍中，译者同样对相关地名、民族、朝代等，如"别失巴里""叶密立""临潢""克普恰克""康里"等进行了解释说明。

此外，深度翻译策略的运用还体现在文内互文和文外互文上。文内互文是指注释前后呼应，读者可以通过参考文内与之相关的其他注释来获得更全面、深刻的理解。例如，在第一章介绍我国北方民族英雄史诗的主要特点时提及了艾什玛特·曼别特居素甫，译者加入注释："参见第五章第三节。"第十一章第四节"《玛纳斯》与突厥史诗共有母题"的论述中，译者加入注释："分别参见第七章和第十章。"这使得全书内容前后呼应，实现了文本之间的相互吸收和转化。而文外互文是指注释的内容与《玛纳斯》研究的知识体系相关。例如，书中涉及对《江格尔》和《格萨尔》相关内容的介绍（如第 6 页注释 1 和 2），以及柯尔克孜族其他史诗《乌古斯可汗》《艾尔托什吐克》等的介绍（如第 7 页注释 1、2、3），就属于文外互文。这些注释内容，有助于扩展读者对《玛纳斯》史诗研究了解的深度与广度。

深度翻译策略要求译者在将一种语言翻译成另一种语言时，通过加入大量解释性的内容，为译文读者理解原文提供丰富的背景信息。它对于我国少数民族文化典籍的英译工作具有启示性意义，体现了一种对他者文化的宽容与尊重。

3.2 语篇层面的衔接与连贯

语篇研究是语言学研究纵深发展的必然结果，而语篇的衔接和连贯是语篇研究的核心。语言既然分为不同层级，语篇的衔接和连贯自当在不同层次上有所反映（胡壮麟, 2018）。译著 *A Study of the Kirgiz Epic "Manas"* 体现了译者的语篇意识。例如，译者有意识地通过添加话语标记语，如 moreover、furthermore、however、therefore、as mentioned above、for example、in short、to sum up 等，将句与句、段与段连接起来。此外，译者还会在一些段落前加上概括性的语言，使得衔接关系更加清楚。例如，第四章关于居素甫·玛玛依与艾什玛特·曼别特居素甫唱本的比较中，译者首先添加概括性语言："In the following part we will make a comparison between these two veriosns."然后在下面的介绍中，分别使用"the first difference""the second difference"和"the third difference"。再如，在第五章关于《玛纳斯》传承方式"梦授说"的介绍中，郎樱教授从三个层面对此进行阐述。由于具有衔接关系的三点内容相隔较远，为了使读者更清楚地将内容联系起来，译者在第三点介绍之前，加入："There is a third explanation worth consideration […]."由此可见，译者在翻译过程中，不仅仅注重微观层面的翻译，更加注重宏观层面的衔接与连贯。

4. 全面、权威的专有名词翻译

居素普·玛玛依的八卷本《玛纳斯》中，出现了大量性格各异、形象生动的人物，以及大大小小几十场战争的场景，还介绍了不同的突厥语民族，以及与柯尔克孜民族历史文化、风俗习惯等相关的内容；而郎樱教授的《〈玛纳斯〉论》中，还涉及对"玛纳斯奇"和《玛纳斯》研究学者的介绍，与史诗《玛纳斯》相关的其他突厥语史诗，如《考交加什》《乌古斯汗传》等的介绍，以及《玛纳斯》与藏族英雄史诗《格萨尔》和蒙古族英雄史诗《江格尔》的比较等。这些内容不可避免地会涉及人名、地名、武器名称、马匹名称、食物等专有名词，例如，"阿依巴什（Aybash）""芥孜碧莱克（Jezbilek）""苏莱玛特（Sooraimart）""托云乡（Toyun Township）""米尔凯奇村（Merkech Village）""节地盖尔（Jediger）""托什干河（Toxkan River）""卡依普仙山（Kayip Mountain）""阿克库拉（Akkula）""阿勒普·玛纳什（Alip Manash）""考交加什（Kojojash）""特尼别克·加皮（Tinibek Japy）""居素甫阿洪·阿帕依（Jüsüpakun Apay）""娜丹（Nadan）""车琴坦布绍（Trichen Tenpo）"等。如何正确地翻译这些专有名词是一个难点。译者在"后记"中提到，对专有名词的翻译，主要是通过邀请柯尔克孜族专家托汗·依萨克老师进行拉丁转音获得的。这保证了语言翻译的准确性。据统计，译者在索引中共列出专有名词905条。

目前，国内出版了一些史诗《玛纳斯》专有名词拉丁转音的图书，包括冯骥才的《中国非物质文化遗产百科全书史诗卷》（2015）和托汗·依萨克的《中国〈玛纳斯〉学词典》（2017）。前者共收录专有名词270条，后者326条。英文版《〈玛纳斯〉论》中主要人物的英文译法，与上述两本图书中的译法基本相同，但也有不同之处。例如，"楚瓦克"在《中国〈玛纳斯〉学词典》中译为"Qubak"，但在《中国非物质文化遗产百科全书史诗卷》中写为"Chavak"（译著与此写法相同）。此外，译著中还出现了这两本书中没有出现的拉丁语人名、地名等的英文转写，它可以为今后从事玛纳斯外译的专家和学者提供参考。

5. 结语

作为一部五十余万字的译著，不可避免地会出现一些错误和不足之处。例如，译者对书中出现的专有名词的提取并不全面，个别单词的大小写还须改正；另外，作为中国译者，受到母语的影响，语言表达也难以达到英文本族语言的水平，关于这一点译者在后记中也作了说明。尽管如此，译著 *A Study of the Kirgiz Epic "Manas"* 的问世，向全世界展现了中国文化和民族精神的优秀成果，向国际史诗学界发出了中国学者的声音。该译著的出版，能够有效地推动中外学者关于史诗《玛纳斯》的交流与对话，提高中国史诗研究在国际史诗研究领域中的影响力。

参考文献

［1］冯骥才.中国非物质文化遗产百科全书史诗卷［M］.北京：中国文联出版社，2015.
［2］胡壮麟.新编语篇的衔接与连贯［M］.上海：华东师范大学出版社，2018.
［3］蒋辰雪.文树德《黄帝内经》英译本的"深度翻译"探究［J］.中国翻译，2019（5）：112－120＋190.
［4］郎樱.《玛纳斯》论［M］.呼和浩特：内蒙古大学出版社，1999.
［5］托汗·依萨克.中国《玛纳斯》学词典［M］.北京：中央民族大学出版社，2017.
［6］郑丹，马慧芳.A Study of the Kirgiz Epic *Manas*［M］.大连：辽宁师范大学出版社，2019.

翻译与社交媒体研究新探索
——《翻译与社交媒体：理论、教学与实践》述评

谭 华[1]

(华中师范大学 湖北文化海外传播研究中心/
大学英语教学研究中心,武汉 430079)

摘 要：德斯贾汀斯的新著《翻译与社交媒体：理论、教学与实践》系统地论述了社交媒体,尤其是网络社交媒体与翻译的关系。作者系统地梳理了网络社交媒体在翻译理论、教学和职业实践三大领域中的运用情况,阐述了网络社交媒体在当今时代对翻译研究、教学和职业实践的重要性,勾画了网络社交媒体在翻译领域中的广泛前景。

关键词：网络社交媒体；翻译理论；翻译教学；翻译实践

Title：New Exploration of Studies on Translation and Social Networks — A Review of *Translation and Social Media: In Theory, in Training and in Professional Practice*

Abstract：Renée Desjardins' new monograph *Translation and Social Media: In Theory, in Training and in Professional Practice* presents a systematic discussion on the relationship between social networks, especially online social media, and translation. Desjardins provides a detailed review of the application of online social media in three fields: translation theoretical exploration, translation training, and professional practice. Besides, he discusses the importance of online social media to translation research, translation training and professional practice, describing the broad outlook of online social media in the field of translation.

Key words：online social media; translation theories; translation training; professional practice

1. 引言

德斯贾汀斯(Renée Desjardins)的《翻译与社交媒体：理论、教学与实践》(*Translation and Social Media: In Theory, in Training and in Professional Practice*)是一本专论新时代数字媒体——社交媒体语境下翻译问题的新作。数字媒体对于出生和生活在这个信息大爆炸时代的人而言并不陌生。数字媒体让人们的阅读、写作、思维以及交流和互动方式都发生了根本性变化。翻译作为来自不同语言和社会背景的人们得以交流和沟通的一种方式,也当然受到了社交媒体技术发展的影响。然而,翻译如何受到这种媒体技术发展的影响却尚未得到充分探讨,深入系统的研究尤其不够。德斯贾汀斯的这本新著迈出了很好的一步,力图"展现数字化时代社交媒体在翻译研究中的角色和重要性"(Lin & Liang, 2018：1139)。

---

[1] 作者简介：谭华,博士,华中师范大学讲师；研究方向：数字人文、语料库翻译学、中国文化外译。
基金项目：本文得到了中华学术外译基金项目(20WZXB016)、广东外语外贸大学翻译学研究中心2020年科研招标项目(CZB202010)、华中师范大学中央高校基本科研业务费项目(CCNU20TD008)、华中师范大学2019年校级教学研究项目(201942)、全国高校外语教学科研项目"上海外语教育出版社中国外语教材与教法研究中心项目(2015HB0051A)"的资助。

2. 内容简述

该书共分六章,标题分别为:(1)引言;(2)网络社交媒体(OSM)与翻译;(3)翻译与社交媒体:理论研究;(4)翻译与社交媒体:教学培训;(5)翻译与社交媒体:职业实务;(6)结论。

第一章为引言章节,阐述了将网络社交媒体引入翻译研究的重要性,简要介绍了其他各章节的主要内容。德斯贾汀斯认为,当今的翻译人员必须重视探讨翻译与社交媒体的关系,因为社交媒体承载了相当多一部分的人类日常交流。

第二章回顾了社交媒体的发展历程。首先阐述了与社交媒体相关的一些重要定义和概念,比如网络社交媒体(OSM)和用户创作内容(UGC),简要回顾了社交媒体时代人类交流互动的发展历程,重点阐述了网络社交媒体的产生历程。然后对有关翻译与社交媒体的研究进行了详细的文献综述,分六大类型分别阐述。德斯贾汀斯发现,探讨主流社交体平台,比如脸书(Facebook)和推特(Twitter)上的众筹翻译和合作翻译的研究"无疑是翻译研究学者对网络社交媒体翻译现象探讨最充分的领域"(Desjardins, 2017:22)。在回顾翻译研究中探讨网络社交媒体的文献时,作者不仅厘清了现有研究的领域,概述了其研究,还提供了很多文献来源,这对有兴趣在相关领域中继续深入研究的学者而言具有很好的参考价值。

第三至五章构成了该书最主要的内容。第三章阐述了翻译研究中的理论建构如何受到网络社交媒体的影响,比如翻译实践规范和理论概念如何受到影响。德斯贾汀斯认为,技术的进步给译者的翻译决策带来了更多挑战,因为这些信息交互技术"给翻译选择带来了更多可能性"(Desjardins, 2017:37)。她发现网络社交媒体引起了不同年代的人对翻译酬劳的不同理解,成长在网络社交媒体时代的年轻一代能够接受网络社交媒体中的象征性酬劳,比如脸书网的"赞"(likes),推特网的"最爱"(favorites),照片墙(Instagram)的"粉丝"(followers)",而老一代的人则无法接受此类"酬劳"。她指出,对于翻译实践人员和理论研究人员来说,掌握基本的网络社交媒体中的新兴人工"语言"十分重要,能使他们跟上时代步伐、保持竞争力,因为这种新的通用语言比如以图片为基础的语言"绘文字(emoji)"在多模态和多符号环境下的网络社交媒体中深受欢迎、使用广泛。她在本章末尾指出,鉴于网络社交媒体的"点赞"经济和众筹翻译环境下译员面临的机遇和挑战,不仅职业翻译人员应该从网络社交媒体中看到更多的机遇,翻译研究学者也能为这一行业带动的研究做出重要贡献,能够更好地认识如何在不同场所中使用网络社交媒体。

第四章探讨了译者在数字时代进行翻译所需要的关键能力,重点阐述了网络社交媒体翻译所需的能力。本章首先阐述了将社交媒体知识和能力培养,尤其是网络社交媒体知识和能力的培养纳入教学培养方案的必要性和重要性。德斯贾汀斯指出,现今大学中的翻译教学培养目标也应该适应翻译市场需求。她阐述了译者培养可以采取的一些方向,她认为应当传授和培养网络社交媒体知识和能力,以满足当今翻译市场的需要。她认为,如今应该严肃认真地考虑如何将多模态和多符号知识和能力的培养纳入翻译能力培养的课题体系。本章还探讨了网络社交媒体中的社交媒体监控(SMM)问题。她指出具备社交媒体监控知识的译者是一种潜在的优质资源,因为他们能够监控两种甚至更多语种的用户创作内容(UGC),而且还能够为如何更好地使用社交媒体情报提供更有价值的反馈和建议。作者最后指出,有关技术改变和革新的知识内容必须纳入课程之中,使学生掌握最新的网络社交媒体技能,以满足网络社交媒体语境下的职业翻译实践需求。因此,在翻译课程中融入网络社交媒体,比如脸书和推特,将其作为教学工具,是十分重要的。

第五章阐述了网络社交媒体和职业翻译市场之间的关系。德斯贾汀斯首先指出,翻译理论和翻译实践之间存在脱节,然后,讨论了网络社交媒体给职业翻译市场和职业翻译人员的工作带来的变化。她认为,网络社交媒体不仅为职业译者打开了新的翻译市场,因为他们具备语言、文化、技术和分析方面的知识和能力。她阐述了研究译者用户创作内容(UGC)的两个重要领域:(1)译者自己关于职业翻译的话语;(2)译者对翻译结果的评论和思考过程。德斯贾汀斯还探讨了网络社交媒体对翻译研究知识传播和译者于网络社交媒体新语境中显身的影响,她认为网络社交媒体"为重新认识翻译的'衍生'地位提供了另一个途径"(ibid.:106)。本章最后,作者指出在网络社交媒体环境下,社交媒体监控提供了一种评估翻译质量的有效方法,因为它们能够追踪用户与原始用户创作内容(UGC)和其翻译之间的互动。

最后一章总结了社交媒体,特别是网络社交媒体与翻译能够关联的三个主要领域,再次强调了将网络社交媒体引入翻译的必要性和重要性,并说明不仅要引入职业翻译实践,而且还要引入翻译研究和译者培养。此外，作者还提出了今后的两个研究方向，一是有关职业译者和非职业译者对他们的用户创作内容（UGC）自译的研究，二是将翻译与网络社交媒体联系起来的定量研究。她指出，网络社交媒体曾被视为一种纯粹的消遣工具，但现在已经成为"不可避免的现实需要"（Desjardins，2017：124），因此，"现在也是翻译加入这种对话的时机了"（ibid.）。

3. 内容简评

从对翻译学科的教学启示角度来看，正如该书的摘要中提及的"理论研究、教学培训和职业译场"所示，该书是一本很有价值的学术读物，书中的很多讨论和建议能够为译者（笔译员和口译员）培训、翻译教学和课程设计、翻译质量评估，以及翻译过程管理等提供指南。

首先，该书阐述了网络社交媒体环境下人类交往所需具备的关键能力（比如井号标签索引、视觉素养、触觉文本素养），这为翻译教学人员和职业培训人员的课程设置提供了清楚的指导方向。在翻译课程、课堂与职业培训活动、课堂与课外作业任务中融入广泛使用的网络社交媒体，比如脸书、推特、照片墙，将会帮助学生和实习译者培养网络社交媒体语境所需的核心知识和能力。缺乏网络社交媒体知识和能力的职业译者也能从该书受益，他们可以从该书了解到自己需要培养哪些具体能力，以武装自己，满足网络社交媒体语境下的翻译市场需求。

其次，对于翻译教学人员而言，融合网络社交媒体的具体课堂教学设计，以及融合此类网络社交媒体的课堂教学效果问题都十分重要。作者在书中介绍的融合脸书等网络社交媒体的课堂教学经验，可以为翻译教学人员设计自己的教学活动提供借鉴。

第三，对于研究翻译教学的理论研究人员而言，该书介绍的案例以及引用的丰富文献能够为其研究设计提供新的启发。他们可以提出新的研究问题，比如翻译课程融合网络社交媒体的教学效果如何；可以在研究中运用新的研究工具，比如在实验研究中运用脸书、推特和照片墙，考查学生在翻译中使用网络社交媒体的能力。

过去几年出版的探讨媒体与翻译问题的著作并不少见，比如《政治话语、媒体与翻译》（Schäffner & Bassnett，2010）、《媒体与翻译：跨学科路径》（Abend-David，2014）,《媒体时代的非职业口译与笔译》（Antonini & Bucaria，2016）。这些著作多数都是论文集，收录不同学者研究媒体与翻译问题的文章，而且这些文集中的文章多数都是有关媒体与翻译问题的个案研究。例如，上述第一本文集聚焦新闻等媒体中的政治话语翻译；第二本文集的文章探讨了各类不同媒体中的翻译，比如电影、新闻、商业广告；第三本文集的文章探讨了媒体中非职业译员的翻译实践，比如众筹翻译和字幕组翻译。这些文集虽然探讨了翻译与媒体之间的互动关系，但是它们很少关注翻译培训和翻译实践，更缺少聚焦网络社交媒体问题的翻译研究专著。无论是理论探讨，还是实践与培训指南，都很少见。该书弥补了这一空白，反映了网络社交媒体在翻译研究中的最新动态，系统地呈现了该领域的最新发展动态，强调了在翻译研究中引入新媒体，特别是网络社交媒体的重要性。而且，该书不仅论述了与翻译研究相关的问题，还探讨了与翻译教学培训和实践相关的问题。

该书的最大贡献在于其探索和研究填补了网络社交媒体在翻译研究中运用的空白，引起了翻译理论研究人员、职业翻译人员、翻译教学与培训人员的关注，使其充分认识到网络社交媒体在翻译研究、翻译实践和译者培训中日益重要的地位。尽管已有相关研究涉及网络社交媒体与翻译的关系，比如该书中引用的相关文献，但很少有专著专门系统地论述网络社交媒体与翻译问题。作为首本探讨网络社交媒体与翻译的专著，该书并非现有研究的堆砌或综述，而是基于现有零散研究的整合性研究，并且加入了新的、具有一定深度的研究成果。此外，该书可读性强。每章开头都有摘要和关键词，不仅有助于读者预先了解章节将要论述的主要内容，还有助于读者读后回顾章节所论述的重点内容。每章还设有总结部分，提炼了章节所论述的重点内容。另外值得一提的是，作者在讨论和分析中引用了很多文献，这对于读者进一步了解和研究相关话题十分有益。

该书虽然具有上述种种优点，但也存在一些缺陷。该书最主要的缺陷是，尽管作者提供了一些与网络社交媒体和翻译相关的重要定义，但是却并没有进一步构建一个理论分析框架或者模式，以供对该领域有兴趣的其他学者借鉴和运用。因而，该书中的一些讨论显得缺乏深度。此外，作者虽然在书中阐述了网络社交媒体给翻译研究带来的启示，并且举例分析，但并未进一步详细阐述，也未提供具有一定深度的分析模式。若作者深入阐述或构建某一模式，该书对翻译研究者而言将有更大价值。即便如此，该书仍然是一本极有价值的翻译研究专著，特别是社交媒体取向的翻译研究具有重要意义。作为一本探讨网络社交媒体与翻译互动关系的开拓性论著,该书开启了网络社交媒体与翻译问题的系统研究,必将吸引学术界更多地关注该领域,为翻译研究开拓新的视角。对于翻译研究学者,尤其是关注技术革新与翻译之间关系的学者而言,该书将是不可或缺的一本重要读物。

4.《翻译与社交媒体》对中国翻译教学与研究的启示

作为一本具有开拓意义的最新专著,《翻译与社交媒体:理论、教学与实践》对我国的翻译界有重要启示,能为我国的翻译教学、翻译研究提供新的视角与思路。

4.1 翻译教学紧跟翻译职业市场

翻译教学的一个主要目标就是为翻译市场培养专业的翻译人才。学生进入翻译行业市场后能否满足市场需要,是否符合翻译行业对从业人员的要求和期待,是衡量翻译人才培养成效的重要指标。因此,在翻译人才培养过程中,将翻译职业市场的发展动向纳入翻译教学考量之中,不仅能让学生了解翻译行业的职业规范,掌握翻译行业的运作方式,还能为将来进入翻译行业提前做好职前准备。近年来,国内学校在翻译教学中逐渐加强与翻译市场的结合,表现之一就是与翻译公司合作、建立实习基地,为学生争取实习机会。虽然这是翻译教学紧跟翻译市场的一个重要方面,但学生在翻译实习基地的实习只占职前学习、培训很小的一部分。学生主要的翻译知识与能力培养仍然发生在学校。因此,在日常翻译教学中密切关注翻译市场尤为重要。将翻译市场需求与行业规范融入翻译基本知识与能力的培养过程中,让学生"无形之中"提前进入翻译行业,待学生踏出校门进入翻译市场时将更具优势,对翻译公司而言,具有更大价值。为此,翻译教学与市场的结合可以更为广泛深入,不仅仅是与翻译公司合作建立实习基地,为学生毕业前创造实习机会,还可以将职业培养融入翻译教学培养方案中,将翻译公司的真实项目纳入日常的翻译教学中。如李艳所言,随着翻译应用的普遍化,传统的翻译课堂必须变革为连接学校与职场的纽带(李艳,2015:61)。马旭燕(2015)认为,将众包翻译项目纳入翻译教学正是日常教学与职场连接的有益尝试。贺义辉等(2015)探索的以服务地方经济为宗旨、以就业为导向、产学结合的高职学生翻译教学课程体系也紧跟翻译市场,将翻译教学与职场紧密结合。

4.2 翻译教学应紧跟社交媒体技术

在当今社会,科技发挥的作用比以往任何时候都要明显。各行各业的技术日新月异,给行业发展带来了巨变。这些技术的发展不仅给人们的工作和学习带来了变化,也给人们的生活带来了便利,影响着人们生活和交流的方式。这场科技革命也推动了教育行业,使新兴的信息技术、媒体技术运用到教学之中。翻译教学也享受到了信息与媒体技术发展带来的福利。国内外翻译教学均引入了翻译技术。国内翻译教学与技术的结合大多数是将市场上通用的翻译软件引入课堂,比如学习 SDL Trados Studio 等翻译及术语管理软件,让学生熟悉翻译软件的操作与运用。但当前多数高校的翻译教学与技术的结合尚处于起步阶段,如傅敬民、谢莎(2015)所言,少有高校能充分利用翻译技术优势培养更符合市场需求的职业化人才。国内一些高校已开设相关的翻译技术类课程,然而多数课程建设还不成熟,尚处于探索阶段。而且如朱玉彬(2018)所言,国内翻译技术类师资比较薄弱,翻译技术素养高的教师颇为缺乏。

国外的一些翻译教学除了使用翻译技术软件之外,也开始注重其他社交媒体技术。随着脸书、推特、微信等社交应用软件,以及油管(Youtube)、优酷等视频网站,成为人们日常交流和娱乐的主要工具与平台,其内容的翻译需求量大增。尤其是一些国际化的社交应用软件和平台,如脸书、推特、油管等,对翻译的需求巨大,因为其用户来自不同的国家和地区,涉及很多语种。对此,国外一些学校便将这些应用和平台引入了翻译教学之中,以培养学生翻译社交媒体内容的知识与能力,如该书作者便介绍了脸书和推特在其翻译课堂中的应用。国内翻译教学中对这些新趋势的关注还很薄弱,将社交媒体应用和平台引入翻译课堂还很罕见。王丽、戴建春(2015)尝试了将微信运用于翻译教学中,探索交互式移动教学模式。他们的探索与国外的社交媒体翻译教学不同,目前主要是将微信作为交互教学的工具,如布置翻译任务、讨论交流、资源共享、答疑求助等移动教学过程;国外的这种翻译教学除了将脸书等社交媒体应用作为教学工具,还涉及这些平台中用户内容的翻译教学。国内这种教学探索主要将相关的应用作为交互学习工具,不涉及平台内容的翻译教学,主要由平台自身的用户群决定。国内多数社交应用都以本土用户为目标群体,不涉及语言障碍问题,因此基本没有翻译需求。近年来,视频社交发展迅速,一些新兴的短视频应用平台迅速占领市场,比如,抖音短视频已有不少外国用户。随着这类应用走向国际,相应的翻译需求便会大增。此外,一些视频网站如优酷、网易公开课视频平台等,虽然主要面向国内用户,但是平台部分内容来自国外,涉及外汉翻译。网易公开课便有翻译志愿者将国外公开课内容译为汉语。这些都涉及应用和平台内容的翻译。国内的翻译教学尚未对这些翻译需求予以应有的关注。因此,今后的翻译教学可以将社交媒体应用更多地引入翻译教学中,不仅是将应用作为翻译教学工具,还要涉及这些应用内容的翻译教学,以满足翻译市场需求的发展。

4.3 翻译研究应密切关注"社会现实"

国内翻译研究对社会现实的关注程度不如国外翻译学术界。国外翻译研究关注社会现实不仅体现在从宏观层面探讨翻译与政治、意识形态等的关系,还体现在从微观层面关注"社会现实",即社会中真实的翻译现实、现象,比如社交媒体驱动下的众筹翻译现象(crowd-sourced translation),粉丝群体中的志愿者翻译现象(volunteer translation)。有学者关注了众筹翻译现象,考察字幕翻译中众筹翻译的译者对语言评价意义的决策处理(Munday, 2012),或关注了翻译志愿者现象,考察了志愿者在 TED 翻译项目中的翻译动机(Olohan, 2014)。该书对国外社交媒体与翻译问题的研究也正是对"社会现实"的密切关注。

国内翻译研究虽然对社会中的现实翻译现象有所关注,如黑黟(2013)考察了影视字幕组翻译现象,陈晓莉、钱川(2013)探讨了公开课字幕组翻译现象,但是总体而言,这类研究比较薄弱,尤其是有深度的、系统的研究不多。国内也存在大量的翻译志愿者群体,比如影视字幕组、公开课字幕组,也存在众筹翻译、合作翻译等现象,但在国内翻译研究中受到的关注还比较缺乏,现有的相关研究多数在考察其中的翻译策略、方法等问题,对这些译者群体的研究不够,对这些翻译活动的研究缺乏,对这些翻译的效果与影响的研究也不多,鲜有探讨众筹翻译、志愿者合作翻译的翻译模式、伦理等问题。翻译学术界不应忽略这些现象,今后应更多地加以探讨。

5. 结语

《翻译与社交媒体:理论、教学与实践》较为系统地考察了翻译与新媒体的关系,探讨了社交媒体在翻译教学、实践和研究中的应用,可谓该领域的开创之作。在技术渗透人类工作与生活各个领域的今天,翻译教学、实践和研究也无可避免地受到翻译技术、新媒体技术等的影响。拥抱新技术已是大势所趋。如何更好、更有效地运用这些新技术,为我们的翻译教学、实践与研究服务,提高教学效果、改善实践质量、提升研究水平,是我们面对这些技术应思考和解决的问题。该书或将为我们提供启示。

参考文献

[1] Abend-David, D. *Media and Translation: An Interdisciplinary Approach* [M]. New York: Bloomsbury Academic, 2014.

[2] Antonini, R. & Bucaria, C. *Non-professional Interpreting and Translation in the Media* [M]. Frankfurt: Peter Lang, 2016.

[3] Desjardins, R. *Translation and Social Media: In Theory, in Training and in Professional Practice* [M]. London: Palgrave Macmillan, 2017.

[4] Lin, P. X. & Liang, L. X. Translation and Social Media: In Theory, in Training and in Professional Practice [J]. *International Journal of Communication*, 2018(12): 1139-1141.

[5] Munday, J. New Directions in Discourse Analysis for Translation: A Study of Decision-Making in Crowdsourced Subtitles of Obama's 2012 State of the Union Speech [J]. *Language and Intercultural Communication*, 2012(4): 321-334.

[6] Olohan, M. Why do you Translate? Motivation to Volunteer and TED Translation [J]. *Translation Studies*, 2014(1): 17-33.

[7] Schäffner, C. & Bassnett, S. *Political Discourse, Media and Translation* [M]. Newcastle: Cambridge Scholars Publishing, 2010.

[8] 陈晓莉,钱川.耶鲁大学网络公开课字幕翻译对比研究——以 Ocourse 和 TFL 两字幕组翻译作品为例[J].外语学刊,2013(3):100-103.

[9] 傅敬民,谢莎.翻译技术的发展与翻译教学[J].外语电化教学,2015(11):37-41.

[10] 贺义辉,李春慧,吕毅.翻译教学与地方经济建设互动双赢模式探究——以四川省泸州市为例[J].上海翻译,2015(3):62-66.

[11] 黑黟.情景喜剧特点及字幕翻译策略研究——以《生活大爆炸》人人影视字幕组译本为例[J].河南师范大学学报(哲学社会科学版),2013(1):142-143.

[12] 蓝红军.翻译教学——新时期翻译学科发展

的关键[J].中国大学教学,2015(6):32-37.
[13] 李艳.基于培养职业意识的翻译教学思路[J]. 上海翻译,2015(3):57-61.
[14] 马旭燕.众包在项目翻译教学中的应用初探[J].上海翻译,2017(6):62-66.
[15] 覃江华.影视翻译研究的跨学科探索空间——《视听翻译：理论、方法与问题》介评[J].中国翻译,2016(3):59-63.
[16] 王丽,戴建春.基于微信的交互式翻译移动教学模式的构建与应用[J].外语电化教学,2015(3):35-41.
[17] 张文鹤,文军.国外翻译教学研究：热点、趋势与启示[J].外语界,2017(1):46-54.
[18] 朱玉彬.翻译技术类课程的教学反思——兼评根茨勒教授的《翻译、全球化与技术》课程[J].中国翻译,2018(1):51-57.

典籍英译

《红楼梦》诗体英译叙事建构比较研究

孙玉凤[1]

(绍兴文理学院 外国语学院,绍兴 312000)

摘 要:目前学界较为缺乏《红楼梦》诗词英译的定量研究。本文运用语料库辅助方法,从参与者重新定位、文本材料选择性占有、时空建构、受众和叙事者共建四个主要建构策略系统探讨了霍译和杨译《红楼梦》英译诗词的叙事建构特征,研究发现霍译诗词更善于运用重新定位、文本材料选择性和时空建构三大策略以建构叙事特征,而杨译更加注重受众和叙事者共建叙事策略。

关键词:建构策略;红楼梦诗词;杨译;霍译;语料库

Title:A Comparative Study on Framing Narrative in English Translation of Poems in *Hongloumeng*

Abstract:Currently, few quantitative studies are conducted on translated poems in *Hongloumeng*, thus a parallel corpus and a subcorpus are built up to systematically expose the translated language of Yang Hsien-yi and that of David Hawkes from four strategies of reframing narrative. The findings are that Hawkes tends to use repositioning of participants, selective appropriation of textual material, and temporal and special framing to reframe narrative in translating poems into English. Conversely, Yang Hsien-yi's English poems are more distinctive of its "empathy" with his narratees to reframe narrative.

Key words:framing strategies; poems in *Hongloumeng*; Yang Hsien-yi's translation; David Hawkes's translation; corpus

1. 引言

《红楼梦》被评价为"文备众体"。所谓众体实在有限,然而《红楼梦》却兼收众体之所长,诗词曲赋、歌谣、赞、书启、灯谜、酒令、拟古文等五花八门、丰富多彩,这是其他小说所未曾见的。作为小说里的诗词,《红楼梦》诗词是了不起的(叶嘉莹 2004:58-64)。《红楼梦》中的诗词曲赋是小说情节的重要组成部分,也是其区别于其他小说的一个特点,小说中通过赋诗、填词、题额、拟对、制谜、行令情节的描绘,多方面反映出统治阶级的文化精神生活。见诗如见其人,人物性格、体态、容貌跃然纸上,而文中明显带有诗谶的表现手法,预先隐写了小说人物未来的命运。本文将《红楼梦》霍克斯 186 首诗体英译本,杨宪益 186 首诗体英译本建成小型平行语料库加以对比,以展现杨译诗词和霍译诗词的叙事建构特点。截至 2020 年 12 月 10 日,本文作者以"红楼梦诗词"并含"翻译"的主题词搜索,得到文章共计 20 篇,翻译研究多数来自硕博论文数据库。专著包括蔡义江(2012)的《〈红楼梦〉诗词曲赋鉴赏》和《〈红楼梦〉诗词曲赋评注》,刘耕路(1986)编著的《〈红楼梦〉诗词解析》,以及王宏印(2015)著《〈红楼梦〉诗词曲赋英译比较研究》。诗词文献与诗词翻译文献数量的横向对比结果说明,学者仍致力于《红楼梦》诗词研究,但是数量上有所滞后。核心期刊发表的论文选题主要从诗学特征(荣立宇,2015)、诗词英译文的追溯(赵长江,2012)、译者的翻译策略(罗敏,2018;武虹,2016)、红诗诗词的美学价值(陈寒,2010)、意象再现(赵雨柔,2018)、理论切入(谢军,2009)、文化移情

---

[1] 作者简介:孙玉凤,博士,绍兴文理学院外国语学院讲师;研究方向:翻译理论与实践。
基金项目:本文得到了绍兴文理学院科研启动基金(20206029)、绍兴文理学院校级重大课题(2020SK002)科研资助。

(李虹,2011)等角度切入,对《红楼梦》诗词翻译进行研究。研究者较多以主观感受归纳得出结论,带有一定的主观意识,较少采用定量分析的方法。

蒙娜·贝克认为,在翻译中译者需要同翻译交互活动中的行为人相互合作以增强、削弱或改变原文叙事。"建构(framing)"是译者有意识参与社会现实的建构(Baker,2006:106)。贝克提出,译者可通过时间和空间的建构、选择性占用、参与者重新定位(Baker,2006:112)等重要策略对原语文本进行叙事调停,从而在翻译中重新建构叙事。本文试图采用语料库辅助的方法,展现《红楼梦》诗词霍译和杨译的叙事建构特征。

2. 研究设计

2.1 语料

本研究选择2014年上海外语教育出版社出版的《红楼梦》中文图书为底本,2003年外文出版社出版的杨宪益和戴乃迭英译本(杨译)和2014年上海外语教育出版社出版的霍克斯和闵福德的英译本(霍译)为研究语料,将其中的诗词标记提取出来,建成186首诗一对二的汉英《红楼梦》诗词平行语料库。

2.2 研究问题

本研究主要回答以下四个研究问题:
(1)霍译和杨译诗词如何通过使用参与者重新定位策略构建叙事?
(2)霍译和杨译诗词如何通过使用文本材料选择性占用策略构建叙事?
(3)霍译和杨译诗词如何通过使用时空建构策略构建叙事?
(4)霍译和杨译诗词如何通过使用受众和叙事者共建策略构建叙事?

2.3 研究工具

本研究使用文本分析软件Wordsmith Tool. 8.0、Powerconc 1.0 beta 25和BFSU-Huge Mind Readability Anayzer 2.0。

2.4 研究步骤与方法

运用Wordsmith Tool. 8.0制作词表,运用Powerconc 1.0 beta 25b制作标注语料,检索词性以观察霍译诗词和杨译诗词用词风格。在实证研究中,将高层面显化概念转化成低层面可供语料库检索的数据,成为基于语料库研究的关键(刘泽权、侯羽,2008:57)。重点分析霍译中出现频率高、杨译中出现频率低的词,以及杨译频率高、霍译频率低的词,回归这些词出现的语境并进行分析,总结霍译诗词和杨译诗词各自翻译叙事建构的特征。

3. 结果与讨论

3.1 叙事建构中译者的重新定位

参与者的重新定位隶属于叙事关联性特征,涉及交互中参与者相对于彼此定位以及与其他相关行为者关系定位的方式。这些定位的布局变换必将改变与定位交织在一起的直接叙事和更加广泛的叙事动态。翻译过程中,参数表达的积累通常是微妙的选择,译者可通过调整这儿和那儿、现在和过去、他们和我们、读者和叙事人、读者和译者、听者和译者之间的定位关系重构叙事(Baker,2006:132),因此,我们通过检索代词使用情况来观察霍译和杨译诗词中译者重新定位的状况,并根据Wordsmith Tool. 8.0制作出霍译和杨译特色词列表,对比找出霍译和杨译最具特色的代词,回归原文找到其在叙事建构中发挥的作用。在本文中,若某一词汇在两个译本中均出现但频率不同,则称该词汇是用词频数相对较高的译本中的"特色词";若某一词汇在一个译本中词频排在前20位,而在另一译本中排在20位开外,则称其为前者的"独特词"。

表1 霍译和杨译代词使用示例

序号	代词	霍译频数	杨译频数
1	her	157	169
2	I	102	86
3	my	86	69
4	you	70	54
5	your	67	26
6	their	64	56
7	his	58	37
8	she	53	73
9	they	42	37
10	he	38	24
11	our	29	9
12	me	26	27
13	them	24	11
14	we	18	25
总数		834	703

表1使用 Wordsmith Tool. 8.0制作而成,将霍译诗词和杨译诗词相互作为参照语料,分别得出杨译和霍译诗词的独特词。根据检索比对结果,发现霍译诗词的代词总数是834,而杨译诗词中代词的总数是703。霍译代词的使用状况明显多于杨译,说明霍克斯在译文中更加注重发挥译者重新定位策略。试看霍译诗词中具有特色性的代词 your,居霍译诗词特色词中第五位,为什么霍译诗词 your 被高频使用?这是否是译者重新定位叙事者视角?原因是什么?

在文学创作中,作者常将叙事视角分配给人物角色(Brown, 2008:147),回看霍译诗词发现晴雯、香菱、妙玉、巧姐、李纨、探春、史湘云、迎春的判词中,译者皆用 your 来表示对金钗的称呼,指称发生了系统性转变,不断地塑造译者和文本之间的关系,或是将译者定位在文本中(Mason & Serban 2003:269)。译者使用代词"your"为全书中悲剧女主吟唱挽歌,并与全书主题遥相呼应,拉近读者与诗词人物的距离。

杨译诗词独特词中,代词的使用只有 she 排在第63位,回到杨译诗词,其叙事建构视角定位是第三人称 her,未发生视角的转变,另有如第11首原文"身后有余忘缩手,眼前无路想回头"。霍译诗词中译者主动选择增加了4个代词"you",转换了人称视角,而杨译则是用第三人称"he"以及"his"。杨译取中立的表述,未发生人物视角的转换。从霍译诗词中可以看出,人称视角的转换产生了特殊的效果,据此可推测其叙事建构的意图是将读者与作者身份交换,感受译者、作者、人物角色以及读者之间的跨时空融合。译者通过代词的视角转变,重新分配给人物新的角色,重新配置了读者与原叙事中描述事件和参与者之间的关系,与杨宪益的诗体翻译相比,霍克斯更加注重通过在译文中重新定位人物的视角来构建叙事。

3.2 文本材料的选择性占用

文本材料的选择性占用主要涉及文本本身的交流,不依赖语境阐释其叙事特征,主要是以删减和增加方式实现,旨在抑制、强调或阐述原文本或话语中叙事的特定方面,或将其嵌入更大的宏观叙事。韩礼德和哈桑认为句群是否构成语篇的关键在于句内各成分之间以及句与句之间的使话语具有语篇性的衔接关系,换言之,语篇中语言单位的意义要借助其他语言单位的解释这一特点催生话语内部的衔接关系(Halliday & Hasan, 1976:2)。衔接关系标记词可分为递进关系、相反关系、因果关系和时间序列关系。分析霍译诗体和杨译诗体中删减和增加的形式标记符号,结果显示,霍译诗词和杨译诗词中形式标记的确存在显著性差异,从两译者增加的高频形式标记词可以看出两译者对文本材料的选择性占用的情况。

表2 霍译和杨译独特词前20位示例

序号	霍译独特词	杨译独特词
1	s	is
2	that	blossom
3	the	by
4	your	knows
5	which	osmanthus
6	and	court
7	a	fragrance
8	not	chrysanthemum
9	shall	fresh
10	was	fair
11	time	nothing
12	more	facing
13	upon	stains
14	our	girl
15	yet	this
16	flowers	jade
17	when	can
18	face	fence
19	spot	company
20	ll	crickets

霍译诗词中,排在第二位的独特词是形式标记符号"that",第五位"which",第九位"shall",第十五位"yet",第十七位"when"。"that"在霍译中出现了104次,而在杨译诗词中仅出现了37次;"which"霍译25次,杨译2次;"shall"霍译26次,杨译2次;"yet"霍译出现44次,杨译21次;"when"霍译出现50次,杨译出现26次。

试看"that",霍译中,不论其作连词连接宾语从句,还是作关系代词,指称关系都被保留了下来。而杨宪益英译没有增加太多的形式标记语"that","that"的衔接形式也没有霍译所表现的多样。虽然真正发挥衔接作用的不是表衔接的标记形式而是暗藏的语义关系,但是,正是这些衔接标记的作用建构了语篇性。以第四首香菱判词为例,"惯养娇生笑你痴,菱花空对雪澌澌"这一句的霍译为:"Fond man, your pampered child to cherish so — That caltrop-glass which shines on melting snow!"增加衔接 that 虽然不含语义关系，但却使此诗的语篇性更加显著，杨译为："Fool, to care for this tender child: An image in the mirror, snow melting away."两句之间没有衔接关系，读者容易陷入语义分裂，无法联系两句诗词之间的叙事相关性。

同样，根据 Antconc 搜索结果，霍克斯大幅增加表转折衔接关系的标记符号"yet"，而杨宪益的译文"yet"的使用率仅为霍克斯的一半。试举《红楼梦》第十三首《西江月批宝玉二首》中"行为偏僻性乖张，那管世人诽谤！"为例。原诗形式上贬低宝玉，实则喻褒于贬，特殊的叙事构建方式显示出宝玉的个性特征。霍译"His acts outlandish and his nature queer; Yet not a whit cared he how folk might jeer!"选择性地使用"yet"，形成前后两句的鲜明对比，"yet not a whit"也是译者对宝玉的褒扬，与原诗步调保持一致，实现了原文所要阐述的叙事效果。杨译"Foolhardy in his eccentricity, He's deaf to all reproach and obloquy."中则缺乏褒扬宝玉的言外之意。从词汇使用来看，"Foolhardy""eccentricity""deaf""obloquy"都是贬义词汇，没有对比效果，未能传达出原诗句中的语义内涵。

再如"shall"的相似用法。根据搜索结果可知，霍译本使用"shall"的频率高达 24 次，分别在第 4、6、9、19、24、26、28、29、31、59、154 首中出现。回看译文，使用选择性占用的叙事策略，增加"shall"的使用提高了诗句中人物描写的生动性，和第二人称搭配产生了一种警示作用。第二十六首中有一句是："二十年来辨是非，榴花开处照宫闱。"其杨译为："For twenty years she arbitrates Where pomegranates blaze by palace gates."霍译为："You shall, when twenty years in life's hard school are done, In pomegranate-time to palace halls ascend."霍译中，"shall"发出了警示，告诫人物在宫中命运艰辛，因此霍译更胜一筹。由此可见，若不考虑无形的、深层次的语义关系，而考虑有形的、具体的词法成分，霍译诗词增加了递进、转折关系和时间的衔接标记，比起杨译，霍译文本选择性占用以构建叙事的特征更为明显。

3.3 时空建构

时间和空间叙事建构指选择特定文本并将其嵌入到时间和空间的情境中，强调叙事，主张与触及当下生活的叙事建立联系，即使原叙事事件可能是设定在截然不同的时空框架内也是如此。这种类型的嵌入不需要文本本身的进一步干预，但也不排除这种干预的可能。时空建构的叙事策略表明不同文本之间的相互指涉、渗透、利用和影响的复调思想。红诗英译中时空建构策略也广为使用。

表 3 霍译和杨译诗词形符类符比较

文本	形符（词表）	类符	类符/形符（TTR）	标准类符形符比（STTR）	句数（sentences）
霍译诗词	13 784	3 107	26.60%	53.44%	722
杨译诗词	12 609	3 667	24.64%	51.90%	629

表 4 霍译和杨译词性分布

Term(s)	Freq.	File Count	Hawks. TAGGED	Yang. TAGGED
Size	30 349	2	15 829	14 520
Tokens	28 107	2	14 694	13 413
Types	12	2	12	12
n	7 753	2	3 894	3 859
v	4 744	2	2 499	2 245
prep	3 530	2	1 787	1 743
art	2 849	2	1 471	1 378
adj	2 440	2	1 324	1 116
pron	2 014	2	1 090	924
adv	1 594	2	881	713
sent	1 359	2	732	627
conj	1 016	2	549	467
num	501	2	249	252
pos	292	2	210	82
interj	15	2	8	7

从表 3、表 4 可以看出，霍译诗词形符类符比、标准类符形符比以及实词、虚词数量较杨译都明显高出许多。时空建构策略主要体现在名词的使用上。回归霍译和杨译的名词使用情况，可查出原红诗语境如"出浴太真冰作影，捧心**西子**玉为魂""**月窟**仙人缝缟袂，秋闺怨女拭啼痕""自是**霜娥**偏爱冷，非关情女亦离魂""幽情欲向**嫦娥**诉，无奈虚廊夜色昏"。杨译时空建构中选用了"Lady Yang""Xi Shi""the goddess of the moon""goddess of frost""moon goddess"等叙事表达，而霍译分别用"Yang-fei""Moon-maidens""wondrous white Frost Maiden" "their goddess-queen"来建构诗体的叙事。杨译中"嫦娥"皆用"moon goddess",而霍译采用"maiden""goddess-queen"等不同符号指代。再有原红诗"独倚花锄泪暗洒,洒上空枝见血痕"中湘妃哭舜,泣血染斑竹的用典,以及"新涨绿添浣葛处,好云香护采芹人"中"浣葛"和"采芹人"暗指元春省亲,祥云庇佑贾府的读书人,都分别从时空建构策略下强化了小说的叙事主题。"独倚花锄泪暗洒,洒上空枝见血痕。"此处曹雪芹是通过时空建构原文的叙事,用"斑竹一枝千滴泪"的娥皇和女英的命运来暗示黛玉最终的宿命。霍译为:"The solitary Maid sheds many a tear, which on the boughs as bloody drops appear."其回译为:"闺中怨女哭哭啼啼,洒在树枝上的泪珠竟像血滴一般。"杨译为:"Alone, her hoe in hand, her secret tears Falling like drops of blood on each bare bough."其回译为:"她独自拿着花锄,暗自流泪,泪水像血滴般落在空枝上。"原诗中泪水并非像血滴一般洒落,而是洒落在空枝上的泪水像是斑驳的血滴。无可厚非,霍译更加准确,也更好地在译文中通过时空建构策略重现了和原诗相同的叙事。霍译中将"浣葛女(washerwoman)"作为主位译出,和"cress-gatherer fills his pannier"的构思图式将话题和命题以及其他内容相互联系,构建宏观叙事,看似没有必然联系,但霍译却推理出诗句与诗句间的潜隐联系。杨译使用被动语态,未将施动者译出,全诗中只提到"采芹(plucking water-cress)"的"浣衣女(girls)",未曾诠释原诗中的指代含义。与杨译相较,霍译的多样化表达为小说主题提供了不同的认识路径。

3.4 受众和叙事者共建

贝克吸收了布鲁纳(Bruner)在认知叙事理论中提出的八大叙事特征,并将其中的特殊性、题材性、规范与背离,以及叙事的累积性作为叙事分析工具。但贝克未使用布鲁纳的另一叙事观点,即叙事行为是受众和叙事行为人共建的过程,因此不能脱离受众来理解叙事(Bruner, 1991: 1-21)。贝克(2006: 138)认同黑尔(Hale)的观点,认为与观众建立同情心是一种交际的需要,但她仅将此观点置于参与者重新定位的叙事建构策略下,却未单另详述。文学叙事理论中的"叙事受众(narratee、addressee)"早已存在,但社会叙事理论的相关研究还未展开。因此,笔者使用软件 BFSU-HugeMind Readability Anayzer 2.0,将霍译诗词和杨译诗词语言可读性进行比较分析,以展示杨译和霍译诗词及与各层级读者共建叙事的不同,所得结果如表5所示。

表5 霍译和杨译诗词可读性统计

指标	杨宪益诗词译文	霍克斯诗词译文
词数	12 496	13 507
句数	843	1 028
Flesch-Kincaid Grade Level	6.17	6.02
Flesch Reading Ease Score	77.23	75.33
Automated Readability Index	7.69	7.25
Coleman-Liau Index	9.33	9.56
Gunning Fog Index	15.09	16.73
Smog Index	13.09	13.63

Flesch-Kincaid Grade Level 和 Flesch Reading Ease Score 表示英语文本的理解难度,两个指数具有相关性,但数值相反,即文本的 Reading Ease Score 较高时,其 Grade Level 值较低。根据 Flesch Reading Ease Score 参照表(美国教育体制以及英语水平为衡量标准)80.00—70.00 相当于七年级的水平,相对简单。数据分析显示,杨译该值为 77.23、霍译该值为 75.33,杨译的可读性低于霍译,因此更难理解。杨译诗词相当于 6.17 年级的水平,而霍译诗词相当于 6.02 年级的水平,两者差异不大。具体来说,杨译语言相对更难一些,可读性更低一些。

Atomated Readability Index(ARI)展示的是文本理解对应的年龄值。杨译译文 ARI 为 7.69,霍译 ARI 为 7.25,均相当于美国 12—13 岁(七年级)学生的水平。但杨译还是相对于霍译更难理解,可读性更低些。

第四组 Coleman-Liau Index(CLI)和 ARI 表示意义相同。CLI 取决于单词的字母数。根据这一组数据得出,霍译该值为 9.56,相对于杨译 9.33 的数值高出 0.23。这一数据表明,霍译比杨译略难。不同参数对不同变量的权重不同,所得结果会存在一定偏差,但与可观察文本的整体特征一致。

Gunning Fog Index 表示初次理解文本所需接受的正式教育年份。根据 Gunning Fog Index 的解读参照表,杨译该值为 15.09,低于霍译 16.73 的数值,表示美国教育程度为大三的学生能理解杨译的语言,而霍译的语言则是大四的水平才能理解,霍译更难,可读性更低。

而 Smog Index 的数据显示,杨译为 13.09,低于霍译的 13.63,证明霍译语言比杨译更难,可读性更低。从与受众和叙事者共建策略来看,杨译文本表现更优。

4. 结论

将蒙娜·贝克的三个叙事建构策略用于《红楼梦》诗词杨译本和霍译本的对比研究发现：叙事建构译者的重新定位中，根据词类数量、频数和翻译模式的考察，代词作为语言形式标记参数，霍译相比杨译形式标记化程度要高，说明霍译更加注重叙事建构中角色重新定位；文本选择性占用叙事建构策略中，相比杨译，霍译通过增加连词及情态动词符号标识在翻译中打破格局、实现自由转换，利于译文文本叙事语篇建构。时空建构策略中，霍译准确把握原诗中零散叙事事件的关联性，相比杨译更完美地在翻译中重构了原叙事。针对受众与参与者共建叙事关系的可读性结果表明，霍译可读性低于杨译。

参考文献

[1] Baker, M. *Translation and Conflict: A Narrative Account* [M]. London/New York: Routlege, 2006.

[2] Brown, G. *Discourse Analysis*[M]. Cambridge: Cambridge University Press, 2008.

[3] Bruner J. The Narrative Construction of Reality [J]. *Critical Inquiry*, 1991(1): 1-21.

[4] Davidson, A. Peculiar Passives[J]. *Language*, 1980(1): 42-67.

[5] Halliday, M. A. K. Notes on Transitivity and Theme in English: Part 2 [J]. *Journal of Linguistics*, 1967(3): 199-244.

[6] Halliday, M. A. K. & Hason, R. *Cohesion in English*[M]. London: Longman, 1976.

[7] Mason, I. & Serban. A. Deixis as an Interactive Feature in Literary Translations From Romanian Into English[J]. *Target*, 2003(2): 269-294.

[8] Qian, D. X. & Almberge, E. S-P. Interview With Yang Xianyi[J]. *Translation Review*, 2001(2): 17-25.

[9] Quirk, S. *A Comprehensive Grammar of the English Language*[M]. New York: Longman Group Limited, 1973.

[10] 蔡义江.红楼梦诗词曲赋全解[M].上海：复旦大学出版社,2012.

[11] 曹雪芹,高鹗.霍克斯,闵福德译.红楼梦（汉英对照）[M].上海：上海外语教育出版社,2014.

[12] 曹雪芹,高鹗.杨宪益,戴乃迭译.红楼梦[M].北京：外文出版社,2003.

[13] 陈寒.《红楼梦》诗性美翻译研究[D].南京：南京大学,2010.

[14] 李虹.《红楼梦》诗词英译移情比较研究[D].上海：上海外国语大学,2011.

[15] 刘耕路.《红楼梦诗词解析》[M].吉林：吉林文史出版社,1986.

[16] 刘泽权,侯羽.国内外显化研究概述[J].中国翻译,2008(5): 55-58.

[17] 罗敏.蒙娜·贝克叙事理论视角下诗词英译策略研究——以霍译《红楼梦》诗词为例[D].重庆：四川外国语大学,2018.

[18] 荣立宇.霍克思译《红楼梦》诗词的诗学观照——从两首译诗说起[J].语言与翻译,2015(4): 78-82.

[19] 宋庆伟.基于语料库的汉英句法形式化考察——以"莫言小说汉英平行语料库"中的物主代词为例[J].外语与翻译,2017(1): 44-49.

[20] 王宏印.《红楼梦》诗词曲赋英译比较研究[M].大连：大连海事大学出版社,2015.

[21] 武虹.霍克思《红楼梦》英译本中贾宝玉诗词翻译的创造性叛逆[D].武汉：华中科技大学,2016.

[22] 叶嘉莹.漫谈《红楼梦》中的诗词[J].陕西师范大学,2004(3): 58-64.

[23] 郑恩岳.谈谈《红楼梦》诗词英译的人称角度[J].外国语（上海外国语大学学报）,1993(5) 36-38.

[24] 赵长江.《红楼梦》诗词英译之发轫：德庇时英译《西江月》历时研究[J].红楼梦学刊,2012(3): 323-339.

[25] 赵雨柔.霍克思译本《红楼梦》诗词意象翻译研究[D].广州：广东外语外贸大学,2018.

[26] 周领顺.从英语人称代词的使用看译者对风格的能动把握[J].中国翻译,2004(4): 31-34.

> 赛 讯

第二届 CATIC 杯全国翻译大赛通知

中国翻译认知研究会　《翻译研究与教学》编辑部
复旦大学出版社　复旦新学术

一、大赛简介

为进一步提高我国高校翻译(笔译)人才培养质量,实现翻译教学、翻译研究与翻译社会实践的互动交流与有机结合,满足我国日益扩大的对外交流需求,促进翻译学科建设和语言服务行业的繁荣与发展,培养高素质语言服务人才。经中国翻译认知研究会(China Association for Translation, Interpreting and Cognition, or CATIC)常务理事会研究以及与复旦大学出版社联席会议决定,特举办第二届 CATIC 杯全国翻译大赛。

中国翻译认知研究会不仅注重翻译理论研究,还关注翻译实践,做到理论与实践相结合。作为国内外学术水准高、组织严谨、程序规范的英语竞赛,大赛组委会秉持公平、公正、公开的原则,为大学生、研究生以及翻译爱好者搭建一个相互交流及展示的重要平台,从而提升大学生、研究生和翻译爱好者的英语笔译实践应用能力,为培养优秀翻译人才做出积极贡献。

参赛语言:英语和汉语

指导委员会:大赛顾问委员会和专家委员会

执行委员会:大赛专家执行委员会和大赛组委会

主办单位:中国翻译认知研究会;《翻译研究与教学》编辑部;复旦大学出版社;复旦新学术

报名日期与报名方式:请关注公众号"翻译研究与教学""CATIC 翻译认知研究会",以及中国翻译认知研究会官网 catic2017.com 或 www.catic2017.com,获取最新报名信息。

二、大赛细则

(一)参赛人员

国内外大学生、研究生和留学生均可参赛,专业不限;对翻译感兴趣的社会人员等均可报名。此外,大赛接受团体报名。

(二)参赛费用

本大赛为公益活动,不收取报名费。如报名后因各种原因没有参赛,则视为自行退出比赛,不设置补赛环节。证书费用为 30 元。

(三)竞赛形式

翻译竞赛:参赛者进入第二届 CATIC 杯全国翻译大赛指定平台等待比赛通知。

参赛者独立完成翻译(笔译),杜绝抄袭或代赛现象,一经发现,取消参赛资格。自公布竞赛题目或提交参赛答卷之日起,参赛者请勿在任何媒体公布参赛试题,否则将被取消参赛资格。

三、奖项设置

大赛组委会将根据报名人数产生初赛和复赛一等奖、二等奖、三等奖、优秀奖若干名,并为获得一等奖选手的指导老师颁发优秀指导教师奖。

四、大赛顾问委员会名单（排名不分先后）

李亚舒（中国科学院）　　胡壮麟（北京大学）　　王寅（四川外国语大学）

五、大赛专家委员会名单（排名不分先后）

康志峰（复旦大学）　　　　　　　姜兆梓（临沂大学）
陈宏俊（大连理工大学）　　　　　焦丹（河南工业大学）
梁超群（华东师范大学）　　　　　康响英（湖南第一师范学院）
王和平（西安外国语大学）　　　　李海军（长沙理工大学）
陈章云（北京外国语大学）　　　　李丽青（澳门大学）
文旭（西南大学）　　　　　　　　李稳敏（陕西科技大学）
李德凤（澳门大学）　　　　　　　李喜芬（河南农业大学）
常少华（《中国外语》编辑部）　　李孝英（西南交通大学）
王建开（复旦大学）　　　　　　　李秀英（大连理工大学）
王建华（中国人民大学）　　　　　李勇忠（江西师范大学）
姜孟（四川外国语大学）　　　　　李玉良（青岛科技大学）
王小潞（浙江大学宁波理工学院）　李占喜（华南农业大学）
卢植（广东外语外贸大学）　　　　李正栓（河北师范大学）
鲍晓英（上海外国语大学）　　　　刘芳（北京理工大学）
卞建华（青岛大学）　　　　　　　刘芬（长沙学院）
陈菁（厦门大学）　　　　　　　　刘芹（上海理工大学）
藏志勇（宁夏大学）　　　　　　　刘祥清（湖南第一师范学院）
曹进（西北师范大学）　　　　　　刘永志（成都理工大学）
曾薇（广西大学）　　　　　　　　刘振前（山东大学）
陈会军（中国地质大学）　　　　　罗永红（上海电视大学）
李华（复旦大学）　　　　　　　　马玉梅（河南工业大学）
唐敏（复旦大学）　　　　　　　　孟建国（嘉兴职业技术学院）
仇文平（复旦大学）　　　　　　　倪锦诚（上海理工大学）
庞国平（复旦大学）　　　　　　　潘莉（广东外语外贸大学）
陈朗（广东外语外贸大学）　　　　冉玉体（河南理工大学）
陈小慰（福州大学）　　　　　　　任东升（中国海洋大学）
谌莉文（浙江工商大学）　　　　　桑龙扬（九江学院）
段继红（石家庄幼儿师范学院）　　孙毅（广东外语外贸大学）
范武邱（中南大学）　　　　　　　覃江华（华中农业大学）
冯奇（上海大学）　　　　　　　　陶友兰（复旦大学）
桂清扬（浙江外国语学院）　　　　汪壁辉（南京晓庄学院）
郭国良（浙江大学）　　　　　　　王福祥（曲阜师范大学）
韩戈玲（上海理工大学）　　　　　王密卿（河北师范大学）
韩忠军（东北大学）　　　　　　　王胜利（上海工程技术大学）
何绍斌（上海海事大学）　　　　　王祖友（上海财经大学）
贺爱军（中国海洋大学）　　　　　文军（北京航空航天大学）
胡安江（四川外国语大学）　　　　吴迪龙（长沙理工大学）
胡文华（复旦大学）　　　　　　　武波（北京外交学院）
黄勤（华中科技大学）　　　　　　武建国（华南理工大学）

武俊辉(长沙理工大学)
谢楠(临沂大学)
熊俊(湖北工程学院)
熊欣(广西科技大学)
徐翰(南昌航空大学)
徐玉书(上海财经大学浙江学院)
严云霞(华东师范大学)
杨明星(郑州大学)
于林龙(东北师范大学)
余莉(兰州交通大学)
俞利军(对外经贸大学)
俞森林(西南交通大学)
云会(临沂大学)
詹成(广东外语外贸大学)
王金铨(扬州大学)
张沉香(中南林业科技大学)
张桂萍(中国音乐学院)
张化丽(西安航空学院)
张焕香(中国地质大学)
张明芳(河北科技大学)
张生祥(苏州科技大学)
张顺生(上海理工大学)
张素敏(河北师范大学)
张新玲(上海大学)
张玉双(上海电机大学)
赵仑(薏然阳光脑研究院)
钟书能(华南理工大学)
周红民(南京晓庄学院)
周红霞(广西医科大学)
周统权(曲阜师范大学)
朱献珑(华南理工大学)
朱燕(湖南工商大学)
邹德艳(大连外国语大学)
曹瑞斓(安徽工业大学)
WANG Caiwen(英国伦敦大学学院)
Claire Yiyi SHIH(英国伦敦大学学院)
CUI Feng(新加坡南洋理工大学)
Jackie YAN(香港城市大学)
SHI Jie(日本东京电气大学)

六、本届大赛专家执行委员会名单(排名不分先后)

康志峰、李华、唐敏、陈宏俊、钟书能、陶友兰、李正栓、任东升、刘振前、刘永志、倪锦诚

七、本届大赛组委会名单(排名不分先后)

仇文平(主任)、庞国平(主任)、洪少颖(主任)、李夏青(副主任)、蔡颖佳、邓柯彤、王智锋、肖婷、徐佳朋、丁洁、徐海艳、时颖、连小英、徐晓燕、王安琪、王依曾

中国翻译认知研究会
《翻译研究与教学》编辑部
复旦大学出版社
复旦新学术
CATIC杯全国翻译大赛组委会
2021年10月8日

首届暑期 CATIC 杯全国翻译传译口语写作大赛冠亚季军名单

中国翻译认知研究会　主办
《翻译研究与教学》编辑部及各常务理事单位　协办

暑期 CATIC 杯全国翻译大赛冠亚季军奖名单
　　冠军　胡　斌　　　北京外国语大学
　　亚军　李陈馨悦　　清华大学
　　季军　宋梦菲　　　临沂大学

暑期 CATIC 杯全国传译大赛冠亚季军奖名单
　　冠军　周铧键　　　华南理工大学
　　亚军　周子淇　　　厦门大学
　　　　　宋梦菲　　　临沂大学
　　季军　胡　斌　　　北京外国语大学

暑期 CATIC 杯全国口语大赛冠亚季军奖名单
　　冠军　罗岚心　　　四川外国语大学
　　亚军　庞　博　　　北京大学
　　季军　彭雨希　　　湖南第一师范学院
　　　　　王茜茜　　　香港城市大学

暑期 CATIC 杯全国写作大赛冠亚季军奖名单
　　冠军　庞　博　　　北京大学
　　亚军　张芷铭洋　　大连外国语大学
　　季军　周子淇　　　厦门大学

稿　　约

《翻译研究与教学》由中国翻译认知研究会（CATIC）主办，河南工业大学外语学院协办，由复旦大学出版社出版。作为学术性翻译研究成果，《翻译研究与教学》将收录与翻译口译现象相关的原创性研究，包括口笔译理论与实证研究等。同时，还关注口笔译教学研究，理论研究实证研究兼顾、教学科研并重。

《翻译研究与教学》设置以下栏目：翻译理论研究、翻译史研究、认知翻译研究、文化外译、翻译话语构建、典籍翻译研究、修辞与翻译、翻译评论、翻译技术、口译本体论研究、认知口译学研究、口译跨学科研究、翻译教学理论研究、翻译教学实践研究、书刊评价、翻译教学技术。

一、投稿方式：请将电子文稿以附件形式发送至电子信箱 CATIC2017@126.com 或 CATIC2021@126.com。

二、字数要求：来稿请力求精练，论文字数以 7 000—10 000 字为宜，书评不超过 5 000 字。来稿应附英文标题、英文摘要、英文关键词及作者姓名的汉语拼音，所有信息应与中文内容对应一致。

三、稿件要求：来稿按照本刊知网格式要求投稿，电子文稿请用 WORD 格式。正文请采用小 5 号宋体，英文采用小 5 号 Times New Roman 排版。文中应使用规范的汉字、标点符号和数字书写，插图和表格应符合国家有关标准和规范。参考文献一般应引用公开发表的文章或出版的论著和文献。外文文献编排在前，中文文献编排在后；文献一律按作者姓氏外文字母或汉语拼音顺序排列；以带方括号的序号依次列明，并采用小 5 号字编排，置于文末。（扫描右下方二维码，获取样稿与格式规范）

四、文献引注要求：

注释性内容分附注（尾注）和夹注两种。一般不用脚注。

1. 附注（尾注）

一般注释采用尾注的形式，即在正文需注释处的右上方按顺序加注数码①、②、③……，在正文之后写明"注释"字样，然后依次写出对应数码①、②、③……和注文，回行时与上一行注文对齐。

致谢部分，对标题的注释或对全篇文章的说明以注号＊的形式处理，注号用＊而不用阿拉伯数字，列在尾注或参考文献之前。

2. 夹注

夹注以最简便、快捷的方式向读者说明如何在参考文献中迅速找到该论文中引文的全面出处和信息。

对论文和书评中的引文和所依据的文献无须特别说明者，以夹注的形式随文在括弧内注明作者姓名（英文只注姓）、出版年和引文页数，例如：

（康志峰，2017：92）

（高芳、徐盛桓，2000a：18）

（Bloomfield, 1993：203）

（Peters & Stephen, 1986：90）

（Lakoff, 1973a, 1975）

五、联系方式

电子邮箱：CATIC2017@126.com 或 CATIC2021@126.com

期刊查询（知网入口）：http://navi.cnki.net/knavi/JournalDetail?pcode=CJFD&pykm=FYJX

官网入口：catic2017.com 或 www.catic2017.com

图书在版编目(CIP)数据

翻译研究与教学.2021.二/康志峰主编.—上海:复旦大学出版社,2021.11
ISBN 978-7-309-15963-9

Ⅰ.①翻… Ⅱ.①康… Ⅲ.①翻译-教学研究 Ⅳ.①H059

中国版本图书馆 CIP 数据核字(2021)第 194387 号

翻译研究与教学(2021.二)
康志峰 主编
责任编辑/唐 敏

复旦大学出版社有限公司出版发行
上海市国权路 579 号 邮编:200433
网址:fupnet@fudanpress.com http://www.fudanpress.com
门市零售: 86-21-65102580 团体订购: 86-21-65104505
出版部电话: 86-21-65642845
江苏凤凰数码印务有限公司

开本 787×1092 1/16 印张 8.25 字数 267 千
2021 年 11 月第 1 版第 1 次印刷

ISBN 978-7-309-15963-9/H·3130
定价: 45.00 元

如有印装质量问题,请向复旦大学出版社有限公司出版部调换。
版权所有 侵权必究